연결되었지만
외로운 사람들

スマホ時代の哲学失われた孤独をめぐる冒険

**SUMAHO JIDAI NO TETSUGAKU
USHINAWARETA KODOKU WO MEGURU BOUKEN**

Copyright © 2022 by Tanigawa Yoshihiro

Original Japanese edition published by Discover 21, Inc., Tokyo, Japan
Korean edition published by arrangement with Discover 21, Inc.
through Imprima Korea Agency.

연결되었지만
외로운 사람들

고독을 잃어버린
스마트폰 시대의
철학

다니가와 요시히로 지음
지소연 옮김

RHK
알에이치코리아

"그대들은 자기 자신을 잊어버리고
자신에게서 도망치려 한다"

프리드리히 니체Friedrich Nietzsche라는 철학자가 있다. 다양한 저서가 수많은 언어로 번역되었고 지금도 새로 번역되고 있을 만큼 인기 있는 독일의 철학자다. 어찌나 유명한지 명언집도 여러 권 출간된 데다 소설이나 만화에도 종종 등장한다.

니체가 쓴 『차라투스트라는 이렇게 말했다』라는 책에는 촌철살인 같은 구절들이 나온다.

삶은 몹시 힘겹고 불안한 일이므로 그대들도 삶에 싫증을 느끼지 않는가? (중략) 그대들은 모두 고된 일을 좋아한다. 빠르고 새로우며 낯선 것을 좋아한다. 그대들은 자신을 제대로 견디지 못한다. 어떻게든 자기 자신을 잊어버리고 자신에게서 도망치려 한다.[1]

스케줄표가 비어 있으면 자신이 쓸모없는 존재처럼 느껴져서 필사적으로 공백을 메우고, 대단한 사람이 된 것처럼 느끼고 싶어서 눈앞의 실적 쌓기에 급급하고. 삶을 이렇게 '고된 일'로 채우려는 것은 삶의 불안으로부터 도망치려는 증거일지도 모른다는 이야기다.

실제로 많은 사람이 바쁘게 일하는 것을 자랑스럽게 여기고, 휴일에 다양한 약속이나 이벤트가 있어야 알찬 생활이라고 여긴다. 그런 사람에게 니체의 지적은 결코 남의 이야기가 아니다.

일정을 꽉꽉 채우고, 분주하게 눈앞의 일에만 주의를 기울이며, 다른 사람과 함께하는 데만 시간을 들이느라 '자신을 잊어버린' 사람. 그런 사람은 어떤 계기로 번아웃 증후군Burnout Syndrome에 빠지거나 우울증과 적응장애를 앓기도 한다. 결국 자신은 혼자라는 생각에 불안에 휩싸이거나, 자신과 함께 있어달라며 SNS를 끊임없이 갱신하거나, 다른 사람에게 쉴 없이 메시지를 보내기도 한다.

니체의 말이 더욱 인상적인 이유는 이러한 사실을 "자신을 제대로 견디지 못한다", "자신을 잊어버린다", "자기 자신에게서 도망친다" 같은 말로 표현했다는 데 있다. 니체는 현대인들이 삶의 불안을 똑바로 바라보거나 불안과 사이좋게 공존하는 일에 몹시 서투르다고 생각했다. 철학에 매력을 느끼는 사람은 많든 적든 니체처럼 이러한 '삶의 미숙함'에 공감하는 사람일 것이다.

매일 바쁘게 일하는 사람 곁에 불안을 달래주는 철학이 있다면 얼마나 좋을까. 이 책은 그런 마음으로 썼다. 다만 너무 비관적이거나 심각한 목소리로 이야기할 생각은 없다. 그렇다고 안전하고 싱거운 이야기도 아니다. 벌에 쏘이듯 따끔한 내용도 담았다.

이 책에 담긴 글자들이 벌침처럼 날카롭게 마음에 남아 불안과 분주함으로 굳어졌던 어깨의 힘을 빼는 데 도움이 되었으면 한다.

철학을 배우고 싶다는 목소리

구글 같은 세계적 기업들이 철학자를 고용하고 있다는 사실을 아는가. 새로운 사업이나 기술을 개발할 때 철학자나 윤리학자의 손을 빌리고, 인하우스 필로소퍼(고문 철학자)나 최고윤리책임자CEO를 둔 기업도 있다. 실제로 관련된 뉴스를 들어본 적이 있을지도 모른다.

데이터 분석으로 잘 알려진 기업 팔란티어Palantir의 최고경영자인 알렉스 카프Alex Karp는 박사 논문까지 쓴 철학자이며,

페이팔PayPal 창업자 중 한 명이자 투자가인 피터 틸Peter Thiel 또한 철학에 정통한 인물이다. 이런 일화도 인터넷 뉴스 기사에 자주 오르내린다.

소개가 좀 늦었지만, 나는 철학자 다니가와 요시히로다. 나 또한 기업의 경영자나 직원들에게 최근 '철학을 배우고 싶다'는 이야기를 자주 듣는다. 우리 회사에는 철학이 필요하다, 결국 생각과 창의력이 중요하다, 철학자와 협력해 보고 싶다, 이런 목소리도 드물지 않다. 비즈니스 잡지에서 철학 특집을 다루었다고 놀라는 사람은 이제 없다. 실제로 기업에 조언이나 코칭을 해주기도 하고, 컨설팅과 조사를 돕거나 필요한 연구를 해주기도 한다.

그런 연이 닿아 B to B 전자 상거래를 다루는 기업 인포마트InfoMart의 웹 미디어 〈Less is More.〉에서 인터뷰를 했다. 인터뷰는 「상시 접속으로 잃어버린 고독. 또는 '긴 사고력'」이라는 제목으로 2020년 7월 공개되었다.[2]

인터뷰는 이런 기사치고는 드물게 많은 사람이 읽었을 뿐만 아니라, 잠깐 화제가 되는 데서 끝나지 않고 오래도록 이야깃거리가 되었다. 이 책을 쓰게 된 계기는 독자 중 한 명이었던 편집자의 말이었다. 기사가 공개되고 1년쯤 되었을 때 이 책의 편집자에게 연락을 받았다. 그 인터뷰에는 철학을 배우고자 하는 사람들에게 실마리가 될 내용이 담겨 있다고 말이다.

일본에서는 아마세 시오리兩瀬シォリ의 『여기는 지금부터 윤리 시간입니다』라는 철학을 주제로 한 만화까지 나왔고, NHK에서 드라마로 만들어질 만큼 인기를 얻었다. NHK에서는 이 드라마뿐만 아니라 〈논리의 힘〉, 〈100분 명저〉, 〈롯치와 어린 양〉, 〈세계의 철학자와 인생 상담〉, 〈욕망의 자본주의〉 같은 철학 방송이 종종 전파를 탄다. 단순한 열풍이라기보다는 철학을 배우고 싶다는 목소리가 여기저기 뿌리를 내린 결과일 것이다. 앞서 소개한 인터뷰도 이 책도 그런 목소리에 힘입어 세상에 나왔다.

철학이라는 '미지의 땅'을 여행하는 안내서

일반인이나 기업가를 대상으로 한 철학 입문서는 이미 여러 권 출간되었다. 하지만 그들처럼 '대단한 철학자의 대단한 깨달음을 가르치는 대단한 사람' 같은 뉘앙스로 철학을 영업하고 싶지는 않았다.

읽어본 사람이라면 어떤 느낌인지 공감할 것이다. 물론 이미 나온 책들의 가치와 매력은 잘 알지만, 굳이 그런 책들과 비슷한 책을 한 권 더 늘릴 필요는 없지 않을까.

고민하는 사이 문득 '테라 인코그니타Terra Incognita'라는 말
이 떠올랐다. 과거 유럽에서는 알려지지 않은 미개척 영역을 지
도에 표시할 때 테라 인코그니타라고 썼다. 라틴어로 '미지의 땅'
이라는 뜻이다. 다만 유럽 입장에서 '미지'일 뿐이니 실제로는 누
군가가 살고 있을 가능성도 있다.

많은 사람에게 철학처럼 딱딱해 보이는 학문을 접하는 일
이란 테라 인코그니타에 들어서는 일과 같을 것이다. 한 걸음 내
딛기조차 두렵고, 조금 나아갔더라도 왠지 모르게 무섭다는 생
각에 돌아서고 싶어지는 곳.

그럴 때 필요한 것은 "대단하지? 유용하지? 자, 봐봐" 하는
영업이 아니라 "여기를 추천해요, 여기와 여기를 보면 좋아요"
하고 짚어주면서 "배경에 이런 역사가 있고 이런 매력이 있답니
다. 현지인들은 이렇게 생각하지요" 하고 알려주는 여행안내가
아닐까?

나는 철학이라는 미지의 땅에 사는 주민이자, 일반인과
기업을 대상으로 철학을 이야기하는 전문가이니 여행자가 어떤
부분을 재미있어할지 누구보다 잘 안다. 게다가 나는 철학자인
동시에 관광학을 연구하는 관광학자이기도 하다.

이 책은 바로 그런 생각을 담아 만든 여행 안내서다. 그러
니 여기 적힌 말을 저자의 혼잣말이 아니라 바로 곁에서 함께 걷

는 여행 가이드의 말로 받아들여 보자. 독서를 대화로 바꿔보자.

책이 혼잣말이 되지 않으려면, 자판기에서 음료수를 살 때처럼 글을 읽어서는 안 된다. 돈을 넣고 버튼만 누르면 나머지는 모두 자동으로 처리해 주듯이 '철학을 해치워 버릴' 수는 없다.

독서를 진정한 여행으로 만들려면 실제로 여행을 하듯 발을 움직여야 한다. 이 책의 내용을 단순히 '정보'로 받아들이지 않고 '경험'으로 바꾸는 것이다. 정보를 경험으로 바꾸는 것은 독자의 일이다. 내가 할 수 있는 일은 여행할 가치가 있다고 믿는 테라 인코그니타의 볼거리들을 안내하는 것까지다. 그런 의미에서 독서는 공동 작업이다.

이 책에서는 모두가 흥미를 느낄 수 있도록 벌이 쏘는 듯한 날카로운 말과 주제를 골랐다. 처음에 소개한 니체의 말이 출발점이다. 사전을 뒤져보면 '촌철살인'과 비슷한 말로 '뒤흔들다', '동요하게 하다', '흐트러뜨리다' 같은 표현이 나오는데, 일상을 벗어나는 여행이라는 경험은 이처럼 자신에게 크나큰 영향을 미치고 마음을 뒤흔들지도 모른다.[3] 이 책을 읽으며 그런 느낌을 받았다면, 그 동요를 놓치지 말고 책과 대화하는 계기로 삼아보길 바란다.

사람은 인생 어딘가에서
반드시 멈춰 서기 마련이다

한 가지 더 중요한 이야기를 덧붙이고 싶다. 이 책은 사실 모든 사람을 위한 책은 아니다. 왜냐하면 철학이 어떤 타이밍에나 누구에게나 '필요한' 존재는 아니기 때문이다. 인생이 반짝이고 사회가 매끄러운 평지처럼 느껴지는 순간에 철학이 필요하다고 생각하는 사람은 많지 않을 테니 말이다.

그러나 누구나 인생을 살다 보면 어딘가에서 반드시 멈춰 서기 마련이다. 내 인생은 대체 무엇이었을까, 무얼 위해 일해왔을까, 나를 이해하는 사람은 정말 아무도 없을까, 나는 아무런 가치도 없는 존재가 아닐까. 무수히 많은 의문이 마음속을 떠나지 않는 어두운 시간을 생각하며 이 책을 썼다. 발걸음을 주춤하거나 옴짝달싹 못 하게 되는 순간은 누구도 피할 수 없다.

물론 자신은 한 번도 멈춰 선 적이 없다고 말하는 사람도 있을지 모른다. 하지만 그런 사람은 운이 아주 좋았거나 자신의 부담을 대신 짊어지거나 지탱해 주는 존재가 곁에 있었을 것이다.

직장만 해도 자신은 순조롭다고 생각했건만 어느 날 갑자기 전근 명령을 받거나, 아픈 부모님을 돌보게 되기도 한다. 일과 연애나 육아를 양립하기가 어려워지거나, 회사가 망하거나, 갑자기 병이나 사고를 맞닥뜨릴 수도 있다. 그러면 우리는 새로운 방법이나 사고방식을 고민하고, 흔들리면서도 배우려 애쓰고, 어디에 다다를지도 알지 못한 채 머리를 열심히 굴린다.

만사가 순조로워 보이는 사람도 사실은 다양한 고민을 안고 있을지 모른다. 이 세상에서 사라지고 싶다, 아무도 알아주지 않고 아무에게도 말할 수 없다, 돈은 많이 벌지만 모든 것이 허무하다, 퇴직 후에 뭘 해야 할지 모르겠다, 이런 하루하루를 몇십 년이나 반복해야 하다니, 일도 일상도 순탄하건만 잠 못 이루는 밤만 늘어간다, 돌이킬 수 없는 과거가 있다……. 그런 고민에 휩싸이면 문제를 해결할 관점이나 방법을 알아내려 애쓰다가 빙글빙글 맴도는 생각의 소용돌이에 빠져버리기 십상이다. 아무렇지 않게 넘기기에는 밤은 너무나 길고 인생은 너무나 잿빛에 가까우니까.

어떤 이는 갑자기 눈물이 멈추지 않아 자신이 몹시 상처받았음을 깨닫고, 어떤 이는 자신이 강하다고 생각했으나 갑자기 침대 위에서 꼼짝할 수 없게 되기도 한다. 집으로 돌아가는 일, 그저 숨을 들이쉬고 내쉬는 일, 동아리 활동이나 학교 또는 회사나 친구와의 모임에 얼굴을 내미는 일이 갑작스레 어렵게 느껴지기도 한다. 이렇게 삶 속에서 갑자기 멈춰 섰을 때, 철학은 버팀목이 되어준다.

지금 당장 병원에 가지 않아도
의사는 있어야 한다

철학에 어떤 힘이 있는지 알아보기 위해 고대 로마의 철학자 에픽테토스Epiktētos의 말을 살펴보려 한다. 에픽테토스는 내가 좋아하는 철학자 중 한 명인데, 노예 출신이라는 혹독한 과거가 있다. 에픽테토스는 이런 말을 남겼다.

철학 학교는 치료를 하는 곳이네. (중략) 다시 말해 건강한 상태로 (철학 학교를) 찾아오는 것이 아니라 어떤 이는 어깨가 탈골되어서, 어떤 이는 종기가 생겨서, 또 어떤 이는 누공이 생겨서, 어떤 이는 머리가 아파서 찾아온다는 뜻이지.[4]

에픽테토스는 어떤 문제(병이나 상처)가 생겼을 때 이를 치료하기 위해 철학을 배우는 것이라고 말했다.

평생 병이나 부상을 입지 않고 살 수 없는 이상, 지금 당장은 필요하지 않더라도 '병원'은 반드시 있어야 한다. 의학이라는 은유가 이토록 매력적인 이유는 비록 지금은 철학의 필요성을 실감하지 못하더라도 우리에게는 결국 철학이 필요하다는 사실을 잘 보여주기 때문이다.

에픽테토스는 이어서 이런 말도 했다. "그대는 그대가 어떤 말을 했을 때 내가 '좋다'고 말하기에 철학을 배우는가. 소크라테스나 제논 같은 철학자가 한 것은 그런 일이었는가."[5] 철학의 역할은 듣는 사람이 기분 좋도록 칭찬하고 듣기 좋은 말을 제시하는 것이 아니라, 자신을 변화시킬 경험의 계기를 만들어주는 것이라는 뜻이다.

내가 아주 좋아하는 야마시타 토모코ャマシタトモコ의 『위국일기違国日記』라는 만화에 소설가가 등장한다. 글을 쓸 때 무슨 생각을 하느냐는 질문에 소설가는 "죽을힘을 다해, 죽일 기세로 쓰지"라고 답한다.[o6] 에픽테토스가 하고자 하는 말은 아마도 이런 뜻이 아닐까. 안전하게 미적지근한 말을 주고받으려고, 서로 털을 골라주며 장난이나 치려고 모인 것은 아니지 않느냐고 말이다. 이것은 제자를 비난하려는 말이라기보다는 '말을 날카롭게 벼려 긴장감 있는 대화도 나눌 수 있는 관계이기를 바란다'고 격

°   26화에서 이 대사가 나온 뒤, 말을 필사적으로 배우고 익혀 쓰려고 해야 한다는 조언과 함께 드니 빌뇌브 감독의 영화 〈컨택트〉에 관한 내용이 나온다. '타인을 살게 한다'는 이 책의 주제와 일맥상통하는 장면이다.

려하고 용기를 불어넣는 말이다.

철학이라는 '미지의 땅'을 걷는 일은 온습도까지 적절히 조절해 벌레 한 마리 나오지 않도록 안전하게 포장한 길을 걷는 것과는 다르다. 그런 점에서 이 책은 에픽테토스의 말을 따른다 할 수 있다.

힘들 때를 대비해 철학을 곁에 둔다

철학을 의학에 비유하는 관점은 그 밖에도 다양한 사실을 알려준다. 예를 들어 의사가 평소 운동을 자주 해야 한다고 조언 했다고 가정해 보자. 환자는 의사의 말을 순순히 따를까? 지금 당장은 문제없이 하루하루를 보내고 있다면 "그렇군요, 알겠습니다", "운동 참 중요하죠" 하고 입으로는 동의하면서도 행동을 바꾸려 하지 않는 사람도 많다(나 같은 사람이라든지). 지금 눈앞에 문제가 없다고 생각하는 사람에게는 의사의 말이 와닿지 않는다.

"난 지금 아무 문제도 없으니 방식을 바꿀 필요는 없어. 나 자신에게도, 회사나 가정에도 바꾸거나 개선할 점은 없어."

이렇게 생각하는 사람이 이 책을 읽는다면, 틀림없이 아무런 변화도 일어나지 않을 것이다. 현재 자기 자신이나 주변에 변화가 필요하지 않다고 생각하는 사람에게는 어떤 말도 닿지 않기 때문이다.

하지만 누구나 살다 보면 주춤하는 순간이 찾아오고, 소중한 사람이 상처받아 웅크리게 되는 순간도 온다. 그럴 때를 대비해 지금 철학을 접해보면 어떨까.

다만 그저 접해보는 것만으로 잊지 않고 간직할 수 있을 만큼 인간은 요령이 좋지 않다. 매일 스마트폰이나 다른 디바이스로 이런저런 오락과 정보에 노출되는 사이 철학과의 만남은 기억 한구석에 파묻혀 버릴 것이다. 아주 뻔한 결말이다. 그렇게 되지 않도록, 즉 필요한 타이밍에 제대로 떠올릴 수 있도록 하려면 어떻게 해야 할까?

철학을 곁에 두면 된다. 구체적으로는 책꽂이 근처가 좋겠다. 책은 여러 번 반복해서 볼 수 있고, 유비무환이라는 말처럼 문제에 든든히 대비할 수 있는 방법 중 하나니까. 그러니 다양한 사람의 삶을 체험할 수 있는 만화나 소설 옆에 철학책을 두자.

철학은 2,500년간 사랑받아 온 인기 콘텐츠

여기서 말하는 '철학'은 세상을 다양한 방식으로 바라보

려는 자세를 뜻한다. '철학'이라는 이름 아래 세상을 보는 다양한
관점과 실천의 노하우가 축적되어 왔다. 이러한 지식을 활용해
세상을 바라보는 태도를 기를 수 있도록 돕는 것이 이 책의 목적
이다. 하지만 책 한 권으로는 '촉감' 정도만 겨우 느낄 수 있다.

출발점을 어디로 보느냐에 따라 다르지만 고대 그리스의
소크라테스 언저리라고 보면, 철학은 대략 2,500년간 이어져 왔
다고 말할 수 있다. 사실은 그보다도 더 길게 보아야 할 정도로 역
사가 깊다. 그래서 책 한 권에 담을 수 있는 내용은 이 방대한 역
사에 비하면 아주 작은 조각에 불과하다.

정말 놀랍지 않은가. 먼 옛날 그리스의 어떤 곳에서 누군
가 한 말이 입에서 입으로 전해지고, 책을 통해 거듭 읽히고, 돌고
돌아 현대에 사는 사람들의 마음을 흔들어 철학 팬을 만들어내
다니. 시골에서 고등학교 시절을 보낸 나는 '윤리' 수업에서 소크
라테스와 플라톤을 처음 만났을 때 그 사실에 몹시 감격했다. "소
크라테스랑 플라톤 억수로 멋지다!" 하고.

당시 느낀 감정의 뉘앙스를 알기 쉽게 설명하자면 이런
의미다. '이렇게 시대와 지역을 뛰어넘어 그 사람의 말로 되돌아
가 해석하고 싶어질 수 있다니. 이 얼마나 감동적이고 벅찬 일인
가.' 그리고 나처럼 느끼는 사람이 여러 지역에, 여러 시대에 수없
이 많이 존재했다. 기도를 드리듯 시간이 쌓이고 쌓여온 셈이다.

데즈카 오사무 문화상 만화대상을 수상한 『지. ―지구의 운동에 대하여―』의 저자 우오토魚豊는 라디오 방송에서 고등학교 시절 윤리 수업 시간에 충격을 받은 적이 있다고 말했다.[7] 나와 비슷한 이야기였으니 어쩌면 생각보다 많은 사람이 느끼는 감정일지도 모른다.

많은 사람이 "철학을 대체 어디에 써먹어?", "나하고는 아무 상관없어"라고 생각한다. 역사 속에서도 그런 사람은 늘 있었을 것이다. 하지만 그런 목소리에 아랑곳없이 철학이라는 콘텐츠는 어떤 장수 기업보다도 오래, 대학이 존재하지도 않던 먼 옛날부터 변함없이 사랑받으며 2,500년간 이어져 왔다. 앞으로도 그럴 테고.

수천 년 동안 다양한 분야의 천재들이 '철학'에 이끌려 이 땅에 들어섰다. 철학이라는 땅에는 휴일을 쪼개 밖으로 나가 찬찬히 시간을 보내도 좋을 만한 볼거리들이 있다. '철학'이라는 장소의 매력, 아니 마력에 푹 빠져보자. 모든 여행은 그 땅의 마법에 걸리는 데서부터 시작되니.

차례

2장 　스스로 생각하지 않기 위한 철학

천재들의 문제 해결 방식을 토대로 생각하는 힘

3장 연결되는 동안 잃어버린 '고독'
스마트폰 시대의 철학

5장 바쁜 일상으로
     따분함을 잊으려 하는 사회

6장 따분함은 변화해야 한다는 신호

길을 헤매기 위한
길잡이

좀비 영화에서 죽지 않고 사는 법

불안과 사이좋게 공존할 줄 모르는 우리는 고된 업무로
자신을 둘러쌈으로써 자기 자신에게서 도망치려 한다.
니체는 이렇게 지적했다. 니체가 세상을 떠난 지
100년이 넘게 지난 지금도 아픈 곳을 찌르는 지적이다.
1장에서는 우리가 어떻게 자신에게서 도피하며 어떻게 '미아'가
되고 있는지를 스마트폰 시대의 사회를 들여다보며 이야기한다.
하루하루 생활에 쫓기는 우리는 어떤 관점을 잃어버렸을까?
그리고 어떤 관점을 가져야 할까?
어쩌면 우리는 '좀비 영화에서 금방 죽는 캐릭터'처럼 살고 있지는 않을까?
즐겁게 길을 헤매며 사회와 나 자신에게 물음을 던지는 모험에 나서보자.

복작복작 모여서
(다른 사람 말은 듣지 않고)
웅성웅성 떠들어대는 사회

"그대들은 어떻게든 자기 자신을 잊어버리고 자신에게서 도망치려 한다."

니체는 이렇게 말했다. 먼저 니체가 비판하는 '자기 도피'에 관해 알아보려 한다. 우리는 이미 자신에게서 달아나는 솜씨가 아주 뛰어나지만, 자기 도피를 더 자세히 이해하려면 호세 오르테가 이 가세트José Ortega y Gasset라는 철학자를 알아야 한다.

오르테가는 스페인의 철학자다. 철학과 스페인이라니, 흔치 않은 조합이다. 눈여겨보아야 할 것은 오르테가의 『대중의 반역』이라는 책이다. 도시라는 배경을 통해 현대 사회를 분석한 오르테가는 먼저 명백한 사실에 주목했다.

도시는 사람으로 가득하고 집은 세입자로 그득하며 호텔은 숙박객으로 붐빈다. 열차는 여행자로 만원이고 카페는 손님으로 가득 찼으며 공원은 산책하는 사람들로 북적인다. 유명한 의사의 대기실은 환자로 넘쳐나고 극장은 관객으로 붐비며 해변은 해수욕을 즐기는 사람들로 가득하다. 과거에는 문제가 되지 않았던 일들이 지금은 일상의 문제가 되기 시작했다. 바로 자리 문제다.[1]

어딜 가든 북적북적 사람이 많은 곳. 오르테가는 도시의 특징을 한마디로 설명하려면 사람이 많다는 점을 빼놓을 수 없다고 생각했다. 게다가 배경도 특성도 다양한 사람들이 모여 있음에도 불구하고, 다양성 따위는 처음부터 없었다는 듯이 같은 장소에 잔뜩 모여든다.

코로나 바이러스 때문에, 원격 근무의 보급에 따라, 또는 귀촌 열풍이 불면서 사정이 달라졌다고 생각할지도 모른다. 하지만 모두 '유행에 발맞추려는' 고집이라고 해석하면, 오르테가의 견해는 지금도 변함없이 유효하다. 모두가 주목하는 뉴스나 콘텐츠에 유독 관심이 쏠리고, 사람들 사이에서 화제가 되는 가십은 일단 알아두려 하는 우리 모습을 떠올려 보자. 이렇게 오프라인에서든 온라인에서든 '복작복작 모여들어 무리를 이루는'

것이 우리 사회의 기본적인 특징 중 하나임에는 틀림이 없다.

도시에 대한 관찰과 더불어 오르테가는 중요한 사실을 한 가지 더 지적했다. 아주 흥미로운 내용이니 우선 읽어보자.

오늘날 현대인은 세상에서 일어나는 모든 일 혹은 일어 날 모든 일에 대해 몹시 분명한 '견해'를 가지고 있다. 필 요한 견해가 모두 자신 안에 있다면, 다른 사람 말에 귀 기울일 이유가 어디 있겠는가. 이제는 들을 이유가 없을 뿐더러 판단하고 선언하고 결정할 이유만 남았다.[2]

사람들은 모여서 무얼 할까? 오르테가가 말하길, 사람들 은 다른 사람의 말은 듣지도 않고 자기 생각만 자신만만하게 늘 어놓는다. 복작복작 모여들어 다른 사람의 말도 듣지 않고 자기 생각을 웅성웅성 떠들어대는 사람들. 자신과 상관없는 문제란 하나도 없다는 듯이 어떤 일에든 '의견'을 늘어놓는다. 오히려 자 신이 관여하지 않는 사회 문제는 마치 존재하지 않는 일처럼 취 급한다. 우리가 사는 사회는 오르테가의 눈에 그렇게 비쳤다.

소셜미디어의 풍경이나 카페에서 들려오는 대화, 번화가 를 지나다니는 사람들의 모습을 떠올리면 분명 그럴지도 모르겠 다는 생각이 들지 않는가. 모두 자기 자신만 신경 쓰고, 본인만 기분 좋은 세상이면 충분하다고 생각하며, 자기 의견이나 이미지를 신경 쓰기에 급급하다. 본인의 의견은 의심하지 않고 전문가에게도 자신만만하게 댓글을 달며, 심지어 유사과학을 믿는 사람이 엉터리 이론을 대며 "쯧쯧, 정보가 저리 부족해서야" 하고 과학자를 바보 취급하기도 한다. 우리는 마치 타인이나 세상에 대한 흥미를 잃어버린 듯 보인다.

오르테가의 견해가 얼마나 빈틈없는지 실감할 수 있는 것은 바로 지금부터다. 오르테가의 이야기를 소개하면 상대의 나이가 몇이든 어떤 사람이든 "맞아, 맞아", "아아, 그런 사람이 있지" 하는 반응이 돌아온다. 학생이든 사회인이든 프리랜서든 경영자든 노인이든 마찬가지다. 예상에서 벗어난 사람은 지금껏 단 한 명도 없었다.

"아아, 맞아, 맞아. 진짜 얼굴이 두꺼운 사람이라니까."

만약 이렇게 생각했다면 자신이야말로 오르테가가 비판한 현대인의 모습 그 자체라는 사실을 깨닫지 못한 사람이다. 다시 말해, 오르테가의 비판처럼 그의 말을 남의 일로만 여기고 자기 안에 있는 '정답'을 바탕으로 스스로 판단하고 선언하고 결정할 수 있다고 생각하며 산다는 것이다. 오르테가가 피하고자 한 것이 바로 이런 태도다.

현대인은
자기 혼자 판단하고
결정한다

현대인은 복작복작 모여서 자기 머릿속에서 모든 생각을 결정짓고, 다른 사람 말은 듣지도 않은 채 웅성웅성 떠들어댄다. 좀 깊이 있고 멋지게 들리는 이야기는 바로 받아들이고, 그것을 바탕으로 뭐든 판단하고 선언하고 결정할 수 있다고 생각한다. 모든 것은 '수다'의 재료에 불과하며, 정작 자기 자신이 어떠한지에 대해서는 고개를 돌려버린다. 이런 현대인의 모습이 불합리하다고 느낀 오르테가는 이를 대신하기 위해 어떤 입장을 제시했을까?

다음에 소개하는 구절이 힌트가 된다. 인상 깊은 은유이니 찬찬히 살펴보자.

모든 일에 진지한 태도를 취하고 가능한 한 책임을 지려하는 사람은 일종의 불안을 느끼지만, 오히려 그렇기에 경계를 늦추지 않는다. 로마 제국의 군사 규정에는 보초병이 졸음을 쫓고 빈틈없이 경계할 수 있도록 집게손가락을 입술에 대고 있어야 한다는 조항이 있다. 결코 나쁜 자세는 아니다. 마치 미래의 은밀한 전조를 들을 수 있도록 고요한 밤에 한층 더 침묵하기를 요구하는 몸짓처럼 느껴진다.[3]

밤에 보초를 서는 병사가 잠들지 않도록 집게손가락을 얼굴 앞에 세우는 것은 꾸벅 졸았을 때 손가락에 얼굴을 찔려 잠이 깨도록 한다는 뜻이었을 것이다. 그 모습이 "쉿!" 하고 스스로에게 말하는 듯한 몸짓과 겹쳐진다. 오르테가는 이 두 가지 이미지를 포개어 '침묵', '경계', '듣기'라는 모티프를 긍정적으로 평가했다.

그렇다고 "아, 가끔은 입을 다물고 다른 사람 말을 주의 깊게 들으라는 뜻이구나" 하고 지레짐작해서는 안 된다. 문맥을 파악한 뒤 말을 온전히 헤아려야만 오르테가의 상상력을 따라갈 수 있기 때문이다. 오르테가가 하려는 말은 그런 뜻이 아니다.

'침묵', '경계', '듣기'라는 모티프 반대편엔 무엇이 있을까?

그것은 다양한 사람이 모여 사는 도시에서 사람들이 주목하는 유행과 화제를 좇는 데 급급해, 자세히 관찰하거나 주의를 기울이지도 않은 채 자기 생각이나 힘만으로 아무렇지 않게 판단하고 결정하고 선언하는 삶이다. 오르테가는 자기 혼자 판단하고 결정하는 현대인의 삶을 문제시했다.

다시 말해 뭐든 자기 혼자 판단하고 선언하고 결정해도 된다고, 다른 사람에게 의견이나 생각을 밀어붙일 수 있다고, 자신에게는 무언가를 의심할 힘과 자격이 분명히 있다고 믿는 현대인의 자세를 비판한 셈이다. 결코 어떤 상황에서 너무 말이 많다든지, 그런 상황에는 타인의 말을 좀 더 들어야 한다든지, 그런 특정 상황에 대한 교훈이 아니다.

중요한 사실은 오르테가가 제시하려는 자세가 비판받아야 할 현대인의 자세와는 정반대라는 점이다. 그 점에 유의하며 오르테가의 말을 좀 더 깊이 들여다보자.

자신을 의심하지 않는
사람일수록
평온하다

오르테가가 나아가고자 하는 길이 어떤 풍경인지 파악하기 위해 이번에는 현대인의 모습을 다른 방식으로 표현한 대목을 살펴보자.

이기주의는 미궁이다. 그것은 이미 분명한 사실이다. (중략) 만약 자기중심적으로 자신의 삶 안에서만 걷는다면 앞으로 나아가지도 어딘가로 가지도 못한다. 같은 곳을 빙빙 맴돌 뿐이다.[4]

오르테가는 자기 혼자 판단하고 결정하는 현대인의 삶을

'이기주의', '미궁', '자기 삶 안에서', '자기중심적으로 걷다', '빙빙 맴돌다'라고 표현했다. 이런 표현은 모두 반복, 즉 바꿔 말하기와 같아서 같은 의미를 나타내는 말로 읽어야 한다.

이 모티프는 다른 곳에도 등장하니 함께 살펴보자.

> 자신이 실제로 헤매고 있다고 느끼지 못하는 사람은 틀림없이 길을 헤맨다. 즉, 자신을 찾지 못할뿐더러 자신의 현실에 부딪힐 일도 없다.[5]

현대인은 자신이 헤매고 있다고는 추호도 생각지 않는다. 그러나 본인이 방황하고 있다고 자각하지 못하는 사람만큼 성가신 미아는 없다. 미아라고 생각하지 않으니 자신만만하게 엉뚱한 방향으로 가버린다. 그야말로 미궁으로 뛰어드는 꼴이다. 현대인은 타고난 방향치나 다름없다.

그런 사람은 자신을 마주하지도, 자신의 세계와 맞서지도 못한다고 오르테가는 말했다. 우리는 영문도 모른 채 낯선 땅에 내던져진 듯한 '불안'을 자각할 필요가 있다. 미아가 되는 불안을 지워버리거나 불안과 함께 살지 않으면 아무것도 시작되지 않는다.

『대중의 반역』에는 현대인을 직설적으로 비꼬는 장면도 나온다.

어리석은 자는 스스로를 의심하지 않는다. 자신을 분별력이 뛰어난 사람이라고 여긴다. 자신의 어리석음에 안주하므로 부러울 만큼 평온하다.[6]

'어리석은 자'는 물론 현대인이며, '부러울 정도'는 비꼬는 말이다. 우리는 자신이 건실하고 판단력 있으며 어떤 일에든 적절한 방식으로 관여할 수 있다고 생각하는 경향이 있다.

현대인은 "안 괜찮을지도 몰라", "어처구니없는 실수 하는 거 아니야?", "잘못된 생각일지도 모르지"라고 타인을 의심하면서도 자신을 의심하지는 않는다. 그래서 아무런 동요도 없이 태연하게 살아간다. 오르테가는 이런 사실을 '이기주의', '미궁', '빙빙 맴돌다'라고 표현한 것이다.

그는 이와 반대로 현대 사회에서 사람들이 자기 완결적인 방식을 그만두면 누구나 평정을 잃고 몹시 당황할 것이라고 생각했다. 자칫 잘못하면 바보 같은 짓을 벌일지도 모른다며 항상 자신에게 의심을 눈초리를 보낸다면 분명 '평온하게' 있을 여유는 없을 것이다.

현대인은 미아지만 미아에서 벗어나야 한다고 말하지 않는다는 점에서 오르테가의 주장은 역설적이다. 이 미궁 같은 자기 완결성을 깨트리려면 자신이 미아임을, 다름 아닌 나 자신이 길을 헤매고 있음을 인식하고 방황과 공존해야 한다. 오르테가의 말은 바로 이런 뜻이다.

현대 사회에서는 누구나 길을 헤맨다. 하지만 우리는 그 사실을 인정하지 않는 경향이 있다. 그러므로 자기 완결의 미궁에서 벗어나고 싶다면, 무엇보다 먼저 헤매며 당황하는 자신을 깨달아야만 한다.

우리는 좀비 영화에서
일찍 죽는 사람처럼
살고 있다

지금까지 오르테가가 무엇을 어떤 식으로 거부하고, 그 대신 어떤 방향에 기대를 걸었는지 살펴보았다. 핵심은 자신이 쉽게 내릴 수 있는 판단이나 생각 속에서 '정답'과 '해결책'을 찾는 것이 아니라, 그렇게 하고자 하는 스스로를 의심하는 것이다.°

"상식을 의심해야 해", "뭐든 곧이곧대로 받아들여서는 안 되지"라고 잘 안다는 듯 말하는 사람이 한둘이 아니다. 언뜻 그럴 듯하게 들리지만, 사실 그렇게 말하는 사람 가운데 스스로를 먼저 의심하는 사람은 한 명도 없다. 오르테가의 관점으로 보면 이

° 이 문제에 관해서는 추후 '소극적 수용력'이라는 말과 함께 자세히 다루고자 한다.

런 사람들은 자신을 믿어 의심치 않는다는 점에서 가장 성가신 미아다. 그뿐만 아니라 주위 사람들이 자신은 방황하지 않는다고 믿도록 한몫 거들기까지 한다. 하지만 우리는 다른 누군가의 상식이 아니라 자신의 상식을 먼저 의심해야 한다.

앞서 소개한 로마 병사에 관한 글은 이런 맥락에서 읽어야 한다. '침묵', '경계', '듣기'라는 모티프는 그런 자세를 가리키는 은유로 이해하며 읽으면 된다.

모든 일에 진지한 태도를 취하고 가능한 한 책임을 지려하는 사람은 일종의 불안을 느끼지만, 오히려 그렇기에 경계를 늦추지 않는다. 로마 제국의 군사 규정에는 보초병이 졸음을 쫓고 빈틈없이 경계할 수 있도록 집게손가락을 입술에 대고 있어야 한다는 조항이 있다. 결코 나쁜 자세는 아니다. 마치 미래의 은밀한 전조를 들을 수 있도록 고요한 밤에 한층 더 침묵하기를 요구하는 몸짓처럼 느껴진다.[7]

'침묵', '경계', '듣기'라는 모티프를 통해 오르테가가 어떻게든 표현하려 한 것은 자신이 결코 완벽하지 않으며 위태로운 존재임을 아는 사람의 불안과 경계심이었다. 그리고 세상과 타인들 사이에서 일어나는 일에 신중한 태도를 취하는 사람의 긴장감 어린 풍부한 호기심이었다.

분명하게 와닿지 않을지도 모르니, 조금 뜬금없지만 좀비 영화에 비유해 보자(개인적으로 좀비 영화를 좋아한다). 나는 절대 안 죽는다며 자신만만한 사람, 너 같은 녀석이 집단을 위험에 빠트리는 거라고 타인을 비난하면서 자기 행동에는 느슨한 잣대를 들이대는 사람, 이쪽이 더 안전하다며 자기 판단으로 아무렇게나 행동하는 사람. 좀비 영화에 자주 나오는 유형이다. 영화를 보는 사람들은 "거참 너무하네", "저러면 꼭 죽더라" 하며 거들지만, 실제로는 우리의 모습 그 자체다.

'우리'라고 썼듯이 나 역시 "진짜 나랑 똑같네……."라고 생각하는 중이다. 필자라고 해서 내가 안전한 영역에 있는 것은 아니다. 물길을 안내하는 도선사처럼 독자 곁에서 길잡이를 하는 것뿐이니 모두와 함께 바람을 맞고 햇볕을 쮠다. 벌처럼 쏘듯 말하겠다고 했지만, 마치 벌침으로 나까지 한 번에 찌르는 느낌이랄까. 부끄러운 과거도 있어서 정기적으로 "윽!" 하고 가슴을 쥐어뜯는다.° 좀비 영화의 엑스트라처럼 산다는 것은 참으로 고

° 그중 일부를 졸저 『쓰루미 슌스케의 말과 윤리 鶴見俊輔の言葉と倫理』의 집필 후기에 남겼다. 나도 결코 티 없이 깨끗하지는 않다. 안타깝게도.

생스러운 일이다.

　다시 본론으로 돌아가 보자. 그렇게 살지 않으려면 어떻게 해야 할까? 아무리 사소한 변화라도 놓치지 않도록 조용히 귀를 기울이고, 아무리 철저히 대비해도 완벽한 것은 없다고 의심하며, 자신은 무조건 괜찮을 것이라는 믿음을 버려야 한다. 안이하게 판단하거나 결정하지 않으며, 여러 사람과 협력하면서 경계를 늦추지 말아야 한다. 좀비 영화의 주인공들이 불안을 느끼면서도 절대 경계를 게을리하지 않듯이 말이다.

　오르테가의 침묵, 경계, 듣기라는 개념의 뜻은 이제 충분히 전해졌으리라 본다. 바꿔 말하면 세상과 타인에 대한 관심을 잃거나 자신의 생각과 판단에 대한 비판 정신을 잃었을 때 우리는 좀비 영화에서 일찍 퇴장하는 사람처럼 어리석어진다는 것이다. 그러니 오르테가가 말하는 "자신을 의심하라"라는 말도 사실 어려운 이야기가 아니라, (다른 사람을 이러쿵저러쿵 욕하기 전에) 먼저 자신이 좀비 영화에서 금방 죽는 사람처럼 살고 있지 않은지 스스로에게 질문하라는 뜻이다.

현대인은 즉각적이고
단편적인 자극에
둘러싸여 있다

지금까지 사람들이 어떻게 자기 도피를 하고 있는지 이야기했다. 오르테가의 관점으로 보면, 우리는 스스로와 마주하기를 회피하고 자신이 길을 헤매지 않는다고 생각하는 가장 성가신 미아다. 다른 사람은 아무렇지 않게 의심의 눈초리로 쳐다보고 멋대로 판단하면서, 방약무인한 자기 자신만은 의심하려 하지 않는다. 아주 멋진 자기 도피가 아닐 수 없다.

이제 오르테가가 하고자 하는 말은 대강 파악했겠지만, 아직 현대의 실제 생활과는 다소 거리가 있어 보인다. 이번에는 잠시 다른 이야기로 눈길을 돌려보자.

"그대들은 모두 고된 일을 좋아한다. 빠르고 새로우며 낯선 것을 좋아한다."

니체는 이렇게 말했다. 이처럼 우리는 고된 일로 둘러싸인 생활을 하고 있다. '고된 일'이라고 하면 업무를 떠올릴 수도 있지만, 그보다는 사생활이나 오락을 떠올려야 이해하기가 쉽다.

우리는 자동차나 지하철을 타고 출근하면서, 회의를 하면서, 자기 전이나 아침에 일어나 이불 속에서, 음식을 만들면서 혹은 화장실에서 영상, 그림, 소리, 글자 같은 미디어화된 무수한 콘텐츠를 언제든 접할 수 있다. 스마트폰이나 태블릿PC처럼 휴대 가능한 장치가 있기 때문이다.[08]

모니터에서는 최근 인기를 끈 새로운 넷플릭스 드라마의 예고편이 자동으로 흘러나오고, 게임 방송을 이어폰으로 들으며, 스마트폰으로는 사진을 가공해서 친구에게 보내고, 자동 조리 가전제품에서 흘러나오는 돼지고기조림 냄새를 맡는다. 그 사이 스마트폰에서는 좀 전에 산 전자책이 백그라운드에서 다운로드되고 있고, 컴퓨터에서는 디스코드Discord로 다른 친구와 계속 통화를 한다.

○ 앰버 케이스Amber Case는 본인의 저서에서 언제 어디서든 접속이 가능해진 '유비쿼터스 컴퓨팅' 시대 다음으로 단말끼리 접속해 한 사람이 단말을 여러 대 다루는 시대가 오리라 예측했다. 이 책에서도 그와 같은 상황을 염두에 두고 스마트폰이라는 상징을 내세워 '스마트폰의 시대'라는 표현을 사용했다.

그리 드문 풍경은 아니지만 이것을 '고된 일'이라 부르지 않으면 달리 뭐가 있으랴 싶을 만큼 사람들은 자잘한 작업을 동시에 처리한다. 한꺼번에 처리하고 있다고 깨닫지 못할 정도로 말이다. 그만큼 각각의 콘텐츠나 커뮤니케이션에 대한 집중도 얕아져서, 소비 환경 또한 배경지식 없이 짧은 시간 안에 쉽게 소비하고 만족할 수 있도록 맞춰지고 있다.[9]

5장에서 자주 등장할 철학자 마크 피셔Mark Fisher는 이런 정보 환경의 변화를 두고 흥미로운 이야기를 했다. 우리는 너무 많은 감각 자극과 커뮤니케이션에 매몰된 나머지, 자극의 소용돌이에서 벗어나는 순간 너무너무 한가하고 지루하다고 생각한다는 것이다.

따분함이란 단순히 문자메시지, 유튜브, 패스트푸드로 이루어진 소통의 감각 자극 매트릭스에서 떨어져 나와, 언제나 끊임없이 달콤한 만족을 안겨주던 흐름을 잠시 참는 것을 말한다.[10]

피셔가 직접 지적한 내용만으로는 사정거리가 짧아지니 조금 더 넓게 생각해 보자.

펜 돌리기나 머리카락 만지작거리기, 뽁뽁이(에어캡) 터뜨리기 같은 단순 반복 작업은 생각보다 일상의 스트레스를 해소하고 마음의 균형을 되찾는 데 도움이 된다. 토마스 옥덴Thomas Ogden이라는 정신분석학자는 피부로 느껴지는 감각 자극을 바탕으로 자신의 경험을 헤아리는 마음 상태를 '자폐 접촉 자리autistic-contiguous position'라고 불렀다.°11 멍한 채로 자기 자신에게 단순한 감각이나 리듬을 주입하는 이미지를 떠올리면 쉽게 이해할 수 있다.

앞에서 든 예시를 비롯해 다리 떨기, 뽀루지 터뜨리기 그리고 소셜 네트워크 게임을 할 때의 단조로운 스마트폰 조작 등도 '자폐 접촉 자리'에서 자주 이용하는 감각 자극에 속한다. 틱톡에서 일정한 길이의 비슷비슷한 음악이나 영상을 보는 것도, 유튜브에서 추천해 주는 수많은 영상을 휙휙 건너뛰며 감상하는 것도, 메시지 어플리케이션으로 이모티콘을 주고받거나 친구들 사이에서만 통하는 말을 써가며 장난을 치는 것도 마찬가지다.

우리는 일정한 리듬으로 반복되는 즉각적이고 알기 쉬운 감각과 커뮤니케이션으로 스스로를 둘러싸려 하며, 현대의 소비 환경은 그런 욕구를 뒷받침해 주고 있다.

°　　'자폐 접촉 자리'는 영유아와 자폐증 환자의 임상을 통해 만들어진 개념으로 '접촉'은 표면에 닿는 경험을 염두에 둔 말이다. 하지만 특정 발달 단계나 자폐증 환자에게 사용되는 개념이라기보다는 누구에게나 나타날 수 있는 상태를 가리키는 개념으로 쓰인다. 자세한 내용은 1장 끝의 칼럼을 참고하자.

수수께끼를 수수께끼인 채로
남겨둘 필요가 있다

또렷한 감각 자극을 통해 평정을 되찾으려 하는 마음 상태, 즉 자폐 접촉 자리가 현대 사회에서 유독 눈에 띄게 된 데는 끊임없이 변화와 성장을 요구하는 사회적 조건(포스트 포디즘) 등과 같은 이유가 있다. 포스트 포디즘에 대해서는 5장에서 살펴볼 예정이니 지금은 잠시 덮어두자.

다만 여기서 초점을 두고자 하는 것은 자폐 접촉 자리가 두드러지게 된 배경이 아니라, 반대로 일정한 리듬으로 주어지는 자극과 동떨어진 무언가가 방치된다는 사실이다. 다시 말해 만족하기까지 시간이 걸리는 일, 자신에게 이득이라고 단정할 수 없는 일, 만족감을 맛보려면 여러 가지를 배워야 하는 일, 정신적으로도 시간적으로도 많은 비용이 드는 일은 거들떠보지도 않게 됐다는 이야기다. 반대로 배경지식이 없어도 누구나 쉽게 "좋네!", "우와!", "멋있다!"라고 직감적으로 공감하기 쉬운 일이 인기를 얻으며 사회의 전면을 차지하게 되었다.

즉석식품을 먹으며 에이펙스_{Apex}°를 끊임없이 플레이하고 사이사이 틱톡을 보는, 단순하고 과장된 자극을 그대로 받아들이며 평온함을 느끼는 날도 가끔은 괜찮다. 실제로 일터에서 잔뜩 지쳐 돌아왔을 때는 주의 깊게 탐색해야 하는 식사나 오락 대신 단순한 일에 둘러싸여야 마음이 훨씬 편안해진다. 그러니 즉각적이고 명쾌한 자극으로 이루어진 오락과 소비를 쉽게 부정해서도 안 되며, 부정한다고 해서 뭔가 달라지지도 않는다.

다만 자폐 접촉 자리 같은 상태가 우려스러운 문제를 일으킨다는 점에는 관심을 가져야 한다. 일정한 리듬의 명쾌하고 요란스러운 자극을 즐기는 습관이 사회에 퍼지면, 일반적으로 '소화'하는 데 시간이 걸리는 일마저 명쾌하고 즉각적인 자극처럼 취급하게 된다. 피셔도 바로 이런 문제를 언급했다.

° 리스폰 엔터테인먼트가 개발한 게임 〈에이팩스 레전드〉를 가리킨다. 높은 평가를 받고 있는 FPS게임(주인공 시점의 슈팅 게임)으로, 한 판을 플레이하는 데 걸리는 시간이 매우 짧은 편이다. 참고로 닌텐도의 〈스플래툰〉시리즈는 그보다 더 짧다.

어떤 학생은 햄버거를 원하는 것과 같은 방식으로 니체를 원한다. (하지만) 그런 학생은 소화하기 힘듦과 어려움 그 자체가 니체라는 사실을 파악하지 못하며, 소비자의 논리가 이런 오해를 부추긴다.[12]

니체의 철학을 배우는 것이 패스트푸드를 먹거나 틱톡에 영상을 업로드하는 것과 같은 취급을 받게 되어버린다는 뜻이다.

물론 이 문제는 니체뿐만 아니라 다른 대상으로도 넓혀서 생각해 볼 수 있다. 문학이나 영화를 음미하는 것도, 학문을 접하는 것도, 우정이나 사랑을 바탕으로 관계를 맺는 것도 같다. 어떤 사람들은 주문한 햄버거를 몇 분 만에 해치우듯이 이야기도 학문도 인간관계도 예상에서 한 치도 벗어나지 않기를 바란다. 다시 말해 명쾌하고 받아들이기 쉬운 자극으로 이루어져 있기를, 쉽게 목표를 달성할 수 있기를 바란다는 것이다.

요즘 만화나 소설에서는 주종 관계나 신분제 또는 노예 계약 같은 극단적으로 기울어진 관계를 아무런 갈등도 없이 가볍게 다루곤 한다. 이 또한 빠르고 쉽게 달성 가능하고 독자의 기대를 저버리지 않는, 마치 틱톡처럼 정보가 한정된 인간관계를 보여주는 듯하다. 여기서는 이른바 '이異세계물'을 염두에 두었지만, 야쿠자, 나이 차, 게임 같은 '스킬', 계약, 군대, 과장된 학교 내

계급 등 다양한 설정을 지닌 작품에서 같은 일이 벌어지고 있다.[13] 앞에서도 말했듯이 반대한다고 끝나는 이야기가 아니다. 그런 단순한 관계를 바라는 마음을 어느 정도 이해하기 때문이다.

철학자 아즈마 히로키東浩紀는 비즈니스 도서 분야의 교양 열풍을 언급하면서 피셔와 비슷한 말을 했다.

단순한 음악 퀴즈를 권하듯이 지금 교양을 쌓으라고, 배우는 것이 중요하다고 말하는 사람이 있다. 정말 중요한 건 음악을 듣는 생활이건만, 전주만 듣고 바로 제목을 맞힐 수 있도록 지식을 쌓고 그것이 교양이라고 여긴다. 하지만 교양 있는 사람이란 자연히 음악과 함께 생활하는 사람을 뜻한다.[14]

교양 열풍 속에서 '교양'은 그 자리에서 손쉽게 처리할 수 있을 만큼 단순한 자극과 오락으로 자리 잡아버렸다는 이야기다.

스스로에 대한 의문을 되찾고자 하는 사람들은 이러한 경향을 피할 수 없다고 인정하면서도 어느 정도 비판적인 자세를 유지하려 한다. 그래서 '온전히 소화하기 힘들고', '어려운' 것이 중요하다고 주장한 피셔와, 금방 소화할 수 없는 문제와 함께하는 즐거움을 넌지시 이야기한 아즈마의 말을 살펴보았다.

"하긴, 쉽게 이해할 수 없는 일에 몰두하는 게 중요한 법이지." 많은 사람이 이렇게 동의할 것이다. 의사 선생님에게 운동하라는 말을 들었을 때처럼 고개를 열심히 끄덕이면서.

하지만 동의한다 하더라도 우리가 정말 실천할 수 있을까? 불명확하고 복잡하고 어려워서 바로는 이해할 수 없는 데다 소화 불량인 상태로 마음속에 남는 무언가를 상대하기란 몹시 피곤한 일이다. 그럼에도 불구하고 '소화하기 힘듦'과 '어려움'이 중요한 이유는 무엇일까?

그 이유를 헤아리는 데는 소설가 구로이 센지黑井千次의 말이 도움이 된다. 구로이 센지는 한 신문사의 모임에서 어떤 사람이 거기 있는 모든 사람의 질문에 빠짐없이 대답하는 모습을 보고 이런 글을 썼다.

새삼 생각했다. 수수께끼나 의문에는 쉽게 답이 주어지지 않는 편이 좋다고. 밝히지 못한 수수께끼는 그 수수께끼를 끌어안은 사람의 체온에 의해 성장하고 성숙하여 더욱 풍부한 수수께끼로 자라나는 것 아닐까. 그리고 어떨 때는 한층 깊어진 수수께끼가 얕은 정답보다도 훨씬 귀중한 것을 품고 있다는 생각이 든다.[15]

여기에는 자신의 경험을 바탕으로 모든 문제를 즉각적으로 파악해 버리는 자기 자신에 대한 의심이 담겨 있다. 쉬이 소화할 수 없는 것을 소화 불량인 상태로 두는 자세. 경솔하게 안다고 판단하지 않고 쉬운 설명일수록 수수께끼인 채로 남겨두는 자세. 어렵고 복잡한 것을 단순하게 만들어 적당한 분류 상자에 던져 넣지 않고 손에 부드럽게 쥐고 있는 자세. 구로이 센지는 그런 자세로만 도달할 수 있는 '귀중한 무언가'가 있으리라 기대했다.

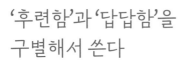

'후련함'과 '답답함'을
구별해서 쓴다

임상심리사이자 의료인류학자인 도하타 가이토東畑開人는 구로이 센지가 감성적으로 표현하려 한 내용을 분명한 말로 표현했다. 도하타 가이토는 감정과 경험을 받아들이고 의미 부여하는 방식을 '후련함'과 '답답함'으로 구분하고, 현대는 '답답함'보다 '후련함'이 힘을 얻는 시대라고 지적했다.

물론 무언가를 후련하게 털어내는 것은 중요하다. 사람들은 스트레스가 많을 때면 맛있는 음식을 마구 먹거나 푸념하거나 노래방에서 노래를 부르거나 쇼핑에 열을 올리기도 한다. 이렇게 또렷한 감각 자극에 둘러싸여 마음의 평온을 얻음으로써 스트레스를 발산하는 것은 살아가는 데 도움이 된다.

하지만 모든 것을 후련하게 해결하고 깔끔하게 다음으로 넘어가고자 한다면, 삶은 오히려 무척 힘들어진다. 실제로는 쉽게 넘겨버리기 어려운 일을 끌어안는 태도 또한 필요하다는 뜻이다. 도하타 가이토의 '답답함' 이론은 피셔가 말하는 '소화하기 힘듦'과 '어려움'에 대한 그 나름의 옹호인 셈이다.

이번에는 구체적인 내용을 살펴보자.

스승의 뼈아픈 조언을 후련하게 털어내는 것은 몹시 아까운 일이다. 그 말은 당신에게 상처가 될 수도 있지만, 곰곰이 생각하고 곱씹어 소화하면 당신을 성장시켜 줄지도 모른다. (중략) 후련함은 노폐물뿐만 아니라 쓰고 좋은 약까지 함께 배설해 버린다. 인생의 영양분이 되는 대신 하수도로 흘러가 버리는 것이다. (중략) 인간관계가 지나치게 후련하면 쓸쓸해지며, 지나치게 나다움을 추구하면 마음이 빈약해진다. 너무나 심플한 마음에는 여유가 없다. 후련함은 마음을 지켜주지만, 어떤 때는 마음을 해치기도 한다.[16]

그렇다고 해서 "뭐든 답답하게 마음에 담아두시오!"라는 말은 아니다. 도하타 가이토는 상황이나 경우, 자신의 심리 상태

를 살피면서 '후련함'과 '답답함'을 균형 있게 나누어 쓰라고 말한다.°

잘 전달될지 모르지만, "나는 평생 장뤼크 고다르Jean Luc Godard와 데이비드 린치David Lynch의 영화만 보면 충분해!"라고 단언할 수 있는 사람은 아마 없을 것이다. 종류나 방향성은 전혀 다르지만 두 사람 모두 줄거리와 설정이 알쏭달쏭 난해한 영화로 유명하다. 평생 그런 영화만 봐야 한다면 힘들지 않을까? 영문도 모르게 무작정 싸워대거나 괴물을 시원하게 물리치는 드라마를 보며 하루를 개운하게 마무리하고 싶은 날도 있고, 별 의미 없는 유튜브 동영상이나 버라이어티 방송이 그리운 날도 있을 테니까.

그럼에도 고다르나 린치의 영화처럼 바로 해석할 수 없는 수수께끼가 담긴 영상을 보는 경험은 분명 생활을 풍요롭게 만들어준다. 궁금증이나 의문을 느끼지 않는 사람은 일상 속에서 새로운 것을 얻기 힘드니 그만큼 '답답함'이 귀중해진다(고다르나 린치의 영화를 보라는 말이 아니라 '때로는 답답해지는 것도 중요하다'고 설

° 지극히 일상적인 말로 썼지만, 도하타 가이토의 논의에는 추상적이고 하이콘텍스트적인 배경이 있다. 바탕이 된 내용 중 하나가 기타야마 오사무北山修의 『마음의 소화와 배출心の消化と排出』이다. 이 책에서 저자는 프로이트의 몸에 관한 은유(구체적으로는 소화와 배출)를 받아들여 일본어 임상을 위한 정신분석 이론으로 재구성하고자 했다.

명하기 위한 비유임을 알아두자).

　또 하나, 도하타 가이토와 마크 피셔가 지적했듯이 현대인들은 분명치 않은 '답답하고', '소화하기 힘들고', '어려운' 것을 좋아하지 않는 경향이 있다고 강조하고 싶다. 따분하고 재미없고 공감하기 힘들고 피곤하다는 이유로, 정답도 설명도 보이지 않는 미해결 상태를 회피하는 것이다. 그러므로 우리는 의식적으로 완전히 소화하기 힘든 문제를 끌어안을 방법을 찾아야 한다.

앞으로 우리가
가야 할 길

무언가를 알고자 할 때, 섣불리 다 이해했다 여기지 않고 "이건가? 저건가?" 거듭 고민하고 조사하는 것이 왜 중요한지, 이 제 이해가 되었을까? 다만 받아들인 것을 모두 소화하지 못한 채 담아두어야 하니 다소 부담이 될뿐더러 꽤나 귀찮은 일이다. 매 일 거장의 난해한 영화만 보는 인생은 피곤하듯이.

그렇다고 지금 당장 내가 명확하게 파악하고 정리하고 익 힐 수 있는 범위 안에서만 배우고 행동하고 판단하고 발언하고 생각하면 된다는 뜻은 아니다. 오르테가가 비판한 "복작복작 모 여들어 다른 사람 말은 듣지 않고 웅성웅성 떠들어대는" 삶은 지 나치게 닫혀 있어서 타인과 세상에 대한 호기심을 억눌러 버린다. 좀비 영화에서 자주 나오는, 보기만 해도 괴로운 캐릭터들처럼 말이다. 그건 역시 좀 아니지 않은가.

지금까지 살펴본 논의를 바탕으로, 프롤로그에서 소개한 니체의 말로 잠시 되돌아가 보자. 니체의 말 속 '그대들'은 마음을 후련하게 만드는 명쾌한 활동이나 자극으로 쉽게 이해하거나 결론지을 수 없는 상태로부터 필사적으로 도망치려는 것처럼 느껴진다.

> 삶은 몹시 힘겹고 불안한 일이므로 그대들도 삶에 싫증을 느끼지 않는가? (중략) 그대들은 모두 고된 일을 좋아한다. 빠르고 새로우며 낯선 것을 좋아한다. 그대들은 자신을 제대로 견디지 못한다. 어떻게든 자신을 잊어버리고 자기 자신에게서 도망치려 한다.[17]

이제 이 책의 목적을 설명할 준비가 모두 끝났다. 이제야 겨우! 하지만 "역시 답답함을 마주하는 것이 중요하다!"라든지 "후련하게 털어버릴 수 없는 것을 소중히 여겨야 한다!"처럼 아는 체하는 사람들이 신나서 달려들 법한 메시지를 전하려는 것은 아니다. 이런 화제는 블로그나 인터넷 기사에서 볼 수 있는 '뻔한 이야기'다. 우리는 그 너머로, 더 멀리 가야 한다.

'답답함'이 중요하다는 이야기는 우리가 첫걸음을 내디딜 출발점이다. 지금 여러분은 막 비행기에서 내려 짐을 찾은 참이며, 아직 공항 바깥으로는 나가지 못했다. '소화하기 힘든 것' 또한 중요하다는 이야기는 우리가 앞으로 걸어갈 장소를 확인하는 작업이었다고 말할 수 있다. 그러니까 1장은 프롤로그의 첫머리에서 소개한 니체의 말을 실마리로 우리의 물음(이야기의 방향성)을 차근히 언어화한 것에 불과하다. 본격적인 여행은 이제부터 시작이다.

즉시 만족을 안겨주는 감각 자극과 커뮤니케이션을 언제든 접할 수 있는 상황에서 '소화하기 힘들고', '어렵고', '답답한' 문제처럼 시간도 비용도 많이 들고 인기도 없는 일을 내 생활 속으로 받아들이려면 어떻게 해야 할까? 그렇게 하면 어떤 점이 좋을까? 그러기 위한 구체적이고 실질적인 방법은 무엇일까? 앞으로는 우리를 둘러싼 기술, 사회, 경제적 조건을 헤아리면서 이러한 의문을 하나하나 마주해 나가려 한다. '고독'(그리고 '취미')과 밀접한 관련이 있는 이야기인데, 자세한 이야기는 잠시 미뤄두자.

자신을 의심하는 '모험'

　오르테가는 지금 이 시대에 더더욱 돌아보아야 할 중요한 사상가라고 믿어 의심치 않는다. 다만 스스로가 미아임을 자각해야 한다고 말하는 오르테가의 표현법은 때론 너무 심각하게 느껴지기도 한다. "나야말로 미아가 아닐까?" 하고 의심 어린 시선을 보내는 일은 단순히 불안과 긴장만 불러일으키지는 않기 때문이다.

　내가 아주 좋아하는 작가 리베카 솔닛Rebecca Solnit의 말을 빌리자면, 이 책의 역할은 내 나름의 '헤매기 위한 안내서'를 여러분에게 제시하는 것이라고 표현할 수 있을지도 모른다.° 헤매고 있다고 자각한 채 길을 걷는, 다시 말해 넘치는 긴장감과 즐거움을 전하는 모험 수첩이자 가이드북이다.

　이제 오르테가와 헤어져 솔닛에게 다가가 보자. 길을 잃었을지도 모른다고 자신을 의심하는 일을 마치 모험소설에서 벌어지는 경험과 같다고 생각하면 어떨까. 이제 막 모험을 떠나려 하는 인물의 마음을 떠올려 보자. 불안과 기대가 뒤섞여 설레는 가슴으로, 자신을 둘러싼 변화의 조짐에 민감하게 반응하게 되는 감각 말이다.

　긴장감 있는 호기심이라고 할까? J.K. 롤링의 〈해리 포터〉 시리즈를 떠올리면 되겠다. 처음 호그와트 마법학교에 가던 해리 포터도 어디로 어떻게 가야 하는지 모르는 미아나 마찬가지였지만, 결코 힘들다든지 싫다든지 최악이라고는 생각하지 않았다. 불안과 기대로 뒤섞인 주인공의 모습은 그저 새로운 이야기의 시작을 앞둔 소년의 마음이 얼마나 설레고 두근거리는지를 실감 나게 보여준다.

　여기서 주목해야 할 인물은 해리의 친구인 론 위즐리다. 미지의 땅으로 향하는 여행길에서 해리가 마음을 놓고 지낼 수 있었던 이유는 친구인 론이 곁에 있어서였을지도 모른다. 여러

○　리베카 솔닛에게는 『헤매기 위한 안내서A Field Guide to Getting Lost』라는 저서가 있다. 이 책은 한국에서 『길 잃기 안내서』라는 제목으로 출간되었다.

분도 철학을 접하며 소화하기 힘들고 어려운 문제와 대치하다 보면, 말로 표현하기 힘든 동요나 따분함, 불안에 휩싸일 것이다. 하지만 걱정할 필요는 없다. 여기 여러분을 위한 길잡이가 있으니까.

이것은 철학이라는 미지의 땅으로 걸음을 내딛는 작은 모험에 지나지 않는다. 좀 공격적이다 싶은 말이 나오는가 하면, 조마조마 아슬아슬한 설명이 나오기도 하고, 아픈 곳을 쿡 찌르는 내용도 있다. 그렇다고 만화『체인소 맨』이나『진격의 거인』처럼 피바람이 몰아치는 세계로 가는 것은 아니다. 나를 길동무 삼아 짧은 여행을 떠나는 것뿐이다. 이왕이면 즐겁게 길을 잃어보자. 부디 함께해 주시길.

대중사회이론과
미디어이론 그리고
대상관계이론

각 장이 끝날 때마다 그 장의 내용을 '철학'이라는 분야 전체에서 보면 어떤 위치에 해당하는지, 넓은 시야로 살펴보는 시간을 가지려 한다. 철학을 처음 접하는 사람이 보면 쉽게 이해가 되지 않을지도 모르지만, 책을 읽고 지식이 어느 정도 쌓인 다음 읽으면 "아, 이런 뜻이었구나" 하게 될 것이다. 그러니 이해가 되지 않아도 크게 신경 쓰지 말고 키워드를 건진다는 생각으로 읽고, 궁금한 부분은 우선 마음속 책장에 넣어두자.

먼저 1장의 첫 부분에서 다룬 내용은 대중사회이론 또는 소비사회이론이라 불리는 견해다. 근대 사회는 출신도 습관도 다른 사람들이 한데 묶여 무리를 이루며 거주하는 '도시'라는 새로운 공간을 탄생시켰다. 거기에 나타난 것이 '대중소비사회'다. 월터 리프먼Walter Lippmann의 『여론』, 존 듀이John Dewey의 『공공성과 그 문제들』, 데이비드 리스먼David Riesman의 『고독한 군중』을 비롯해 니체와 하이데거, 오르테가 등 여러 사상가가 이러한 계보에 속한다.

또한 '감각 자극'이나 '멀티태스킹과 스마트폰'에 관한 내용은 미디어이론의 견해를 바탕으로 한다. 정보 환경이 우리의 감각이나 상상력에 영향을 미친다는 관점은 마셜 매클루언Marshall McLuhan이나 대니얼 J. 부어스틴Daniel J. Boorstin 같은 인물들이 전개한 논의가 기초다.

더 자세히 이야기하자면, 1장의 대중소비사회이론과 미디어이론에 관한 내용은 내가 쓴 『신앙과 상상력의 철학信仰と想像力の哲学: 존 듀이와 미국 철학의 계보』라는 책의 일부를 다른 관점으로 새롭게 다룬 것이라 할 수 있다.

1장 후반부에 등장하는 '자리position'라는 말은 마음가짐이나 마음의 상태를 가리키는 말로, 정신분석 이론 가운데 대상관계이론 학파에 속하는 개념이다. '편집 분열 자리', '우울 자리', '자폐 접촉 자리' 등 다양한 개념이 존재한다. 편집 분열 자리는 사람이나 사물을 좋다, 나쁘다 두 가지로 뚜렷하게 나누어서 보려 하는 마음 상태를, 우울 자리는 대상 전체를 좋을 수도 나쁠 수도 있는 모호한 대상으로 보는 것을 허용하는 상태를 가리킨다.

심리적인 자리는 발달 단계나 확고한 기질과는 다르다. 예를 들어 평소에는 우울 자리에 가깝지만 일이 너무 바빠 여유가 없을 때는 편집 분열 자리에 가까워지듯이 상황이나 시기 등에 따라 바뀔 수 있다고 보면 된다. 1장에서는 미디어 환경의 변화에 따라 자폐 접촉 자리가 두드러지기 쉬운 환경이 만들어지고 있다고 지적했다.

한마디로 1장은 대중사회이론, 미디어이론, 정신분석을 조합해 사회적 성격 이론이라 불리는 접근법에 가까운 이야기를 새로운 모양으로 담아냈다고 할 수 있다.

스스로 생각하지
않기 위한 철학

천재들의 문제 해결 방식을 토대로
생각하는 힘

1장에서 드러난 스마트폰 시대의 과제를
철학의 관점을 통해 살피는 것이 이 책의 목적이다.
그렇다면 '철학'이란 대체 무엇일까?
흔히 상상하듯이 자기 머리로 열심히 생각하는 것이 철학일까?
혹시 우리가 간과하고 있는 부분은 없을까?
2장에서는 그런 의문에 답하며 '철학'을 공부할 때,
나아가 무언가를 생각할 때, 반드시 필요한 관점을 소개한다.
이제 미지의 땅으로 걸음을 내딛기 위한 준비를 시작해 보자.

철학은
스스로 생각하는 것일까?

우리는 시간과 지식과 노력을 들이지 않아도, 만족감을 안겨주는 감각과 커뮤니케이션을 언제든 접할 수 있는 시대에 살고 있다. 이런 상황에서 인기도 없는 '소화하기 힘든 것'이나 '답답함'과 마주할 시간을 확보하면 좋을까? 구체적이고 실질적인 방법은 없을까?

이것이 이 책에서 내건 물음이다. 앞으로 이 물음에 답하기 위해 철학을 참고하려 한다. 그러면 자연히 "철학이 대체 뭐지?" 하는 궁금증이 떠오를 것이다. 결코 가볍게 넘길 수 없는 의문이다. 그래서 2장에서는 사람들이 느낄 궁금증을 풀어보려 한다.

내가 철학자라고 말하면 가끔 이런 질문을 하는 사람이

있다.

"'철학' 하면 자기 머리로 생각한다는 이미지가 떠올라요. 스스로 생각하면 그게 바로 철학일 텐데, 뭔가를 배울 필요가 있을까요?"

언뜻 보면 그럴싸해 보이는 말이다. 실제로 "자신의 머리로 생각하자. 그것이 바로 철학이다"라고 적힌 철학책도 있다.

게다가 '스스로 생각하는' 것은 칭찬받아야 할 일로 통한다. 학교에서도 자기 머리로 직접 생각하는 게 중요하다고 배워 왔다. 집에서도, 학교에서도, 회사에서도, 아주 다양한 곳에서 말이다. 우리는 스스로 생각해야 한다고 배웠을 뿐만 아니라, 나아가 그렇게 가르치기도 한다.

자기 의견을 말해야 한다, 다른 사람의 생각을 흉내 내지 말고 너의 생각을 알려야 한다, 앞으로는 개개인의 미의식이 중요하다, 앞을 예측하기 힘든 시대이므로 사고력을 단련해야 한다, 문제 해결 능력이 중요하다. 이런 문구들도 마찬가지다.

자신의 머리로 생각한다는 것은 대체 무엇일까? 이 질문에 누가 어떻게 답할 수 있을까? 또 우리는 실제로 어떻게 생각할까? 자기 두뇌로 생각함으로써 어디에 도달하고자 하는 걸까? 스스로 생각하면 무엇이 좋을까? 애초에 그건 정말 바람직한 일일까?

철학자도
넷플릭스를 보고
닥터마틴을 신는다

나는 철학자다. 별로 가까이하고 싶지 않은가? 그럴 만도 하다. 역 앞 교차로에서 철학자라고 떠드는 사람이 있으면 접근하지 않는 편이 좋다. 수상하기 그지없으니. 스스로 써놓고도 글자가 참 심상치 않아 보인다고 생각했다.

먼저 덧붙이고 싶다. 여기서 말하는 '철학'은 매일 투덜투덜 불평하게 만드는 "우리 회사의 철학은……" 하는 경영자들의 '철학'도 아니고, 깐깐한 음식점 벽에 붙어 있는 '철학'도 아니다. 전문적인 의미의 철학이다. 나는 대학에서 박사 학위를 취득한 전문가다. 말하자면 전업 철학자인 셈이다.

그렇다고 너무 속세와 동떨어진 느낌을 떠올릴 필요는 없다. 신선처럼 안개를 먹지도 않을뿐더러 닥터 스트레인지처럼 마법을 쓰지도 않는다. 티베트에서 수행을 한 경험도 없고, 24시간 내내 어려운 것만 생각하지도 않는 데다, 다양한 이야깃거리에 철학 개념을 갖다 붙이며 재미있어하지도 않는다.

생각보다 평범하다. 고양이와 함께 교토에 살고 있으며, 넷플릭스와 디즈니플러스로 애니메이션과 드라마를 즐겨 본다. 〈샤베쿠리007〉이나 〈도큐멘트 72시간〉(각각 일본의 토크 버라이어티쇼와 다큐멘터리 방송을 가리킨다-옮긴이), 그 밖에 애니메이션과 드라마 등을 매주 녹화해서 본다. 친구가 신은 닥터마틴의 8홀짜리 화이트 스티치 부츠를 보고 홀딱 반해 무심코 따라 산 적도 있다. 아침 일찍 커피를 마시지 않으면 저녁까지 졸리고, 옷 쇼핑을 좋아하고, 지인과 오랜만에 만나면 우선 날씨 이야기부터 시작하며, 빨간 피가 흐른다. 어디에나 있을 법한 사람이다.

다만 철학자는 확실히 보기 드문 생물이기는 하다. 번화가를 걷다가 철학자와 부딪치거나, 어쩌다 들어간 술집에서 우연히 철학자와 나란히 앉았다가 의기투합한 적 있는 사람은 거의 없을 것이다. 박물관이나 동물원에 전시되어 있지도 않다(물론 수족관에도).° 대학에 다니는 사람은 강의실에서 봤을지도 모르지만, 실제로 친해진 사람은 많지 않으리라.

이제 본론으로 들어가자면, 전문적으로 철학을 공부한 사람의 입장에서 '자기 머리로 생각한다'는 발상은 너무나 소박하게 느껴진다. 여기서는 '자기 머리로 생각하기'를 비판적으로 받아들여 보자. 그러다 보면 자연히 첫머리에서 던진 질문에 답할 수 있다.

° 쓰고 나서 깨달았는데, 예외가 있다. 공리주의라는 입장을 창시한 제러미 벤담Jeremy Bentham이라는 철학자는 사후 시신을 표본으로 만들어 유니버시티 칼리지 런던UCL에 장식했다. 정말 놀라운 이야기다.

스스로 생각하면
아웃풋이 평범하다

왜 자신의 머리로 생각하는 것이 위험한지 알려면, 먼저 '스스로 생각하기'란 어떤 것인지 생각해 볼 필요가 있다. "판다 히어로는 왜 마초일까?"라는 질문을 들었다고 가정해 보자. 마초는 그렇다 쳐도 판다 히어로가 뭔지 모르면 대답할 수가 없다. 이와 마찬가지다.

하지만 질문에 대해 생각하는 것 자체는 어렵지 않다. 왜냐하면 우리는 누구나 '자기 머리로 생각한' 경험이 있기 때문이다. "나는 한 번도 스스로 생각해 본 적이 없어!"라고 자신 있게 말할 수 있는 사람은 아마 없으리라. 그것이 생각이 줄기를 뻗는 실마리가 된다.

그렇다면 자기 머리로 어마어마하게 창의적이거나 독자적인 결과를 얻어낸 경험이 있는 사람은 얼마나 될까? 리포트나 졸업 논문에 쓴 글, 기획서의 내용, 회의에서 한 발언, 뉴스를 보고 떠올린 의견이나 느낌, 교육을 받을 때 밝힌 자신의 생각, 뭐든 좋다. 다음 내용을 읽기 전에 30초 정도 눈을 감고 과거를 되돌아보자.

대부분은 평범한, 그럭저럭 괜찮은, 특별하지 않은 내용이리라. 자신도 정확히 기억하지 못할 정도로 말이다. 스스로 생각해 낸 결과는 대개 아주 평범하고 어딘가에 있을 법한 의견이나 생각에 지나지 않는다.

몇 날 며칠 고민해서 내놓은 결과물이 본래 알려진 것, 이미 실천되고 있는 것, 다른 누군가에게 순식간에 따라잡힐 만한 것, 혹은 이미 존재하는 것보다 못한 복제품인 경우가 몹시 많다. 가령 자기 손으로 처음부터 끝까지 매달린 끝에 뭔가 본질적인 내용을 알아내더라도, 이미 다른 사람이 하고 있거나 전문가에게 물었을 때 몇 분 만에 알아낼 수 있는 정보일 때도 있다.

스스로 생각해서 얻은 아웃풋이 평범한 수준을 벗어나지 못하는 이유는 자신이 이미 가지고 있는 생각(선입견)을 다시 내놓는 데 지나지 않기 때문이다. 자신은 새로운 것을 주의 깊게 관찰하고 문제를 풀어낸다고 생각하지만, 이미 옳다고 마음속 어딘가에서 믿고 있던 것을 '결론'이나 '의견'으로 내밀 뿐이다(오르테가의 이야기를 떠올려 보자).

아웃풋이 평범하고 진부한 정도라면 특별히 해가 되지는 않는다. 하지만 크게 논란이 되거나 법규를 위반한 사건들도 자세히 들여다보면 당사자들이 자기 나름대로 생각해서 내놓은 기획, 대처, 판단이었다.

그러니 부주의하고 문제가 있는 기획도, 정의와 도리에 어긋나는 판단도, 따돌림이나 괴롭힘을 은폐하려는 시도도 모두 '스스로 생각한' 끝에 나온 결과임을 진지하게 생각해 볼 필요가 있다. 아무리 조잡한 의사 결정이라도, 판단 기준이 사회적으로나 윤리적으로 옳지 않아도, 아무리 평범하고 진부해도 우리는 자기 머리로 생각하기를 고집한다.

이런 입장에서 보면, 스스로 생각해야 한다고 주장하는 사람이 어떤 논점을 간과하고 있는지 알 수 있다. 그러니까 우리는 어떻게 생각해야 하는가, 무엇을 위해 생각하는가, 생각함으로써 어디에 도달하고 싶은가 등과 같은 논점이다.

이른바 음모론자들은 사실 열심히 생각하고 탐구하는 사람들이다. 큐어넌QAnon 음모론, 백신 음모론 같은 이론들은 적당히 복잡해 보이는 정보들이 이것저것 만나 만들어졌다. 서로 관계없는 여러 사건의 결합, 오컬트적인 상상, 논증이나 과학 같은 분위기를 풍기는 모순적인 설명 따위를 바탕으로 "이것과 저것이 연결되고, 배후에 이런 계획과 음모가 있고, 이 사람은 이와 맞서 싸우고 있는 것이며……" 하고 생각하는 것이다. 그리하여 사람들의 상식이나 전문가의 설명과 동떨어진 채 인터넷에서 얻은 정보를 '자기 나름대로 생각하고' 이어 붙여 기괴한 상상을 부풀린다. 물론 추론 과정은 단순하지만, 음모론에는 틀림없이 '자신의 머리로 직접 생각한 결과'라는 측면이 있다.[1]

이런 사례를 보면 알 수 있듯이 스스로 생각하느냐 그렇지 않느냐는 아주 사소한 문제다. 본질은 다른 곳에 있다. 그럼에도 불구하고 '스스로 생각하기'를 주장한다면, 다소 위험한 생각이 아닐까?

자기 힘보다는
신중함이 중요하다

사실 집단이 자신들의 힘으로 생각하려 할 때도 비슷한 일이 벌어진다. 한 집단이 심사숙고한 결과라면서 나쁜 아이디어를 현실로 만들어버리는 광경은 생각보다 쉽게 볼 수 있다. 많은 기업에서 프로젝트 초기 단계에 브레인스토밍 방식을 이용하는데, 브레인스토밍은 다양한 아이디어를 내놓는 만큼 나쁜 아이디어도 좋은 아이디어와 비슷하거나 더 많이 나온다.

누구나 다른 사람에게 미움받기를 원하지 않고, 집단에서 소외되고 싶어 하지 않는다. 그래서 아이디어가 좋지 않아도 무심코 동조하게 된다. 나쁜 아이디어가 현실이 되고 엉터리 같은 기획이 만들어지는 이유다.

요컨대 집단에서도 스스로 생각하느냐 그렇지 않느냐는 역시 생각하는 행위의 본질이 아니다. 문제의 핵심은 자기 나름대로 머리를 쓰는 것만 우선시하느라 제대로 생각했다고 착각한 채 만족해 버리는 데 있다.

우리는 천재가 아닌 평범한 사람임을 자각해야 한다. 오히려 사람들 대부분은 좀비 영화에서 금방 죽는 엑스트라처럼 살고 있다. 미덥지 못한 우리는 무턱대고 스스로 생각하려 들지 말고 중요한 부분에 초점을 맞추는 것부터 시작해야 한다.

그렇다면 우리는 또 무엇을 할 수 있을까? 고대 로마의 철학자 에픽테토스를 다시 한번 만나러 가보자. 에픽테토스는 발밑에 위험한 물건이 있는지 조심하며 길을 걷듯이, 생각이나 논의를 펼칠 때도 위험한 부분이 있는지 주의를 기울여야 한다고 제자에게 말했다.[2] 우리는 에픽테토스의 말을 "어떻게 해야 신중하게 생각할 수 있는가?"라는 자기 회의적인 질문으로 바꾸어 읽어야 한다.

자기 혼자 힘으로 뭔가 할 수 있다는 생각을 의심하고, 자신의 생각에 경계심을 갖는 것. '자기 머리로 생각하기' 대신 '타인의 머리로 생각하기'를 권하고 싶다. 타인의 머리로 생각한다는 것은 '다른 사람의 상상력을 가져온다'는 뜻으로 바꿔 말할 수 있는데, 생각을 차근차근 넓혀보도록 하겠다.

숲을 걷는 방법을 배우듯 생각하는 기술을 배운다

에픽테토스는 생각과 걷기를 한데 포개어 조심스럽게 걸어야 한다고 말했다. 에픽테토스가 권하는 '걸음걸이'는 사회인류학자 팀 잉골드Tim Ingold가 중시하는 '여행wayfaring'과 유사하다('도보 여행'이라고도 번역한다). '여행'은 단순히 목적지로 향하는 '교통'과 구별되며, 과정과 여정을 중시하는 걸음걸이를 가리킨다.[3] 아주 매력적인 메타포다.

여기에 은유를 하나 더 덧붙여 보자. 조제프 자코토Joseph Jacotot라는 19세기 교육자는 학생들을 자신도 답을 알지 못하는 영역으로 안내한 선생님으로 유명하다. 철학자 자크 랑시에르Jacques Rancière는 자코토의 놀라운 도전을 '숲'이라는 메타포로 표현했다.

자코토는 전체가 어떻게 생겼는지, 출구가 어느 방향에 있는지도 모르는 숲으로 학생들을 이끌었다고 말이다.[4] 풀어내야 할 문제와 수수께끼를 '숲'에 비유한 것이다.

두 가지 은유를 포개어 보면, 미지의 무언가를 손으로 더듬어 탐색하는 것은 처음 보는 숲을 걷는 행위와 같다. 이상한 이야기지만, 눈 깜짝할 사이에 자신이 처음 보는 숲으로 순간 이동했다고 가정해 보자. 갑자기 장소가 획 바뀌더니 어느새 낯선 숲에 있는 당신. 그럴 때 우리는 뭘 할 수 있을까?

만약 당신이 생태학자나 파크 레인저(삼림이나 생태계를 보호하고 관리하는 사람)라면, 미지의 숲에서도 다양한 정보를 읽어낼 수 있다. 땅에서는 동물의 흔적을 찾고, 그 동물이 무엇인지뿐만 아니라 뭘 했는지까지 추측할 수 있을지도 모른다. 그런 정보를 바탕으로 야생 동물이 보금자리를 만들 만한 장소를 파악해 위험을 피하거나 물이 있는 장소를 찾을 수도 있다. 식생이나 식물의 종류를 살펴서 지금 자신이 어느 지역에 있는지 추측하거나 식물의 모양으로 태양의 위치와 방위를 탐색할 수도 있다. 어쩌면 야생 동물에 대한 지식이나 필요한 도구를 가지고 있을지도 모른다.

하지만 회사원이나 학생이 갑자기 숲에 내던져진다면 자기가 가진 지식과 상상력으로 같은 정보를 얻기는 어렵다. 가령 파크 레인저가 사용하는 도구가 있더라도 어디에 어떻게 써야 하는지조차 모를 것이다. 그런 상황에서 아무것도 모르는 사람이 무턱대고 애쓴다 해서 무슨 도움이 될까.

이러한 비유는 의지나 벼락치기 공부만으로는 숲을 제대로 걸을 수 없다는 사실을 보여준다. 전주 듣고 노래 맞히기 퀴즈처럼 급조한 지식이나 도구로는 아무것도 할 수 없지만, 전문가는 각각 독자적인 방식으로 숲에서 정보를 읽고 활용할 줄 안다.

생태학자와 파크 레인저 그리고 일반인 사이에는 무시할 수 없는 차이가 있다. 숲(수수께끼나 문제)의 어느 곳을 눈여겨보고 무엇을 읽어내고 어떻게 해석해 어떤 답을 도출해 낼지 분명히 알고 있기 때문이다. 이들처럼 숲을 착실하게 걸으려면 우리는 무엇을 알아야 할까?

일문일답으로
돌아가지 않는 세상

지금 우리가 전문가에게 배워 보충해야 할 부분은 바로 '지식'과 '상상력'이다. '지식'이란 글로 써서 나타낼 수 있는 정보와 사실을 말한다. "여우는 에키노코쿠스라는 기생충을 가지고 있는 경우가 많다"라든지 "오르테가는 『대중의 반역』을 쓴 스페인의 철학자다"라든지 "오르테가는 자신을 의심하지 않는 사람들로 가득한 현대 사회를 비판했다"처럼 퀴즈를 내고 답하는 형식으로 변환할 수 있는 내용들 말이다.

교양과 배움이 중요하다고 소리치는 사람 중에는 '지식'을 팔아먹으려 하는 이들이 있다. '질문과 답으로 쉽게 익히는 교양 종교'라든지 '한 권으로 배우는 사회학'이라든지 키워드만 모아놓은 철학 입문서의 접근 방식이 이에 해당한다. 물론 이런 '지식'도 있는 편이 좋다. '지식'이 없으면 아무것도 시작되지 않으니 지식을 얻으려는 행위를 결코 비웃을 수는 없다.

하지만 단편적인 정보를 손에 쥐었다고 해서 모두 해결되는 것은 아니다. '지식'은 입구에 불과하기 때문이다. 예를 들어 여우의 몸에 자주 기생하는 기생충의 이름이 '에키노코쿠스'라는 사실을 아는 것만으로는 아무것도 할 수 없다.

기생충에 감염되면 어떤 문제가 생기는가, 특히 에키노코쿠스는 어떤 점이 위험한가, 어떻게 하면 에키노코쿠스를 피할 수 있는가, 증상은 어떠한가, 에키노코쿠스 이외에도 써먹을 수 있는 감염 예방법이 있는가, 만약 기생충 감염이 의심된다면 어떻게 확인해야 하는가, 감염 후에 어떻게 대처해야 하는가, 어떤 기생충을 조심해야 하는가 같은 문제가 훨씬 중요하다. 이런 본질적인 문제를 뒷전으로 미루고 "여우!", "에키노코쿠스!" 하고 퀴즈의 정답을 맞히듯이 단편적인 정보를 늘어놓으며 즐거워하는 것은 부질없는 짓이 아닐까?

오다 에이이치로尾田栄一郎의 『원피스』라는 만화에는 백수百獸 카이도라는 어마어마하게 강한 등장인물이 나오는데, 누군가 질문을 하면 늘 이렇게 대답한다.

"세상은 일문일답으로 돌아가지 않아!"

그야말로 적절한 자세가 아닌가. 여우의 기생충은? 에키 노코쿠스! 오르테가는 뭘 의심하라고 했지? 자기 자신! 이렇게 퀴즈에 답하듯 단편적인 '지식'을 쌓는다고 해서 문제가 해결되지는 않는다. 전주를 듣고 노래 제목을 아무리 많이 알아맞혀 봤자 소용이 없다.

즉, 어떤 지식이든 어디에 어떻게 쓰는지를 함께 배워야 한다는 이야기다. 여기서 '지식을 어디에 어떻게 쓰느냐'를 '상상력'이라고 부르려 한다. 우리가 어떤 전문가나 철학자에게 가르침을 받든 '지식'뿐만 아니라 '상상력'도 함께 배워야 한다.

여기서 말하는 '상상력'은 각각의 정보를 운용하는 방식과 같은 '암묵적 지식'을 가리킨다고 이해하면 된다. 지식을 어떤 '투'로 사용하는지를 나타낸다고도 바꿔 말할 수 있다. 예를 들어 같은 말이나 개념이더라도 철학자마다 다른 방식으로 사용하므로 개념의 기능과 역할이 달라지기도 한다. 그래서 우리는 상상력에 주목할 필요가 있다.

리뷰나 요약된 내용만 읽고 어떤 책을 다 읽었다고 착각하는 경우에도 이런 문제점이 있다. 리뷰나 요약된 내용만 보고는 지식을 어디에 적용해야 하는지 온전히 파악하지 못한다. 그러므로 요약만 읽고 만족하는 사람은 책을 '지식'으로만 보고 책 속에 담긴 '상상력'은 배우지 않으려고 애쓰는 것이나 마찬가지다.

지식과 상상력이라는
두 개의 바퀴

　여기서 다시 한번 생각할 부분은 우리가 대부분 어떤 숲에서 어떤 문제를 해결해야 하는지도 모르며 문제 전체마저 파악하지 못한 상태라는 점이다. VUCA, 불안정Precarity, 유동성, 불확실성 등 '한 치 앞도 내다볼 수 없는 격동의 시대'를 강조하는 말이 날마다 늘어날 만큼 현대 사회에 유일한 정답 따위는 없다. 새삼 말할 필요도 없는 사실이다.

　그러므로 현대 사회는 어떻게 미래에 대비해야 하는지 알수 없는 시대라고 말할 수 있다. 미래에 확실하게 대비할 수 있다고 단언하는 사람이 있다면 그건 틀림없이 거짓이다. 위험성은 예측이 불가능하기에 '위험성'이라 불리며, 미래에 손쉽게 대비할 수 있는 지침서 따위는 존재하지 않는다. 이것만 하면 된다고, 이 매뉴얼만 달달 외우면 아무 문제 없다고 말할 수 있다면 인류는 이렇게 고생하지 않을 것이다.

현실은 학교에서처럼 정해진 범위 안의 내용만 암기하면 뭐든 대처할 수 있도록 만들어지지 않았다. 이 세상은 한 가지 질문과 한 가지 답만으로 돌아가지도 않을뿐더러 특정한 노하우나 사고방식으로 이루어져 있지도 않다. 이제 어렴풋이 깨달았겠지만, 다시 한번 강조하고 싶다.

그렇다면 미지의 정글을 어떻게 탐험해야 할까? 다소 철학적인 용어를 써보겠다. 철학에서는 지식에 해당하는 부분을 knowing-that(사실을 아는 것), 상상력에 해당하는 부분을 knowing-how(방법을 아는 것)라고 부르곤 한다. 각각 '명제적 지식'과 '방법적 지식'이라고 번역하기도 한다. 이들의 관계를 논한 철학자 길버트 라일Gilbert Ryle은 knowing-that이 knowing-how를 포괄하지는 않지만, 두 가지가 동떨어지지 않고 서로 연결되어 있다고 말했다.[5]

여기서 두 가지를 배울 수 있다. 하나는 지금까지 지적해왔듯이 지식만 있어서는 문제를 해결할 수 없다는 점(knowing-that은 knowing-how를 포괄하지 않으므로)이다. 또 하나는 상상력을 익힐 때 지식을 경시할 수는 없으며, 두 가지를 따로 떼어내 배우려는 것은 억지라는 점이다. 강과 바다, 낚싯대와 물고기의 생태에 관한 구체적인 지식 없이 '낚시하는 법'만 추상적으로 배우기란 오히려 더 어렵지 않을까. 구체적인 지식과 동떨어진 형태로 방법이나 노하우, 사고법만 배우려는 생각은 버리는 편이 좋다. 이처럼 지식을 쌓는 일은 결코 무시할 수 없다.

이제 knowing-that(지식)과 knowing-how(상상력)는 수레의 두 바퀴처럼 항상 함께 배워야 한다는 사실을 확인했다. 실제로도 '양치식물은 꽃을 피우지 않는다' 같은 단순한 사실을 암기하는 것도, 어느 식물학자를 흉내 내며 비슷한 식물들끼리 이파리를 비교하는 것도 정작 숲을 탐험하는 데는 크게 도움이 되지 않을 것이다.

생태학자나 파크 레인저가 지닌 지식과 상상력은 사진사, 정원사, 가수, 측량 기술자, 사회학자, 건축가와는 다르기 때문이다. 철학자는 철학에 담긴 지혜를 이용해 숲을 탐험하는 기술, 즉 지식과 상상력을 제시할 수 있다. 과연 어떤 기술일까? 이제 그 내용을 확인하러 가보자.

2,500년간의
문제 해결 능력을
내 것으로

철학이란 대체 무엇인가. 그걸 모르면 '철학자에게는 숲을 걷는 철학자 나름의 기술이 있다'는 말을 들어도 어리둥절할 뿐이다. 철학자는 어떤 지식과 상상력을 가지고 있을까?

"서양 철학은 플라톤에 대한 주석들로 이루어져 있다."

철학자 알프레드 노스 화이트헤드Alfred North Whitehead는 서양 철학의 전통에 어떤 특징이 있는지 설명하면서 이런 말을 남겼다. 철학은 2,500년 전 플라톤에게서 비롯된 방대한 논의를 시작으로, 바통을 넘기듯 현재에 이르기까지 끊임없이 업데이트되어 왔다는 이야기다.

철학을 한다는 것은 플라톤이 시작한 일련의 대화에 참가

한다는 뜻이다. 철학은 그저 생각하는 것이 아니라 지식의 거인들이 남긴 끝없는 말을 들으며 생각하는 일이다.

'철학philosophy'이라는 말 한마디만 들어도 철학에 통달한 사람의 귀에는 고대 그리스에서 시작해 다양한 지역과 시대 그리고 여러 언어로 차곡차곡 쌓아 올린 무수한 대화와 논의가 들려온다. 철학은 2,500년간 축적된 사색의 궤적인 셈이다. 이렇게 오래도록 사랑받아 온 것이 또 있을까?

우리는 천재가 아니다. 주변 사람보다 조금 별난 생각을 잘 떠올리거나, 말솜씨가 뛰어나거나, 뭔가를 조사하거나 정리하는 데는 능할지 모르지만, 그것만으로는 천재라고 할 수 없다.

하지만 철학의 역사에 이름을 남기고 계속해서 회자되는 사람들은 의심할 여지가 없는 천재다. 그들은 동시대의 천재들과 경쟁해 승리했을 뿐만 아니라, 미디어 전략에서도 성공을 거두어 '고전'의 반열에 오르면서 후세에도 다시 읽히게 된 행운의 주인공이다.°

°   안타깝게도 '고전'에는 여성이나 성소수자, 유색 인종의 저서가 많지 않다. 이처럼 '고전'으로 여기느냐 마느냐 하는 조건은 결코 평등하지 않았다. 그러나 다양한 인물과 저서를 '철학의 대화'로 자리매김하게 하려는 시도도 있다. 리베카 벅스턴Rebecca Buxton과 리사 화이팅Lisa Whiting의 『처음 읽는 여성 철학사』, 코넬 웨스트 Cornel West의 『흑인의 예언적 불꽃 Black Prophetic Fire』 등을 참고하자.

이렇게 다듬어진 일련의 사고와 끊임없는 대화가 책이나 논문의 형태로 기록되는 것이다. '고전'에는 몇 번이고 다시 읽을 만한 매력이 있다. 과연 어떤 매력일까? 철학의 매력은 '천재들의 문제 해결의 역사를 이용하여 생각해 왔다'는 데서 비롯된다.

'철학'이란 말을 들으면 사람들은 대부분 어렵고 추상적이고 아리송하다는 생각을 가장 먼저 떠올린다. 철학을 공부한 사람으로서도 공감하는 사실이다. 하지만 철학자는 아무 의미 없이 추상적이고 모호한 무언가를 고민한 것이 아니다. 아무리 추상적으로 느껴져도, 철학자 본인이 보편성을 지향한다고 말했다 해도, 철학적 논의는 모두 그 시대에 직면한 중요한 문제에 대한 응답 그 자체다. 어떤 개념과 이론이든 당시 사회의 과제에 대한 해결책이라고 생각하면 지금까지와는 다른 호기심이 솟아오르지 않는가.

천재들은 고대 그리스에서 시작된 대화를 활용해 다양한 문제들을 해결해 왔다. 2,500년에 걸친 문제 해결 과정에서 그들은 여러 아이디어와 유용한 관점, 사고 패턴을 시험했다. 그것이 실제로 쓰였던 풍경이나 현장을 보면서 직접 흉내 내고 시도하다 보면, 우리도 아이디어와 관점을 실제로 활용할 수 있을지도 모른다.

보통 사람인 우리는 천재가 되지는 못해도 철학의 역사를 토대로 생각함으로써 천재의 두뇌를 잠시 빌릴 수는 있다. 천재의 시야를 훔쳐 그들이 숲에서 무엇을 읽고, 무엇을 단서로 어떻게 탐험하는지 상상할 수 있다는 말이다.

자기 자신의 머리로 생각하지 않고 타인의 머리를 빌려 생각하는 것, 빈손이 아니라 손안에 실마리를 쥐고 생각하는 것, 다른 사람의 힘을 이용해 생각하는 것이 얼마나 즐겁고 효과적인지 이 책을 통해 느껴보기를 바란다.

일반적으로 쓰는 말과 조금 달라서 '지식'과 '상상력'이라고 표현했는데, 표기하기 번거로우니 앞으로는 작은따옴표를 생략하겠다. 뜻은 전과 같으니 참고하자.

섣부르게 이해하려고 하면
안 되는 이유

"과거 철학자들의 지식과 상상력을 참고해서 생각한다라, 그런 거였군!"

지금까지 살펴본 내용을 이렇게 납득한 사람도 있을지 모른다. 그런데 지식과 상상력을 배우기란 제법 어렵다.

왜 어려우냐 하면, 무언가를 배우려 할 때 사람들은 대부분 '자기가 아는 범위' 안에서 내용을 이해하려는 경향이 있기 때문이다. 나 또한 예외가 아니었다. 하지만 철학에 익숙하지 않은 사람이 '자기가 아는 범위' 안에서 이해해 버리면, 그러니까 자기 마음대로 받아들이면 독창적이라기보다는 단순한 곡해로 끝나는 경우가 많다.

구체적으로 설명하기 위해 '개념'과 '사고 체계'라는 용어를 가져오겠다. 지식과 상상력이 세트를 이룬 것을 여기서는 '개념'이라고 부르려 한다. '개념'이라고 하면 왠지 딱딱해 보이지만, 사물을 보는 방식이나 관점이라고 생각하면 된다.

그리고 어떤 철학자가 여러 가지 개념을 독자적으로 짜맞추어 연결한 덩어리 전체 혹은 연결된 모양을 '사고 체계' 또는 '체계(시스템)'라고 부르려 한다. 개념의 네트워크, 개념들의 관계성인 셈이다.

가장 잘 알려진 철학자 중 하나인 르네 데카르트René Descartes를 예로 들어보자. 데카르트의 사고 체계에는 '관념'이라는 개념이 등장한다. 쉽게 말해 '마음속에 있는 이미지'라고 할 수 있는 말인데, 뜻을 알아도 큰 문제가 있다. '관념은 마음속에 있는 이미지'인 것은 맞지만, 우리가 평소 "마음속으로 그 만화의 한 장면을 떠올려본다"라고 말할 때 쓰는 '마음속'과는 전혀 다른 뜻이기 때문이다.

우리가 떠올린 만화의 한 장면은 데카르트가 말하는 '관념'에 해당하지만, 본래 '관념'에는 우리가 평소 '자신의 외부'에 있다고 믿고 지각하는 사물(물체)이나 타자 그리고 자신의 신체 등도 포함된다. 다시 말해 우리가 감각 기관을 통해 지각하는 외부의 대상은 모두 '관념'이다. 데카르트식으로 말하자면 이들은 모두 '내 마음속'에 나타난다는 것이다. 예를 들어 평소 우리가 느끼는 대로 말하면, 지금 읽는 이 글 또는 글자들의 색은 '마음 바깥'에 존재하지만, 데카르트는 이 또한 망막의 자극을 통해 내 안으로 들어온 '관념(마음속에 있는 것)'이라고 생각한다.°

이미 알아챘을지도 모르지만, 데카르트는 '관념'뿐만 아니라 '마음(정신)'이라는 말도 자기만의 방식으로 사용했다. 다시 말해 '마음'에 관한 데카르트 특유의 개념(지식과 상상력)이 있다는 이야기다. 여기에 '물체/신체'나 '신神' 같은 개념이 등장하고, 거기에 또……. 이처럼 철학자의 사고 체계는 독특하게 작용하는 무수히 많은 개념들의 결합으로 이루어진다.

긴밀하게 연관된 내용들을 무시한 채 철학자를 이해하려 들면, 완전히 엉뚱한 뜻으로 받아들이는 불상사가 벌어질지도 모른다. 이 문제를 좀 더 자세히 알아보자.

° 덧붙이자면 감각이나 이미지뿐만 아니라 말로 표현하고 이해하는 것 또한 '관념'이다. 즉, '개념'이나 말의 '의미'도 데카르트가 말하는 '관념'에 해당한다. 물론 데카르트는 물체를 부정하지는 않는다. 자세한 내용은 입문서를 참고하자. 도미타 야스히코冨田恭彦의 『데카르트 입문 강의デカルト入門講義』라는 책을 추천한다.

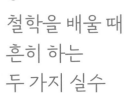

철학을 배울 때
흔히 하는
두 가지 실수

지금까지 나눈 이야기를 돌아보면, 철학책을 읽어도 도무지 무슨 소리인지 이해하지 못하는 데는 보통 두 가지 원인이 있음을 알 수 있다. 첫 번째는 개념을 철학자의 사고 체계와 다른 방식으로 이해하는 실수다. 앞에서 한 이야기를 예로 들자면, '관념'을 제대로 이해했다고 생각하지만 실제로는 '마음속'이라는 말의 쓰임을 오해하는 경우가 이에 해당한다.

사고 체계를 잘못 해석하는 문제는 여러 철학자의 이론을 헤아릴 때 특히 쉽게 일어난다. 예를 들어 데카르트에 대해 어느 정도 순조롭게 공부한 사람이 고대 그리스 철학자 플라톤의 체계를 데카르트의 체계에 따라 이해하려는 순간 뭐가 뭔지 알 수 없게 된다.

테니스를 시작하려는 사람이 "비슷비슷하겠지 뭐" 하며 테니스를 탁구처럼 치는 격이다.

"치는 사람 마음이긴 하지만, 테이블 '테니스'라고 다 같은 건 아닌데……."

테니스와 탁구를 결합한 스포츠 개발은 재미있을지도 모르지만, 두 종목 모두를 어느 정도 안 다음 차이를 이해하며 만들어야 한다는 사실은 변하지 않는다. 이와 마찬가지다.

두 번째는 상상력(사용 방법)을 무시하고 지식(정보)에만 주목하는 실수다. 철학자의 개념(보는 방식)은 실제로 어떤 식으로 작용하는 개념인지를 제대로 파악해야만 온전히 이해할 수 있다. 지식뿐만 아니라 지식을 사용하는 방식(상상력)을 배워야 한다는 말은 바로 이런 뜻이다.

예를 들어 플라톤의 '이데아'와 데카르트의 '관념'은 영어로 표현하면 모두 'idea'이니 같은 말로 보일 수도 있지만, 각각 다른 지식과 상상력으로 구성된 전혀 다른 말이다. 또한 앞에서 이야기했듯이 데카르트의 '마음속'이라는 말은 우리가 평소 생각하는 '마음속'과는 전혀 다르다. 철학은 이처럼 개념을 엄밀히 구별하며 배워야 하지만, 그러지 못하고 실수를 저지르는 사람이 매우 많다.

언런(탈학습)하기 전에
런(학습)하자

두 가지 실수는 모두 체리피킹cherry picking(좋은 것만 골라내는 것)과 관련이 있는 듯하다. 체리피킹이라는 말은 여러 분야에서 쓰이는데, 경제학적 문맥에서는 할인 품목처럼 이득이 되거나 구미에 맞는 물건만 사는 고객의 행동을 가리킨다. 맛있는 체리만 골라 먹는 새처럼 말이다.

개념을 배우거나 철학자의 사고 전체(체계)를 배울 때도 무턱대고 자기 방식대로 납득하려 하거나 자기가 아는 범위 안에서 이해하려 하면, 어느 순간 "어라, 무슨 말이지?" 하게 된다. 체리피킹은 배움의 천적이다.

우리가 할 일은 자기 나름대로 해석하는 것이 아니라, 철학자의 개념과 체계로 세상을 보았을 때 어떤 풍경이 펼쳐지는지 파악하는 것이다. 요컨대 그 사람의 상상력(방식)에 따라 지식을 이해하고 그 사람의 사고 체계에 따라 개념을 움직이는 것이다. 이런 과정을 소홀히 하고 갑자기 자기 방식대로 이해하려 든다면 걸음마를 떼기도 전에 달리려 하는 것과 마찬가지다.

그러나 철학자의 체계(철학의 전체 모습)를 완벽하게 이해하기란 전문가에게도 쉽지 않은 일이다. 게다가 철학자 본인조차 자신의 사상이 어떤 잠재력을 품고 있는지 온전히 파악하지 못할 수도 있다(글쓴이의 의도보다는 글쓴이가 제시한 개념과 사고 패턴의 가능성을 좇는 데 철학의 매력이 있다고 보지만, 이야기가 복잡해지니 넘어가자). 그만큼 어려우니 '다양한 철학자의 사고 체계를 모두 내려받아야 한다'고 말할 생각은 없다.

하지만 전부가 아니라 어느 철학자의 개념(지식과 상상력의 조합)을 몇 가지 배우는 정도라면 그리 어렵지 않다. 어떤 지식을 어떤 식으로 사용하는지, 즉 상상력과 지식을 세트로 배우면 된다. 이를 목표로 삼아보자. 이를테면 데카르트의 '관념'과 '마음속'이라는 개념은 이미 어느 정도 익숙해졌을 것이다. 너무 긴장하지 않아도 된다. 철학자의 몇 가지 상상력을 배우기란 그리 어렵지 않으니까.

다만 체리피킹에 빠지지 않고 적절히 배워야 한다는 점은 다시 한번 강조하고 싶다.

"전기톱은 뭐든 자를 수 있으니 나무뿐만 아니라 정어리나 복사 용지를 자를 때도 쓸 수 있어요."

뭐라고 말하든 본인의 자유지만, 부엌칼과 가위의 존재를 알면서도 이렇게 주장한다면 문제가 있다. 비약적이고 독창적인 생각이라기보다는 그저 엉뚱한 생각에 불과하지 않을까? 하지만 철학을 배우는 사람은 가끔 이런 실수를 저지른다.

앞에서 잠시 언급했듯이 개념을 가능한 범위까지 아슬아슬하게 움직이다 보면, 개념이 아름다운 궤적을 그리며 시야가 탁 트이듯 눈앞에 지적 풍경이 펼쳐지기도 한다. 하지만 게임에 익숙한 사람이 구사하는 수준 높은 기술이니 초보자는 쉽게 흉내 낼 수 없다. 정석에서 벗어나려 하기 전에 정석을 익히고, 언런unlearn(탈학습)하기 전에 런learn(학습)해야 한다는 말은 당연한 이치다.°

°   앞에서도 몇 번 말했지만, 이 책 자체는 '언런'에 가까운 결과물이다. 즉, 이 책에서는 여러 개념의 매력적으로 빛나는 부분에 초점을 맞추고, 철학자를 뛰어넘어 여러 개념을 한데 엮음으로써 새로운 '사고 체계'를 만들고자 한다.

센스메이킹에도
지식과 상상력이
필요하다

이야기의 중심은 '지식'과 '상상력'이니 다시 본론으로 돌아가 보자. 경영학 등의 분야에서는 '센스메이킹sensemaking'이라는 말이 가끔 등장한다.[6] 비즈니스 서적에서도 종종 언급되니 들어본 적이 있을지도 모른다(처음 듣는 사람은 다음 내용으로 넘어가도 좋다).

센스메이킹은 상황이나 데이터 또는 사건을 어떻게 이해하고 받아들이느냐에 따라 이후 전개 방향이 크게 달라진다고 보는 개념이다. 영어로 "It makes sense"라는 표현이 있는데, '이해가 된다'거나 '일리가 있다'는 뜻으로 쓰인다. 센스메이킹은 설명이 필요한 현상이나 데이터나 상황에 어떻게 의미를 부여하고 해석해야 하는지 묻는 분야다.

즉, 센스메이킹은 '해석'을 과제로 삼는다는 뜻인데, 해석이라는 말을 들으면 실천과는 거리가 먼 느낌이 들어서 의아하게 여기는 사람도 있다. 하지만 같은 현상이라도 어떻게 의미를 부여하느냐에 따라 행동과 전략이 180도로 달라지므로 의미 부여와 해석은 결코 탁상공론이 아닐뿐더러 아주 실천적인 문제다.°

만약 사람들과 다른 각도에서 세상을 볼 수 있다면, '의미의 혁신'을 일으키거나 꽉 막힌 관계성을 해소할 수 있을지도 모른다. 센스메이킹이 주목받는 이유는 조직이 공유하는 의미를 바꾸어 조직을 변화시킬 수 있으리라는 기대가 그만큼 크기 때문이다.

어떻게 하면 참신한 시선을 얻을 수 있을까? 먼저 다양한 지식을 익힐 필요가 있다. 일반적인 관점과 달리 대상을 주의 깊

° 해석은 주관적이므로 행동 데이터를 모아 분석하면 근거 있는 마케팅과 조직 운영이 가능하다고 말하고 싶은 사람도 있을 것이다. 하지만 통계 데이터를 다룰 때도 지표 설정이나 데이터 수집 방식, 분석 및 데이터 제시 방법, 분석 결과에서 읽어낼 내용 등 다양한 면에 분석하는 사람의 해석이 반드시 들어가기 마련이다. 또한 데이터는 그것을 조직의 방침으로 채용하는 의사 결정 과정이나 현장에서 실행하는 과정에서 직접적으로 관계없는 사항들과 연결된다. 애초에 해석이 주관적이고 데이터가 객관적이라는 대비는 너무 불분명해서 제대로 쓰이지 않는다. 스기타니 가즈야杉谷和哉의 『정책에 근거는 필요한가政策にエビデンスは必要なのか』라는 책은 공공 정책이 주제이긴 하지만, 이 논점에 관한 좋은 참고 자료다.

게 인식하고 탐색하는 힘을 가리키는 '관찰력'과 '사고력'은 지식의 인풋과 깊은 관련이 있다.[7] 그 점을 고려하면 센스메이킹이 주목받은 시기에 '교양'을 강조하는 비즈니스 서적이 많아진 것도 이상한 일은 아니다.

하지만 이런 설명은 센스메이킹의 일부만 보여줄 뿐이다. 아무튼 이런저런 단편적인 정보를 쌓아 잡학의 대가가 되면 어찌어찌 센스메이킹을 달성할 수 있다는 말은 아니기 때문이다. 무턱대고 정보를 쑤셔 넣는 학습 방식은 음악 퀴즈처럼 무의미하다.

그러면 어떻게 하라는 말인가. 센스메이킹이라는 말에 숨겨진 또 다른 뜻을 눈여겨보자. 센스메이킹에는 "그 사람은 옷 입는 센스가 좋지"라고 말할 때 쓰는 '센스'의 뉘앙스가 있다. 가치를 민감하게 포착하고 사물을 제대로 들여다볼 줄 안다는 뜻이다. 감성이나 감수성이라고 번역하기도 한다.

센스메이킹은 조직에 속한 사람들이 상황을 어떻게 '해석'하게 하느냐를 이야기하는 개념인데, 해석이라면 뭐든 좋다는 말은 아니다. 센스메이킹의 목적은 단편적인 정보를 아무렇게나 이어 붙여 그럴듯해 보이는 말로 얼버무리지 않고, 뛰어난 감수성으로 상황을 타당한 방식으로 받아들여 매력적인 맥락을 만들어내는 데 있다. 정보를 적절한 방식으로 운용하는 '상상력'

이 떠오르지 않는가.

요컨대 센스메이킹에는 '해석'과 '센스'라는 두 겹의 이미지가 담겨 있고, 각각의 말은 숲에 대한 비유에서 알아낸 '지식'과 '상상력'의 중요성과 일맥상통하는 면이 있다(일대일로 짝을 이루는 개념은 아니므로 방식이 조금 다르기는 하다).

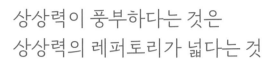

상상력이 풍부하다는 것은
상상력의 레퍼토리가 넓다는 것

문맥 형성의 실마리가 되는 지식, 그리고 그것을 적절한 방식으로 운용하는 상상력은 이제 충분히 살펴보았다. 이런 개념을 손에 넣으면 재미있는 것이 눈에 들어온다.

"저 사람은 상상력이 참 풍부하다니까"라고 말하곤 하는데, 지식과 상상력의 관점에서 보면 '풍부한 상상력'이란, 마음이 따뜻해지는 문구나 마법 같은 말이 아니라 상상력의 레퍼토리가 다양한 사람을 가리키는 표현으로 이해할 수 있다. 언제든 이용할 수 있도록 여러 인물의 상상력을 축적해 둔 상태라는 말이다 (상상력이 지식과 세트를 이룬 상태를 염두에 두고 읽자).

상상력이 풍부한 사람은 아이디어가 많고 정보를 다루는

다양한 방법을 알기에 여러 각도로 대상을 탐색하고 지각할 수 있다. 따라서 상상력의 레퍼토리를 넓히면 넓힐수록 대상을 각양각색의 관점으로 볼 수 있기 때문에 "이건가? 아니 이렇게도 볼 수 있겠군. 아, 어쩌면 이것도······" 하고 깊이 관찰할 수 있다.

더 중요한 사실은 관점 하나하나를 절대적인 것으로 여기지 않는다는 점이다. 다양한 상상력을 지닌 사람은 하나의 관점이 가르쳐준 견해를 고집할 이유가 없다.°

나는 주로 포켓몬스터에 비유하곤 한다. 배틀을 할 때는 적의 속성과 레벨, 적과 아군의 HPHit point 등 상황에 따라 가장 알맞은 포켓몬을 골라 소환하는 것이 정석이다. 그러려면 다양한 포켓몬을 갖추어야 한다. 여러 포켓몬이 있으면 "식스테일이 없으면 못 싸운다고!"라든지 "이브이만 있으면 만사 오케이지!" 하며 하나에 연연할 필요가 없다.

철학도 마찬가지로 문제나 주제, 목적 그리고 상대나 상황에 따라 적절한 상상력을 고르면 된다. 그리고 한 철학자의 상상력을 어느 정도 배웠다고 해서 다른 철학자의 상상력은 배울 수 없다거나 배울 필요가 없다고 생각해서는 안 된다.

° 이 관점은 책의 후반부에서 소극적 수용력이라는 개념 그리고 〈에반게리온〉의 '카지'라는 캐릭터와 철학자 스탠리 카벨Stanley Louis Cavell 등의 고유명사를 통해 더 깊이 들여다볼 예정이다.

상상력을 풍부하게 만든다고 하면 막연한 느낌이 들지만, 사실 아주 명쾌하고 단순한 표현이다. 상상력을 풍부하게 만든다는 것은 다양한 사람의 상상력을 몸에 익힌다는 뜻이다. 어떤 지식을 어떻게 쓰느냐를 가리키는 상상력. 상상력을 연마하고 싶다면 상상력의 레퍼토리를, 다시 말해 마음속의 관용구를 늘리면 된다.

내 안에 다양한 사람을
살게 한다

풍부한 상상력은 '자신의 내면에 얼마나 많은 타자를 살게 하느냐'를 가리킨다고 바꿔 말할 수도 있다. 그러면 타인의 머리를 빌려 생각할 수 있는 상태란, 자기 안에 사는 다양한 사람의 상상력을 상황에 맞게 골라 쓸 수 있다는 뜻이기도 하다. 단, 다양한 사람이 내 안에 있다는 것은 그들의 의견이 미묘하게 엇갈리며 그들 사이에서 대화가 벌어진다는 뜻임을 유의해야 한다.

그렇다면 괴롭힘이나 윤리에 어긋나는 행동, 엉터리 기획이나 문제 발언은 자기 안에 '나 같은 녀석'밖에 없는 상태일 때 쉽게 벌어지는 것 아닐까? 자신의 내면에 '나 같은 녀석'밖에 없으니 자기 자신과 대화(다이얼로그)할 존재가 없는 것이다. 그러므로 자기 안에 브레이크를 걸 필요도 없다.

그럴 때 사고는 혼잣말(모놀로그)이 되어버린다. '나 같은 녀석'을 모아놓는 일은, 벽에 대고 말을 걸고 다시 튕겨 나온 자기 목소리를 듣는 몸짓이나 매한가지다. 그곳에는 오르테가가 비판한 '이기주의', '미궁', '쳇바퀴 돌기', '이중 잣대'만 존재한다.°

타자의 상상력을 자기가 아는 범위 안에서 받아들이고 자신의 상상력으로 덮어버려서는 아무런 의미도 없다는 말이다. 타인의 생각을 배울 때 우선 상대방의 방식(상상력)에 따라 배워야 한다고 말한 데는 상상력의 차이를 무시하지 말아야 한다는 이유도 있었다.

자기 안에 다양한 타자가 있는 상태, 즉 다양성이 풍부한 에코시스템(생태계)을 만드는 것이 '풍부한 상상력'이라는 말의 참뜻이다. 말하자면 자신이라는 정원을 여러 가지 식물이 자라는 장소로 가꾸는 것이다. 정원을 만들듯 자신을 활짝 열린 공간으로 키우다 보면 자연히 오르테가가 말하는 자신을 의심하는 계기 또한 찾을 수 있다.

무작정 걷다 녹초가 되거나 퀴즈 풀기 같은 잡학에 매달리거나 제대로 배웠다고 착각하며 엉뚱한 행동을 하지 않으려

° 자기대화에 대해서는 3, 4장에서 더 자세히 다룬다.

면, 전문가라는 이름의 타인에게 어디를 어떻게 눈여겨보고 어떻게 해석해야 숲을 탐험할 단서를 찾을 수 있는지 배워야 한다. 그리고 (나 자신에게 맞추지 말고) 온전히 타자를 따라 배우는 과정에야말로 나라는 정원을 울창하게 만들 힌트가 숨어 있다.

철학자는 많은 개념(지식과 상상력의 조합)을 자신만의 방식으로 체계화한다. 그래서 주의 깊게 탐구하면 철학자 한 명을 들여다보더라도 그 속에서 무수히 많은 상상력을 발견할 수 있다. '철학'이라는 분야에는 주의 깊게 찬찬히 관찰할 만한 체계를 제시한 사람이 아주 많다.

지금까지 철학이 무엇인지에 관해 제법 긴 이야기를 나누었다. 다음 장부터는 현대 사회에서 우리가 어떻게 자신과 마주하지 않은 채 살아왔는지(자신과 마주했다고 생각하는 사람이 실제로는 어떻게 길을 잘못 들었는지) 다양한 각도에서 확인해 보려 한다. 그리고 그에 대한 대처법을 탐색하면서 더욱 다양한 상상력을 만나보자.

철학을 탐험할 때
주의해야 할
세 가지

지금까지 철학이 무엇인지 알아보았다. 이제 '미지의 땅'으로 발을 내딛을 때 유의해야 할 점을 알아보고자 한다. 여행을 위한 지침이라고 여기면 되겠다.

앞으로 들여다볼 주의 사항들은 지금까지 부분적으로 설명한 내용을 다른 관점에서 다시 설명한 것인데, 그럼에도 바로 감이 오지 않을지도 모른다. 하지만 철학을 배울 때 도움이 되는 내용이니 이해가 되지 않더라도 머리 한구석에 넣어두었다가 가끔 다시 들춰보자.

❶ 생각하는 데도 연습은 필요하다
  (바로 결과를 얻으려 하지 않는다)

깔끔하게 포장된 길이나 도시의 거리를 안정적으로 걸을 수 있다고 해서 "나는 케이투도 에베레스트도 오를 수 있어!"라고 말하는 사람이 있다면 "그건 좀 아니지 않나……?" 하는 마음이 들기 마련이다. 모국어를 능숙하게 구사한다고 해서 누구나 프로 개그맨처럼 입담 좋게 말을 늘어놓는 것도, 복잡한 논문을 쓰거나 읽을 수 있는 것도 아니다. 하물며 식칼을 다룰 줄 안다고 해서 미쉐린 3스타 레스토랑의 주방장처럼 요리를 할 수 있는 것도 아니다.

너무 당연한 말 아니냐고 하겠지만, 실제로 무언가를 '사고할' 때는 아무렇지 않게 이런 식으로 생각하곤 한다. 우리는 어찌 되었든 스스로 생각할 줄 안다. 그렇기에 쉽게 이해했다고 느끼거나, 어렵고 복잡한 내용을 보고 "쓸데없이 복잡하게 해놨군", "엉뚱한 소리네", "결국 다 아는 내용이잖아" 하고 넘겨버린다. 그래서는 아무런 도움도 되지 않는다.

이런 문제를 생각할 때는 늘 고대 로마의 철학자 에픽테토스를 떠올린다. 에픽테토스는 철학을 "한 시간 또는 하루 만에 알 수 없다는 사실은 그대 자신도 알 것이다"라고 말했다. 근본적

인 문제를 치료하는 데는 언제나 시간이 걸리기 마련이다.[8]

엄밀히 말하면 문맥이 조금 다르지만, 다른 부분에 나오는 비유도 무척 매력적이다.

어떤 위대한 일이든 한순간에 이루어지지 않는다. 포도 한 송이와 무화과 열매도 그렇다. 만약 지금 그대가 무화과를 원한다고 말하면 시간이 필요하다고 답하리라. 먼저 꽃을 피우고, 그다음 열매를 맺고, 그 열매가 익기를 기다려야 한다.[9]

에픽테토스는 성급하게 성과를 얻으려 하는 '그대'에게 그런 일을 기대해서는 안 된다고 말한다. 무언가를 배울 때는 찬찬히 기다릴 줄 알아야 함을 실감케 하는 이야기다. 당연하지만 깜빡 잊기 쉬운 사실이다.

이 책에서 바로 이해할 수 없는 내용을 만난다면, 다람쥐가 볼주머니에 도토리를 넣어두듯이 바로 삼키지 말고 잠시 저장해 두자. 엉성하게 해석하고서 알았다 여기지 말고, 입에 머금은 채 곰곰이 생각하는 것이 중요하다.

알쏭달쏭하고 이해하기 어려운 느낌은 운동을 하며 땀을 흘리듯이 사고를 단련하는 과정에서 반드시 맛보아야 하는 감각이다. 온전히 소화가 되지 않는 상태를 두려워하지 말고, 후련하게 배설해 버리려 하지 말고, 긴가민가하며 생각하는 시간을 즐기겠다는 마음으로 따라가 보자.

❷ 쓰이는 대로 쓴다
(자기 방식대로 쓰지 않는다)

현대 미국을 대표하는 철학자 가운데 로버트 브랜덤Robert Brandom이라는 사람이 있다. 수염을 멋들어지게 기른 그는 톨킨의 『반지의 제왕』에 나올 법한 매력적인 풍채를 지녔다. 로버트 브랜덤은 "개념을 파악하는 것은 언어 사용법을 습득하는 것과 같다"라고 지적했다.[10]

여기서 말하는 '개념'은 사물을 보는 방식, 프레임, 관점이라고 생각하면 된다. 즉, 브랜덤이 하고자 하는 말은 어떠한 관점을 익히는 것이 '그 말을 사용하는 방법을 익히는 일'과 같다는 뜻이다.

브랜덤의 이야기는 앞서 정의한 '개념'(특정 지식과 그것을 운용하는 상상력의 적절한 조합)을 대입해도 그대로 성립한다. 다시 말해 상상력의 레퍼토리를 늘리는 일은 본질적으로 새로운 말의 사용법을 장착하는 것이라고 말할 수 있다.

브랜덤의 지적을 통해 우리는 '말이 어떤 식으로 쓰이는가를 눈여겨보고 그대로 사용하려는 마음가짐으로 글을 읽어야 한다'는 교육적 의미를 손에 넣을 수 있다. 예를 들어 이 책에서는 상상력, 침묵, 듣기, 취미, 고독, 고립, 외로움, 대화 같은 말을 다소 독특한 방식으로 사용한다. 따라서 이 책의 개념을 이해했다고 말하려면, 이런 단어들을 이 책에서 사용하는 대로 사용할 줄 알아야 한다.

우선 말이 어떤 방식으로 쓰이는지 배우기 위한 두 가지 단서를 살펴보자. 첫 번째로는 배운 개념에 대해 구체적으로, 그리고 추상적으로 설명할 줄 알아야 한다. 즉, 추상(개념)과 구체(구체적인 사례)를 자유로이 오갈 수 있어야 한다는 뜻이다.

나도 대학원 시절 교수님에게 "구체적으로 예를 들 줄 알아야 해", "예를 들면 어떤 뜻일까?"라는 말을 귀가 따갑도록 들었다. 실제로 개념을 구체적인 사례로 설명하려 노력하는 동안 개념을 어떤 식으로 써야 하는지 전보다 훨씬 잘 알게 되었다. 이것이 새로운 개념을 익히는 가장 빠른 지름길이다.

두 번째로는 조건을 걸거나 사실과 다르게 가정하면서 그 개념을 설명할 줄 알아야 한다. 이런 경우에는 어떻게 되는지, 그럼 이런 조건일 때는 어떤지, 만일의 경우를 이야기할 줄 아느냐 그렇지 않느냐 하는 이야기다. 수준이 제법 높은 방식이지만, 그리 복잡하지는 않다.

브랜덤은 '밤', '성냥', '암사자'라는 개념을 예로 들어 이렇게 말했다.

밤나무에는 밤이 열린다. 나무가 다 자라지 못하거나 병해를 입지 않는다면. 제대로 만든 마른 성냥에는 불이 붙는다. 산소가 없는 상태가 아니라면. 배고픈 암사자는 영양을 쫓으리라. 오늘이 화요일이더라도 혹은 멀리 떨어진 나무 위 장수풍뎅이가 가지를 조금 기어오른다 해도. 하지만 암사자의 심장이 멈추면 그런 일은 일어나지 않는다.[11]

개념을 올바르게 아는 사람은 어떤 경우에 어떤 일이 벌어질지 어느 정도 헤아릴 줄 안다.

다 자란 밤나무에만 열매가 맺힌다고 말할 줄도 모르는 사람이 밤나무를 잘 안다고 억지를 부린다면 누구나 거짓말이라고 여길 것이다. 이처럼 전제 조건을 잘못 이해하면 말을 올바르게 사용하는 법을 익힐 수 없다.

어찌 되었든 중요한 점은 개념(지식과 상상력)을 익히는 일은 말의 사용법을 익히는 일과 동일하다는 점이다. 또한 개념을 올바르게 습득했는지 확인하려면 개념을 구체적인 사례로 설명할 수 있는지 그리고 개념의 다양한 전제 조건을 설명할 줄 아는지를 체크해야 한다.

❸ 철학자의 상상력에 따라 읽는다
(일상의 어감을 투영하지 않는다)

인문사회 분야의 도서를 보면 본질, 이념, 초인, 정치, 사회 같은 다양한 말이 등장한다. 예를 들어 나의 전문 분야인 존 듀이는 이상, 목적, 경험, 성장, 반성, 보수주의, 자유주의 등과 같은 말을 쓴다.

이런 단어를 보면 누구나 어떠한 느낌을 받을 것이다. 이 말은 왠지 싫다든지, 뉴스에서는 이런 뜻이라고 설명했다든지, 이 말과 저 말은 함께 쓰인다든지 하는 이미지(어감) 말이다.

하지만 일상에서 느끼는 말맛을 여기에 투영해서는 안 된다. 철학자들은 독자적인 상상력을 지녔고 그 상상력을 바탕으로 다양한 말을 사용하므로 우리가 평소 쓰는 말투와 다르기 때문이다. 완전히 쓸모없다고 할 정도는 아니지만, 국어사전이나 백과사전도 그리 도움되지는 않는다.

철학자 아즈마 히로키는 이렇게 말했다.

철학책에 나오는 모든 말이 일상에서 어떤 뜻으로 쓰이
는지 일단 잊고, 동시에 일상적인 감각으로 이해하는 것
또한 잊고, 말과 말의 관계에만 주목해야 합니다. 즉, 글
자 하나하나의 의미를 직접 이해하는 게 아니라 "아, 이
사람은 이 말은 좋은 뜻으로 쓰고 다른 말은 나쁜 뜻으로
썼구나"; "이것과 이것은 서로 대립되는 말이네"; "이 대
비와 저 대비가 연결되는구나" 하고 유심히 관찰하는 겁
니다. 마치 인간관계의 가십을 들여다보듯이 개념과 개
념의 관계만 포착해 나가면 됩니다.[12]

물론 일상의 말과 철학의 말은 완전히 동떨어진 관계는
아니다. 하지만 일단 '별개'로 여기는 편이 이해하는 데 도움이 될
만큼 쓰는 방식이 다르다.°
철학을 배울 때는 머리로 '이해'하는 것이 무엇보다 중요

°   아즈마 히로키는 이 책에서 말하는 '체계'를 염두에 두고 말했지
    만, 일상의 어감을 투영하지 말아야 한다거나 말들의 관계를 관
    찰하라는 조언은 개념이 각각 어떻게 작용하는지 이해하는 데도
    도움이 된다.

하다. 철학을 연구하는 사람은 마음 깊이 공감하지는 않더라도 어떤 사람의 생각을 충분히 '이해'하는 능력을 기른다. 그래서 연구자는 루소, 듀이, 데카르트, 하이데거, 프로이트처럼 다양하고 때로는 대립되는 철학자의 사상을 자유자재로 논할 줄 안다. 자신의 말투를 잠시 잊고 철학자의 사고를 '이해할' 수 있도록 노력해 보자.

프래그머티즘의 관점

2장에서는 철학이란 무엇이며 어떻게 철학과 친해지면 되는지 알아보았다. 다시 말해 철학에 관한 철학, 멋있게 말하면 '메타철학'이다. 특히 '프래그머티즘Pragmatism', 즉 실용주의라 불리는 사상을 토대로 살펴보았다.

프래그머티즘에서는 철학을 '답'이나 '목표'로 여기지 않는다. 고민에 대한 답이 철학에 있다고 생각하지 않는다는 것이다. 철학을 '바람직한 답'을 안겨주는 존재라고 생각하면, 그것 이외에는 더 이상 알아보거나 생각하거나 토론하거나 시험할 필요가 없어지기 때문이다.

프래그머티즘에서는 철학의 다양한 사상들을 '출발점'

이라고 여긴다. 다양한 개념과 견해는 어떤 일에 임할 '실마리'를 제시한다. 즉, 철학은 세상을 살아가는 방식을 제안하는 이런저런 '가설'을 만들어낸다고 보는 것이다.

철학자 존 듀이는 『철학의 개조 Reconstruction in Philosophy』라는 저서에서 이렇게 말했다.

"철학은 오직 가설만을 제공할 뿐이며, 그 가설 또한 자신을 둘러싼 환경에 마음이 민감하게 반응하도록 만들어줄 때만 가치가 있다."

여기서 가설이라 부르는 것은 세상을 어떻게 바라보고 살아갈 것인가에 대한 제안을 가리키며, 이 책에서는 '지식'과 '상상력'이라는 말로 나누어 설명했다. 프래그머티즘에 대해 설명하면 이야기가 너무 길어지니 이쯤에서 정리하려 한다.

이 책의 철학적 견해에는 특징이 하나 더 있다. 철학자가 만들어온 개념 없이 철학을 논하는 방식을 그리 권장하지는 않는다는 점이다. 옛 철학자들의 사상 따위는 제쳐두고 자신의 직감을 토대로 생각하고 말로 표현하는 행위를 모두 '철학'이라 부르는 입장(철학 대화 등)과는 방향성이 다르다.

오히려 철학의 역사를 중시한다는 점에서 좀 더 공동체주의적 communitarian 인 입장이라 할 수 있다. '철학'을 수천 년 전 고대 그리스에서 시작된 공동체의 흐름을 토대로 전통을 계승하고 다시 쓰고 바탕에 깔고 덧붙이고 새로이 잇는 행위에 참가하는 일로 받아들인다는 뜻이다. 단순하게 '자기 머리로 생각하자'고 말하지 않고 '다른 사람의 머리로 생각하자', 다시 말해 '이것저것 열심히 공부하자'는 말이 자기 완결적 사고를 피하는 데 도움이 된다고 생각하기 때문이다.

다만 내가 생각하는 '철학'의 범위는 몹시 느슨해서 보통은 '철학자'라 여기지 않는 사람들까지 모두 셈하기를 좋아한다는 점을 덧붙이고 싶다. 이런 식으로 재구성하여 '철학'이라는 개념을 비틀고 흔든다. 내가 그렇게 하는 이유에 관해서는 다른 칼럼에서 다시 이야기할 예정이다.

2장의 입장은 지금껏 설명한 내용대로지만, 반드시 그러해야 한다는 말은 아니다. 물론 역사를 중시하지 않는 철학적 관점도 있다. 이 책을 다 읽고 나면 다른 책에도 손을 뻗어 또 다른 철학적 관점과도 대조해 보자.

3장

연결되는 동안
잃어버린 '고독'

스마트폰 시대의 철학

현대 사회의 라이프 스타일에서
'스마트폰'은 어느새 없어서는 안 될 물건이 되었다.
스마트폰은 우리를 어떻게 바꾸었을까?
이 물음과 함께 우리의 생활을 돌아보면 '고독'이라는 문제가 떠오른다.
스마트폰 시대에 '고독'은 어디론가 모습을 감춘 듯하다.
말의 인상 때문인지 '고독'은 마치 피해야 할 존재처럼 느껴진다.
하지만 우리는 '고독'을 되찾아야 한다. 왜 그래야 할까?
홀로 있는 것을 '고독', '고립', '외로움' 등으로 구분해 살펴보며
스마트폰 시대의 삶을 둘러싼 철학적 모험을 떠나보자.

스마트폰이 바꿔버린
우리 사회

    먼 길로 돌아오느라 잊어버렸을지도 모르니 복습부터 해 보자. 1장의 마지막에서 이야기했듯이 언제든 감각 자극과 커뮤니케이션을 통해 빠르게 만족을 얻을 수 있는 상황에서 시간도 비용도 많이 드는 '소화하기 힘들고', '어렵고', '답답한' 일은 인기가 없어졌다. 그런 상황에서 왜 이런 일이 필요한지, 구체적인 방법은 무엇인지, 그러면 어떤 점이 이로운지를 현대 사회와 경제적 조건을 바탕으로 들여다보기로 했다.

    1장에서도 스마트폰이라는 새로운 매체의 등장에 주목했으니 여기서는 논점을 더 깊이 파고들어 보려 한다. 스마트폰 시대의 삶은 어떤 것인가. 새로운 매체는 사람과 사회를 어떻게 바꿔버렸는가. 이러한 물음과 함께 '스마트폰 시대의 철학'을 탐험하는 것이다.

그러나 어떠한 변화를 들여다볼 때, 자칫 변화를 불러온 사건에만 초점을 맞추고, 이를 특이점으로 여기기 쉽다. 하지만 변화를 제대로 포착하고 싶다면 현재의 모습뿐만 아니라 '과거'의 모습까지 냉철하게 살필 필요가 있다. 과정을 알려면 전과 후 모두를 눈여겨보아야 한다는 단순한 이야기지만, 잊기 쉬운 사실이다.

철도 운송, 우편 제도, 전기 통신, 라디오, 영화, 텔레비전, 인터넷 같은 정보 기술의 진보는 속도에 대한 기대를 점점 더 키워왔다. 실제로 그런 기대가 더욱 거센 정보의 소용돌이 속으로 사람들을 끌어들였다. 이제는 모두가 거의 시차 없이 실시간으로 먼 곳에서 벌어지는 사건들을 접할 수 있게 되었다.

미국의 9.11 테러나 영국 엘리자베스 여왕의 서거, 타국 정상의 스캔들은 다른 나라 입장에서는 직접 겪은 일이 아니니 소식을 전하는 기술이나 보도가 없었다면 강 건너 불구경이었을 것이다. 그러나 그러한 소식에 전 세계 사람들이 충격을 받은 이유는 세계 각지의 사건에 대한 정보와 발언이 실시간으로 전해지는 세상에 살고 있기 때문이다. 통신 기기의 진화는 실시간으로 정보를 주고받을 수 있는 세상을 기대하게 만들었다.

휴대전화와 스마트폰은 이런 흐름에 박차를 가했다. 예전 같았다면 한 박자 늦게 닿았을 소식도, 다음 날 답장하면 그만이던 메시지도 지금은 그럴 수 없게 되었다. 바로 대응해야 한다고 마음이 조급해진다. 지연이 없는 상태에 익숙해진 우리는 사회에서도 회사에서도 일상에서도 속도만 바라보느라 '기다리거나' '가만히 받아들이지' 못하게 되었다.

휴대전화와 스마트폰의 등장은 단순히 전 세계 어디서든 인터넷에 접속할 수 있는 '유비쿼터스 컴퓨팅Ubiquitous computing'의 시대를 뛰어넘어 한 사람이 통신 기기 여러 대를 한꺼번에 사용하는 시대의 도래를 뜻했다. 크기가 작아서 쉽게 가지고 다닐 수 있는 데다 인터페이스상에서 여러 작업을 동시에 처리할 수 있을뿐더러 여러 기기가 서로 연결된다(사물인터넷, 즉 IoT).

현대 사회는 글자 그대로 '유비쿼터스(어디에나 존재하는)' 접속이 가능해진 시대일 뿐만 아니라 방대한 자극과 커뮤니케이션을 동시에 처리하는 시대다. 더구나 여러 작업을 한꺼번에 진행하는 방식을 아무도 신경 쓰지 않는다.

미국의 IT 기업 시스코Cisco에서 2020년 2월에 발표한 보고서 「Cisco Annual Internet Report 2018-2023」에서는 2023년까지 전 세계에서 293억 대(1인당 약 3.6대)의 통신 기기가 연결되리라 예상한다고 밝혔다. 그중 서로 접속되는 기기는 전체 기기 중

147억 대에 이를 것이라 예측했다.

지연 없는 소통에 대한 기대는 예전부터 높았지만, 지금은 직접 얼굴을 맞대고 상호 작용하던 과거와 달리 여러 통신 기기에 둘러싸여 다수의 커뮤니케이션과 작업을 동시에 처리하는 시대가 되었다. 그렇다면 이러한 미디어 환경의 변화는 어떤 결과를 불러올까?

'상시 접속 사회'에서
잊힌 감각

스마트폰 시대의 철학이라니, 지금 당장 시작할 수 있는 거냐고 의아해할지도 모른다. 하지만 넓은 의미에서 휴대전화에 대한 연구는 이미 다양하게 이루어지고 있다. 내가 아주 좋아하는 연구자 중에 매사추세츠공과대학교MIT의 셰리 터클Sherry Turkle이라는 심리학자가 있다. 그녀는 2011년 출간한 저서에서 흥미로운 일화를 소개했다.

그리 오래된 이야기는 아니지만, 내가 가르치는 대학원생 중 한 명에게 이런 이야기를 들었다. 친구와 함께 MIT 캠퍼스를 걷는 도중에 갑자기 휴대전화가 울리자 친구가

전화를 받았다는 것이다. 그는 믿기지 않았다고 했다. 분노가 배어나는 말투로 "그 친구는 제 이야기를 나중으로 미룬 거예요. 저보고 어디까지 이야기했는지 기억해 뒀다가 통화가 끝나면 다시 시작하라는 건가요?"라고 말했다. 당시 그 친구의 행동은 몹시 무례하고 주위를 당황하게 만드는 일이었다. 하지만 겨우 2, 3년 만에 그건 아주 당연한 행동이 되었다.[1]

휴대전화가 아주 빠른 속도로 보급되던 당시, 사람들은 얼굴을 맞대고 있는 이와의 대화를 보류하고 모바일 단말기로 '여기에 없는 사람'에게 먼저 대응하려 하는 행동에 경악하고 당황했다는 이야기다. 지금은 완전히 잊은 지 오래된 감각일지도 모른다.°

터클이 경계한 것은 그러한 새로운 행동 양식을 모바일 단말이 가능케 한다는 점이었다. 화면 너머의 소통이나 자극을 우선시하느라 눈앞에 있는 관계나 대화에 소홀해진다는 것이다. 집에서 영화를 보든 다른 사람을 만나 이야기를 나누든 문자 메시지와 전화, 동영상, 이모티콘, 게임이나 그 밖의 다양한 무언가

° 2012년에는 'phone(전화)'와 'snubbing(냉대)'를 합쳐 '퍼빙phub-bing'이라는 말이 만들어질 정도로 이러한 행동을 문제시했다.

에 방해를 받는다.

요컨대 현대인은 다수의 작업(멀티태스킹)을 병행하며 눈앞에 있는 사람과 대화하거나 행동하는 데 너무나 익숙해졌다. 혹은 직접 마주하고 있는 현실의 일도 '멀티태스킹' 중 하나로 취급한다고 해야 할까. 현실 속 대화마저 동시에 처리할 작업 중 하나로 받아들이는 버릇이 들었다 해도 과언이 아니다.

물리적으로 어떤 장소에 속해 있으나 실제로는 다른 곳에 존재하는 일은 그리 드물지 않다. 신호등 색이 바뀌기를 기다리거나 슈퍼마켓 계산대 앞에 줄을 서거나 회의에 참석했을 때, 흥미를 끄는 것이 없어 따분하면 우리는 초조한 듯 스마트폰을 꺼내 든다. 그러고는 음악을 듣거나 SNS에 접속하거나 누군가에게 메시지를 보내고 동영상이나 인터넷 기사를 공유한다.

이 정도는 별것 아니지만, 다음 같은 사례는 어떨까.

요즘 10대들은 공원으로 걸어가는 동안 휴대전화로 통화하거나 문자 메시지를 읽는 부모 밑에서 자랐다. 부모들은 한 손으로는 메시지를 입력하고 다른 한 손으로는 그네를 밀었다. 정글짐 위의 아이를 올려다보며 통화를 했다. 10대들은 등하굣길 부모님의 차 안에서도, 가족끼리 디즈니 영화를 볼 때도 부모가 모바일 기기를 사용하고

있었노라고 말했다.²

    마찬가지로 셰리 터클의 책에 나오는 이야기다. 전화 통화 예시가 와닿지 않는다면 SNS나 동영상 사이트로 바꿔서 생각해 보자.

    물론 무작정 비난할 일은 아니다. 어른이 보기에 다소 단조롭고 재미없는 영화를 아이가 몇 번이고 같이 봐달라고 조르면 어찌할 도리가 없다는 것쯤은 상상할 필요도 없다. 자기도 모르게 스마트폰을 꺼내고 싶어질 테니까. 게다가 친한 사람과 식사를 하다가 스마트폰을 만지는 것은 이제 아주 흔한 일이다.

    셰리 터클은 가지고 다닐 수 있는 기기를 사용해 여기가 아닌 다른 곳에서 다른 정보를 얻거나 다른 커뮤니케이션에 참가할 수 있게 된 상황을 '상시 접속 사회'라고 불렀다. 스마트폰 시대의 철학이 지닌 키워드는 바로 '상시 접속'이다. 상시 접속 사회에서 일상을 다수의 작업으로 채워 결국 무엇 하나에도 집중하지 못하는 상태, 특히 인간관계가 희박한 상태를 그녀는 "연결되었으나 외로운connected, but alone"이라고 표현했다.

'고립'의 상실
– 반사적인 커뮤니케이션으로
산만해진 사람들

미디어 이론에서는 '사람의 감각이 기술에 의해 재구성된다'고 말하곤 한다. 기술은 중립적이라고 말하는 사람도 있지만, 이는 현실과 다르다. 실제로는 새로운 기술이 보급됨에 따라 행동 양식, 느낌, 사고방식, 보는 관점이 세세하게 달라지기 때문이다.

기술이 감성을 좌우한다면, 스마트폰을 손에 쥔 우리는 과연 어떻게 달라졌을까. 문제점을 들여다보기 위해서 변화로 인해 무엇을 잃어버렸는지에 초점을 맞춰보자. 터클은 기술에 대해 생각할 때 우리가 원리적인 물음, 쉽게 말해 출발점으로 거슬러 올라가는 물음에 사로잡힌다고 말했다. 무엇이 정말 중요한가 하는 의문으로 되돌아가게 된다고 말이다.[3] 스마트폰 너머에 있는 '정말 중요한 것'은 대체 무엇일까.

상시 접속 사회에서 잃어버린 것. 여러 연구자들의 견해를 정리해 종합하면, 두 가지 관점으로 설명할 수 있다. 바로 '고립'과 '고독'이다. 달리 말하면, 다른 사람과 분리되어 무언가에 집중하는 상태 그리고 자기 자신과 대화하는 상태라 할 수 있다.

상시 접속 사회에서 사람들이 하는 행동을 가만히 들여다보면 알 수 있듯, 우리는 반사적인 커뮤니케이션을 되풀이하고 있다. 많은 일을 보류한 채, 짧은 글과 행동으로 표면적인 대답을 차례차례 내놓는다는 것이다.

아주 흔한 광경이다. 누군가를 만나 이야기를 나누면서 이모티콘과 짧은 글로 친구 네 명에게 답장을 보내고, 중고 거래 어플리케이션에서 보내는 알림을 무시하고, 빨리 넘기기 기능으로 스마트폰 게임의 스토리를 진행하고, 트위터에서 기사 몇 가지를 제대로 읽지 않은 채 리트윗하고, 인스타그램에서 마음에 드는 인플루언서가 추천하는 옷을 저장해 둔다.

여기에는 '고립'이 없다. 한 가지 일에 몰두하기에는 정신이 산만하고, 다수의 커뮤니케이션과 감각 자극의 다양성이 한 가지 일에 집중하지 못하도록 방해하기 때문이다. 여기서 말하는 '고립의 상실'은 멀티태스킹에 의한 주의 분산이자, 미디어 기술이 가능케 한 '관심경제Attention Economy'의 결과 중 하나이기도 하다.

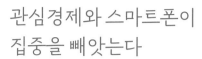

관심경제와 스마트폰이
집중을 빼앗는다

인터넷에서는 많은 비즈니스가 광고와 고객 충성도 등을 바탕으로 이루어지고 있는데, 관심경제는 바로 그런 환경에서 성립하는 경제를 가리킨다. 구체적으로는 정보의 질과 알맹이보다도 사람들의 관심 그 자체가 가치를 얻는다는 뜻이다.

관심경제에서는 콘텐츠, 광고, 제품, 서비스, 인터넷 플랫폼, 커뮤니티, 유튜브 채널, 인플루언서 등도 결국 얼마나 많은 사람이 주목하고 클릭하고 구입하며 매출이 어떻게 움직이는가, 즉 수량적 관계가 중요하다.

온갖 인물과 이벤트, 상품 등이 관심attention을 끄는 데 최적화되어 있어 앞다투어 사람들의 주의를 빼앗을 뿐만 아니라,

사람들도 SNS에 글이나 사진을 올리면서 경쟁에 뛰어든다.

　이런 소비 환경은 틀림없이 사람들의 주의를 분산시키는 데 큰 역할을 하지만, 그렇다고 기업과 기술에만 문제가 있는 것은 아니다. 우리 또한 밤낮으로 스마트폰을 통해 주의를 분산시키려는 시도에 기꺼이 참여하고 있음을 스스로 인정해야 한다. 누군가와 얼굴을 보고 대화할 때도 스마트폰을 만지며 상대의 말을 흘려듣고, 어려운 내용은 무시하며, 질문에 건성으로 대답하는 것이 고작이지 않은가. 이런 환경에서 '소화하기 힘들고', '어려우며', '답답한' 문제를 끌어안고 있기란 도무지 불가능하다는 생각이 들어도 이상하지 않다.

　주의가 분산되면서 우리가 놓치는 것은 안타깝게도 다른 사람과의 직접적인 소통만이 아니다. 멀티태스킹으로 처리하는 일들 또한 한꺼번에 여러 가지를 다루는 만큼 허술해진다. 만화책을 읽는 것도, 전화 통화를 하는 것도, 음악을 듣는 것도, 친구와 메시지를 주고받는 것도 마찬가지다.

　더 나쁜 소식은 터클이 우려한 것보다 더한 일이 벌어지고 있다는 사실이다. 즉, 스마트폰을 통해 주의를 분산하는 데 익숙해진 사람들은 스마트폰을 손에 들고 있지 않을 때조차 마음이 붕 떠 눈앞에 있는 사람과의 소통에 집중하지 못한다.

　몇몇 연구에 따르면 스마트폰을 만지지 않아도 옆에 스마트폰이 있다는 사실 자체가 대화에 영향을 줄 가능성이 있다.[4] 구체적으로는 대화의 공감 수준이 떨어지고, 화제가 스마트폰에 좌우될 우려가 있으며, 자신과 타인의 감정이나 심리 상태에 온전히 집중하지 못할 수도 있다는 말이다.

이는 주의가 흐트러지는 환경과 깊은 관련이 있을 것이다. 한 가지 일에 충분히 관심을 기울이고 곰곰이 생각하는 습관 자체가 쇠퇴하는 탓이라면, 역시 '고립'이 중요해진다.

이런저런 일이나 상대로 주의가 분산되어 버리면 당연히 눈앞에 있는 상대와의 대화도 일종의 작업을 처리하듯 해치우게 된다. 반사적인 커뮤니케이션으로 자신을 둘러싸는 것은 상대의 인격과 심리 상태를 헤아리지 않도록 밤낮 연습을 거듭하는 것이나 마찬가지다. 멀티태스킹화된 생활이 불러온 '고립'의 상실은 이처럼 많은 문제가 있다.

'고독'의 상실
– 자기 자신과 함께하지 못하는 사람들

상시 접속 사회에서는 '고립'뿐만 아니라 '고독' 또한 점점 자취를 감추고 있다. '고립'이 관심을 여기저기 분산하지 않고 한 가지에 집중하는 힘과 관련이 있다면, '고독'은 자기 자신과 대화하는 힘과 관련이 있다.

셰리 터클은 이에 관해서도 인상 깊은 사례를 소개했으니 먼저 살펴보자.

얼마 전 가까운 친구의 장례식에 참석했는데, 식순이 적힌 크림색 인쇄물이 있었다. 인쇄물에는 조의문을 낭독하는 사람의 이름과 연주자 및 노래 제목 그리고 친구의 아름다운 젊은 시절 사진이 실려 있었다. 장례식이 진행되는 동안 내 주변에 앉은 몇몇 사람은 인쇄물의 날개로 휴대전화를 감추고 문자를 주고받았다.

그중 60대 후반으로 보이는 여성이 장례식이 끝난 뒤 내게 다가와 당연하다는 듯이 말했다.

"휴대전화 없이는 그렇게 오래 못 앉아 있지."

장례식의 목적은 고인을 기리는 데 있건만, 그 여성은 손에 넣은 지 10년도 채 되지 않은 기술 때문에 그러지 못하게 되었다.[5]

'고독'이 결여된 상태를 보여주는 하나의 사례로, 깊이 공감하는 사람도 있을 것이다.

사실 나도 그렇다. 할머니가 돌아가셨을 때 화장을 기다리는 동안 스마트폰을 만지고 싶어 손이 근질거렸으니까. 말로는 설명하기는 어렵지만 그때는 왠지 그러지 말아야겠다는 생각이 들었다. 그래서 스마트폰 전원을 끄고 가방 깊숙이 넣어두었다.

그 대신 바깥 풍경을 하염없이 바라보거나, 옆에 있는 친척과 별것 아닌 이야기를 나누거나, 그저 침묵하거나, 머릿속에 떠오른 생각을 수첩에 적어 정리하기도 했다. 다만 그러는 동안에도 '스마트폰을 켤까?', '텔레비전이 있는 곳으로 갈까?' 하는 생각이 머릿속을 스쳤다.

여기서 우리가 잃어버린(잃어버리려 하는) 것은 '고독'이다. 사람들은 따분함을 견디지 못하고 자극과 커뮤니케이션을 갈망한다. 자기 자신과 함께하지 못한다는 뜻이기도 하다. '고독'이라는 말에는 자극을 원하거나 타인에게 우선 반응하려 하지 않고 홀로 보내는 시간의 중요성이 담겨 있다.°

°　이해하기 쉽게 '잃어버렸다'고 표현했으나, 고독을 되찾을 수 없다는 뜻은 아니다. 또한 스마트폰이 등장하기 전에는 모든 사람이 쉽게 '고립'과 '고독'을 맛볼 수 있었다는 뜻도 아니다. 사람들이 스마트폰으로 대표되는 현대의 미디어 환경에 이끌려 점점 '고독'을 쉽게 내놓으며 되찾기 어려워한다는 사실을 "'고독'을 잃어버렸다"라고 표현했을 뿐이다.

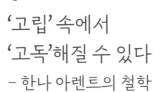

'고립' 속에서
'고독'해질 수 있다
– 한나 아렌트의 철학

다만 '고독'은 '자기 자신과 함께하는 것'을 쉽게 표현한 말이므로 부정적인 의미는 없다는 점에 유의해야 한다. 그럼에도 여전히 많은 사람이 '고독'이라는 말에 나쁜 인상을 갖는다. 그런 의문을 떨쳐내기 위해 이번에는 한나 아렌트Hannah Arendt라는 철학자의 상상력을 빌려 '고독'이 필요한 이유에 가까이 다가가 보려 한다.

한나 아렌트는 '혼자인 상태'를 세 가지로 나누었다. 고립isolation, 고독solitude, 외로움loneliness이다. 이렇게 보조선을 그으면 시야가 트이고 '고독'과 '고립'의 관계도 한눈에 들어온다. 그럼 차례대로 살펴보자.

아렌트는 다른 사람과 단절된 상태를 '고립'이라고 불렀다.° 다시 말해 '고립'은 무언가를 이루어내기 위해 필요한, 누구에게도 방해받지 않는 상태를 가리킨다. 창조적이고 생산적인 일이 아니더라도 무언가에 집중하고 몰두하기 위해서는 아무도 끼어들어서는 안 된다. 예를 들어 뭔가를 배우거나 책 한 권을 읽을 때도 "다른 사람의 존재로부터 보호받을 필요가 있듯이" 말이다.[6]

요컨대 무언가에 집중해서 임하려면 어느 정도 물리적으로 격리된 상태가 필요하다는 뜻이다. 그런 의미에서 '고립'은 어떤 일에 온전히 주의를 기울이기 위한 조건인 셈이다.

반면 '고독'은 "침묵 속에서 나 자신과 함께하는 존재 방식"이라고 설명한다. 좀 멋들어지게 표현한 말이다 보니 뉘앙스를 파악하기가 어렵지만, 우리는 '고독' 속에서 고요하게 자기 자신과 대화하듯 '사고'한다는 이야기다. '고독'은 내가 나 자신과 함께 지내며 '나에게 일어나는 모든 일에 관해 자신과 대화하는', 즉 '사고'를 실현한다.°°[7] 장례식에서 전자 기기를 손에서 놓지

° 본문에서는 '고립'을 긍정적인 의미로만 다루고 있지만, 사실 부정적인 방향으로 바뀔 수도 있다. 예를 들어 권력자의 개입이나 배제, 차별 등에 의해 시민이 여러 인간관계에서 버려지고 사회적 유대가 단절되어 사회적·정치적으로 무력한 상태에 놓이는 것 또한 '고립'의 한 형태다.

°° 참고로 '침묵'이라는 말이 오르테가와 겹치는 것은 우연이지만, 유사한 의미를 담고 있다고 해석할 수는 있다.

못한 여성은 슬픔을 받아들이는 시간을 따분하게 느껴 '침묵 속에서 나 자신과 함께하지' 못했던 것이다.

다른 사람이 말을 걸거나 어떤 자극이 주어지면 자신과의 대화, 즉 사고는 중단되고 만다. 그런 의미에서 '고립'은 '고독'과 그에 따른 자기대화를 위한 필요조건이나 다름없다. '고립' 없이는 '고독'을 맛볼 수 없다는 뜻이다.

'고독'과 '외로움'은
어디로 갔는가

더욱 흥미로운 것은 '혼자'의 세 가지 양식 중 마지막 하나인 '외로움'이다. 아렌트는 '고독'과 '외로움'을 구별할 때 '고독'에는 '고립(홀로 있는 것)'이 필요한 반면, '외로움'은 "다른 사람과 함께 있을 때 가장 또렷이 드러난다"라고 말했다.[8]

'외로움'은 많은 사람에게 둘러싸여 있음에도 외톨이라고 느끼며 그런 자신을 감당하지 못해 타인에게 의존하고 싶어 하는 상태다. 계속 불안하고, 일을 해도 보람을 느끼지 못하고, 친구나 가족과의 관계로 괴로워하며, 아무도 자신을 이해해 주지 않는다고 느끼는 데다, 무료함을 이기지 못해 타인과 자극을 갈망한다. 이런 마음에 공감하지 못하는 사람은 아마 없을 것이다.

실제로 아렌트는 '외로움'이란 기존의 공동체가 붕괴된 도시 사회에서 살아가는 현대인의 업보나 다름없다고 여겼다.[9] 그래서 우리는 모두 이방인(고향을 잃은 사람)처럼 어디에 있든 편안함을 느끼지 못하고 쉽게 방황하며, 그런 기분을 잊기 위해 누군가와 함께 있기를 바라고 쓸쓸해한다.

스마트폰이라는 새로운 미디어는 '외로움'에서 비롯되는 연결되고자 하는 마음, 무료함을 메우고자 하는 마음에 쉽게 응답해 준다. 스마트폰은 언제 어디서든 쓸 수 있을 뿐만 아니라, 한꺼번에 많은 작업을 동시에 처리할 수 있게 만들어준다. 멀티태스킹은 커뮤니케이션과 오락과 그 밖의 여러 자극으로 자기대화를 끊고 사람들을 감각 자극의 소용돌이로 끌어들인다. 그리하여 이어지고자 하는 욕망도 따분함도 불안도 모두 덮어준다.

하지만 '외로움'에서 비롯된 멀티태스킹은 여러 자극의 단편을 끊임없이 제공하기 때문에 작업 하나하나에 몰두하지는 못한다. 그러다 문득 멈춰 선 순간, 지금껏 뭘 했는지 덧없는 마음이 들고, 희박한 관계(연결되었으나 외로운)를 실감하게 된다.

상시 접속이 가능해진 스마트폰 시대에 '고립'은 녹이 슬고, 자연히 '고독' 또한 빼앗기고, '외로움'이 가속되고 있음에도 불구하고 우리는 그런 존재 방식이 얼마나 위태롭고 위험한지 제대로 알아채지 못했다. 지금까지 살펴본 문제점에 스마트폰이

라는 미디어의 특성을 포개면 '외로움'이라는 문제가 겉으로 드
러난다.

어떤가. 자기 자신에게서 도망치려 한다는 니체의 말과
이기주의의 미궁을 맴도는 모습에 대한 오르테가의 비판이 아렌
트의 생각과 겹쳐 보이는가? '외로움'과 '고독'을 구별하는 방식
은 아렌트가 마음대로 정한 내용이 아니라 철학에서는 이미 제
법 익숙한 이야기다. 아렌트 본인은 이러한 구별법이 처음 도시
사회가 등장한 고대 로마까지 거슬러 올라갈 수 있다며 에픽테
토스를 언급했으며, 아렌트와 같은 시대의 신학자인 폴 틸리히
Paul Tillich도 같은 방식을 이야기했다.° 10

참고로 지금까지 '고독'과 '외로움' 등은 평소와 다른 의
미로 쓰였다는 신호로 작은따옴표를 붙였으나 앞으로는 생략하
겠다.

°　틸리히도 많은 사람에게 둘러싸이는 대중 사회(도시 사회)를 바
탕으로 두 가지 개념을 구별했다.

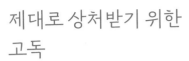

제대로 상처받기 위한
고독

아렌트는 고독이라는 존재 방식을 '하나 속의 둘two-in-one' 이라고 표현하기도 했다. 고독 속에서 이루어지는 '사고'란 나와 나 자신의 대화라는 것이다. 내 안에 다른 존재가 여럿 있고 그들이 이야기를 나눈다. 2장에서 말한 '내 안에 다양한 사람을 살게 한다'는 화제와도 이어진다. 즉, 자기 안에 다양한 타인을 살게 한다는 것은 자신을 여럿으로 만든다는 뜻이다.

앞에서 설명한 내용과 이어진다니 "아, 그럼 고독은 중요한 거구나!" 하고 금방 동의할지도 모른다. 그래도 자기대화와 고독이 왜 중요한지 한번 생각해 보자.

이별이나 상실 같은 충격에 대한 반응을 예로 들어보면 좋을 듯하다. 자신을 크게 뒤흔드는 일, 혼란에 빠트리는 사건이 일어났을 때, 스마트폰으로 다른 사람 또는 무언가와 연결되어 자극과 오락으로 충격을 빠르게 털어버리는 것이 좋은 방법일까?

스마트폰을 손에 든 우리는, 불안과 당혹감을 SNS나 블로그에 글로 쓰거나 사진을 올리거나 누군가에게 연락해 성에 찰 때까지 하소연할 수 있다. 사건을 찬찬히 곱씹어 내 안 어딘가에 불안을 내려놓을 공간을 만들기도 전에 스마트폰의 '발신'과 '접속'으로 불안과 동요를 (일시적으로라도) 덮어버릴 자극과 커뮤니케이션을 접한다는 것이다.

하지만 제정신을 유지하기 힘들 만큼 강한 충격을 받았음에도 무리하게 평정과 침착함을 유지하려 하는 행동이 늘 바람직한 것은 아니다. 깊은 슬픔과 강렬한 고통을 준 경험을 마주하면 괴로워하면서도, 천천히 소화할 길을 찾지 않고 그저 충격을 덮어두려고만 한다면, 사건을 '없던 일'로 취급하는 것과 다름없기 때문이다. 그런 사람은 머지않아 억누를 수 없는 슬픔에 휩싸여 우울 상태에 빠지기도 한다.

가까운 사람의 죽음으로 깊은 충격을 받았을 때, 계속해서 동일한 경험으로 되돌아가 슬픔과 대치하는 경우가 있다. 이런 행동을 정신분석학에서는 '애도 작업mourning work'이라고 부른다. 'mourn'에는 탄식하다, 슬퍼하다, 애도하다 같은 뜻이 있어서 주로 이렇게 번역한다.

애도 작업을 할 때는 어떤 타이밍에 (대부분 기회가 있을 때마다) 고독의 시간을 갖는 것이 중요하다. 지금의 자신을 유지할 수 없을 만큼 큰 충격을 받았다면, 거기서 어떠한 물음이나 수수께끼를 건져 올려 삶에 새로운 의미를 부여하고, 외면하고 싶은 사건이나 관계를 매듭짓고 화해할 필요가 있기 때문이다. 애도 작업이란 바로 그런 과정 자체를 가리킨다고 말할 수도 있다.

상실에 따른 고독은 다양한 이야기의 주제가 되어왔다. 예를 들어 아카데미 시상식에서 국제장편영화상을 수상한 영화 〈드라이브 마이 카〉(2021)에는 "나는 제대로 상처받아야 했어"라는 대사가 나온다. 이 대사는 넓은 의미에서 '애도 작업'의 필요성을 지적하는 말이라고 볼 수 있다.

〈드라이브 마이 카〉의 원작 소설 『여자 없는 남자들』에 수록된 단편 「기노」에도 이런 문구가 나온다.

"상처받았지, 조금은?" 아내는 그에게 물었다. "나도 사람이니 상처받을 일에는 상처받아." 기노는 대답했다. 하지만 그건 사실이 아니었다. 적어도 반은 거짓이었다. (중략) 진짜 아픔을 느껴야 할 때 나는 중요한 감각을 억눌러

버렸다. 사무치는 아픔을 받아들이고 싶지 않아 진실과
정면으로 맞서기를 회피했고 그 결과 이렇게 알맹이 없
이 텅 빈 마음을 끌어안게 되었다.[11]

아주 인상적인 장면이다. 기노의 말을 빌리자면, 자신의
존재가 흔들릴 때 '중요한 감각을 억누르지' 않기 위해 고독은 반
드시 필요하다.

감정을
억누르지 않으려면

자신을 온전히 유지할 수 없을 만큼 심각한 충격을 받았을 때는, 상처를 부정하거나 무관심을 가장하지 않고, 자신의 마음에 귀 기울이고 상처를 새로이 받아들이는 작업이 무엇보다 중요하다. 이때 '외로움'은 무엇보다 성가신 적이다. 많은 사람이나 일과 쉴 새 없이 접촉하는 상태에서는 이런저런 자극에 휩쓸리느라 자기 자신과 대화하며 신중하게 상황을 이해할 수 없기 때문이다.

실제로 여러 실험에서 밝혀졌듯이 모니터나 터치패널을 통해 정보의 탁류에 휩쓸리는 것은 자신의 기분을 헤아리는 데 몹시 큰 걸림돌이 된다. 그러므로 고독을, 즉 고립을 의식적으로 확보할 필요가 있다.

　이별과 상실을 예로 들었지만, 평정을 잃을 만큼 충격적인 일은 그 밖에도 얼마든지 있을 수 있다. 지인이 세상을 떠나거나, 가족이 큰 병으로 입원하거나, 괴롭힘을 당하거나, 반대로 누군가에게 못된 짓을 저지르거나, 코로나 바이러스가 유행하거나, 몸 바쳐 일한 회사에서 잘리거나, 직장에서 큰 좌절을 경험하거나, 친구에게 배신당하거나…….

　그럴 때, 충격을 감당하지 못하고 자신의 감정과 느낌을 똑바로 바라보지 못하겠다는 이유로, 트위터에 상황을 중계하듯 올리거나 반사적으로 사진을 찍어 공유하거나 친구에게 메시지를 보내 감정을 메워야 할까? 누구나 공포, 슬픔, 불안을 제대로 감당하지 못하기에 그러고 싶은 마음도 충분히 이해한다.

　동요를 가라앉히는 데 다른 사람과의 소통이 전혀 필요하지 않다는 말은 아니다. 다만 기분에 휩쓸려 다른 사람이 보는 곳에 그 즉시 자신의 감정과 느낌을 공유하면, 충격 그 자체 또는 자신이 그 충격을 어떻게 생각하는지 따위는 들여다볼 여유가 없어진다. SNS처럼 다른 사람의 눈이 있는 곳에서는 타인의 암묵적인 기대에 맞춰 무의식적으로 말을 고르게 된다는 점도 유의해야 한다.

　상처를 제대로 마주하려면 고독이 필요하다. 늘 뭐든 안이하게 인터넷에 올리거나 타인과 계속 이어져 있으려 한다면, 중요한 무언가를 놓치기 위해 애쓰는 것이나 다름없다. 그래서 스마트폰에 익숙해진 현대인은 불안에 대처하는 데 매우 서툴다.

교통사고가 나면 근처에 있던 목격자들이 스마트폰을 들이대거나 빠르게 자판을 두드리는 경우가 있다. 경찰에 전화하고 자신에게 위험이 미치지 않는 선에서 부상자를 돕는 것은 당연하지만, 그 밖에 우리가 할 수 있는 일이라고는 그저 몹시 놀라고 당황하는 것이 전부가 아닐까? 공포와 슬픔과 불안을 '없던 일'로 치부하기 위해 커뮤니케이션의 소재로 삼을 것이 아니라.

내가 실제로 교통사고 현장을 목격했을 때 정말로 이 같은 상황이 벌어졌다. 사람들이 눈앞의 상황이 아니라 스마트폰을 마주하던 모습이 지금도 마음을 무겁게 짓누른다. 하지만 그 현장에 충격을 받고 분노한 나머지 인터넷에 비판하는 글을 올리는 것도 전철을 밟는 행위나 마찬가지다. 그렇게 반사적으로 자신의 감정을 떠들어대고 쉼 없이 전송하며 털어버리는 것이 정말 옳은 일일까? 걱정과 당황과 동요에서 달아나기 위해 스마트폰을 꺼내 들고 거기 없는 누군가와 이어지려 하는 행동은 단추를 잘못 끼우는 일과 같다.

자신의 감정과 감각을 다른 무언가로 메우거나 억누르지 않고 적절히 헤아리고 의미를 부여하려면, 자신의 마음을 흠뻑 적신 감정을 직시해야만 한다. 그러려면 우선 고립이 필요하다. 스마트폰으로 아무 생각 없이 접속하거나 자극을 얻으려 해서는 안 된다. 고립되어야 비로소 자신을 바라보고 스스로와 대화하며 되새기는 시간을, 즉 고독을 손에 넣을 수 있다.

기쁠 때도
고독은 필요하다

아아, 그렇구나. 고독은 슬픈 일이 닥쳤을 때 충격을 온전히 받아들이는 데 중요한 역할을 하는군. 이런 생각을 하는 중인가? 물론 맞는 말이지만, 사람은 기쁠 때도 큰 충격을 느낀다.

앞서 든 예시들은 이별과 상실 같은 부정적인 경험에 치우친 내용이었으나, 고독을 오직 트라우마와만 엮어서 이해해서는 안 된다. 고독은 자신의 존재 방식이 흔들리고 불안과 당혹감에 휩싸일 만큼 충격을 받았을 때 더욱 필요해진다. 그런데 사람들은 기쁘고 좋은 일을 접할 때도 크게 동요한다.

예를 들어 갑자기 승진해서 책임이 무거워지거나, 중요한 일을 성공시켜 회사에서 좋은 평가를 받거나, 복권에 당첨되어

억만장자가 되거나, 결혼을 하고 아이가 태어나거나, 자신을 억압하던 부모가 갑자기 상냥하게 굴거나……. 이러한 경험 역시 자신을 뒤흔드는 사건이사 커다란 스트레스의 원인이 된다. 따라서 외부의 정보를 받아들이거나 외부에 반응하기보다는 자신과 대화하는 시간, 자신을 마주하는 시간이 필요하다.

잠시 〈온다〉(2018)라는 일본의 공포 영화를 살펴보자. 영화 초반에는 출산을 앞둔 부부가 등장한다. 남자(츠마부키 사토시)는 밖에서는 붙임성 있고 다정해 보이지만, 가족이나 배우자에게는 힘들 때 아무 도움도 되지 않을 만큼 못 미더운 인물로 그려진다. 사회적 관계에만 힘을 쏟고 가까운 사람에게는 관심을 두지 않는 것이다.

남자는 배우자와 제대로 소통하거나 육아에 대한 고민을 나누지도 않는다. 그저 회사 선배와 동료들에게 자신의 생각과 감정을 공유하거나, 블로그에 육아에 대한 생각을 토로하는 등 외로움에 사로잡힌 행동만 보여준다. 남자는 아이가 태어난다는 커다란 변화를 앞두고 외로움에 휩싸인 나머지 타인과 SNS에 감정과 감각을 흩뿌리며 다른 사람을 갈망하게 된 것이다. 가장 가까운 존재인 배우자와 아이를 내버려두고서.

그는 외로움에 휘둘려 상시 접속 상태에 빠진 탓에 고독을 잃어버렸고, 곁에 있는 사람들과의 관계를 내팽개쳤으며, 아버지가 된다는 불안과 기쁨을 충분히 들여다보지 못했다. 그 대신 세상의 기대에 부응해 '육아하는 남자'를 연기하는 데 힘을 쏟았다. 오르테가식으로 말하자면, 침묵하며 자신의 생각과 느낌에 귀 기울이지 않고 변화의 조짐을 경계하지 않은 셈이다.

공포 영화이니 남자의 앞날은 충분히 짐작할 수 있으리라. 이 에피소드는 마치 아무 일도 없다는 듯이 너무 많은 연결을 유지하면, 자신과 타인의 감정에 집중하거나 나 자신과 대화하지 못하게 된다는 사실을 보여주는 적절한 메타포다.

빈 시간을
또 다른 멀티태스킹으로
채우는 사람들

충격적인 일만 다루었으니 이번에는 좀 더 일반적인 이야기를 해보자. 좋은 일이든 나쁜 일이든 상관없이 우리는 자신의 삶을 되돌아보기 위해 스스로와 대화하고 생각할 필요가 있다. 그러므로 누구에게나 때로는 고독이 필요하다. 하지만 현대에는 고독을 찾기가 점점 어려워지고 있다.

현대에는 많은 기술과 서비스가 발달하면서 어떤 경험이든 효율이 더욱 중요해졌다. 놀이공원의 패스트패스, 인터넷 쇼핑몰의 당일 배송 서비스, 처음부터 끝까지 알아서 돌아가는 가전제품, 넷플릭스 등의 재생 속도 조절과 10초 뒤로 넘기기 기능, 아마존과 유튜브 등의 추천 기능, 교통카드를 이용한 결제 등 시간을 단축하는 온갖 방법이 일상의 중요한 부분을 차지하고 있다.

이런 소비 환경의 변화는 우리가 여유 시간을 효과적으로 사용하는 것을 전제로 하지만, 사실 그런 생각 자체에 문제가 있다. 셰리 터클은 이렇게 지적했다.

우리가 고독의 은혜를 누리려 하지 않는 이유는 고독해지는 데 필요한 시간을 활용해야 할 자원으로 여기기 때문이다.[12]

실제로 우리는 여유 시간을 고독과 손잡는 시간으로 쓰는 대신 다른 갖가지 일들로 채우려 하지 않는가. 스마트폰을 손에 쥔 사람들은 경치를 즐기거나 가만히 주변의 소리를 듣는 시간을 잃어버렸다. 스마트폰을 든 순간 온갖 짤막짤막한 작업들을 반사적으로 쫓게 되기 때문이다.

"나는 멀티태스킹이 아니라 SNS나 동영상에 계속 몰두할 때 고독을 느끼는데……."라고 받아치고 싶을지도 모른다. 하지만 이 책에서 말하는 '고독'이라는 개념은 나(I)와 나 자신(me)의 대화를 불러오는 일을 뜻한다. SNS와 동영상에 흠뻑 빠지면 자기대화에 필요한 주의가 흐트러지니 고독과 동떨어진 행위가 아닐까? 그 속에 있는 '고독'은 오히려 아렌트가 말하는 '외로움'을 가리키는 듯하다.

"저는 SNS로 자기 자신을 마주하고 새로운 면을 발견하기도 해요"라고 반론하는 사람도 있다. 하지만 SNS나 게임 같은 온라인 환경에서 자신을 바라보고 새로운 모습을 발견하고 이해하려 할 때, 우리는 자기도 모르는 사이에 사람들이 암묵적으로 기대하는 역할에 맞춰 행동하게 된다. 터클이 지적했듯이 우리는 다른 사람의 시선 앞에서 타인에게 맞춘 자기(타인이 기대하는 자기)에 스스로를 무의식적으로 끼워 맞추려 한다.[13]

여기에 언제든 곁에서 떨어지지 않는 스마트폰이라는 미디어가 더해지면, 어떤 사소한 일이든 전부 공유하고 '좋아요'를 누를 수 있으니 사정이 한층 복잡해진다. 우리는 언제 어디서든 누구와 함께든 늘 수많은 타인의 시선에 자신을 내보이느라 고요히 자신과 마주할 기회를 놓치고 있는지도 모른다.

자신과 대화하기 위해, 수많은 말과 사진을 눈에 담고 '좋아요'를 누른다. 자신과 대화하기 위해, 자신의 말과 모습을 불특정 다수에게 보여준다. 터클은 이처럼 자기대화의 기회마저 사회적 관계 속에서 찾으려 할 때 사람들이 더 많은 것을 잃어버리게 된다고 주장했다.

우리는 감정을 더 풍부하게 하고 더욱 나답게 느끼기 위해 접속한다. 그런데 계속 접속할수록 우리는 고독에서 더 멀리 달아난다. 그러는 사이 따로 떨어져 자신에게 집중하는 능력이 점점 쇠퇴한다. (중략) 홀로 생각하는 습관이 없으면 당당하고 자신 있게 자기 생각을 말할 수 없게 된다. 협력하는 힘을 기르지 못하며, 혁신도 일어나지 않는다. 그러려면 상시 접속에 의해 점점 시들어가는 힘, 즉 고독을 맛보는 능력이 필요하기 때문이다.[14]

SNS에 의해 빠르게 덩치를 불린 관심경제는 사람들의 주의를 사방으로 뿔뿔이 흐트러뜨린다. 요컨대 고독은 뭔가에 쓸수 있도록 시간을 마련해 주는 일이 아닐뿐더러, 인터넷을 통해 고독을 찾으려는 것은 그리 좋은 수가 아니라는 이야기다.

‑

스마트폰은
감정 이해를
더디게 만든다

　우리가 함께 외칠 구호는 "주의가 흐트러지지 않도록 저항하고 고독을 맛보자!"다. 스마트폰은 많은 일을 한꺼번에 처리하게 만들고, 그러기 위해 우리의 관심을 토막토막 잘라냈다. 터클은 한 가지 일에 몰두하기 어려워지는 상황에 심리학적으로 어떤 의미가 있는지 흥미롭게 설명했다.

　마음이 뒤숭숭할 때는 다른 사람의 말에 담긴 언외의 감정적 · 비언어적 의미를 놓치기 쉬우며, 그런 부주의함은 타인과의 대화뿐 아니라 자신을 이해하는 데도 영향을 미친다는 것이다. 즉, 상시 접속에 몸을 맡긴 채 불안을 '연결'과 '공유'로 해결하려 하면, 다른 사람뿐 아니라 자신의 감정과 느낌을 섬세하게 받아들이거나 깊이 파고들기가 점점 어려워진다는 이야기다.

실제로 스마트폰을 많이 사용하는 사람과 적게 사용하는 사람을 비교한 연구에서는 상시 접속이 감정을 이해하는 데 악영향을 준다는 결과가 나왔다.[15] 터클의 말처럼, 소셜 미디어를 많이 이용하는 사람들은 자기 자신의 감정을 비롯해 인간의 감정을 쉽게 읽어내지 못하는 경향이 있다.[16]

사람들의 스마트폰 사용 현황은 '하루에 세 번, 딱 몇 분만' 같은 소박한 수준을 이미 훌쩍 뛰어넘었다. 스마트폰을 손에서 놓지 않는 것은 물론, 짤막짤막하게 거듭 반복해서 사용하고, 다양한 어플리케이션과 SNS 같은 무수한 자극을 접한다. 이런 습관은 다른 사람의 감정과 심리 상태를 쉽게 헤아릴 수 없도록 꾸준히 훈련하고, 자기 자신과 마주하기를 피하고, 감정과 감각을 억누르기 위해 노력하는 것과 같다.°

그러나 "스마트폰을 버리면 된다", "소셜 미디어를 멈추면 된다" 같은 단순한 방식으로 해결할 수 없기에 문제는 더욱 복잡하다. '디지털 미니멀리즘', '디지털 디톡스' 같은 말과 함께 SNS

° 중요한 이야기는 아니지만, 이 글을 읽을 때마다 어릴 적부터 밤낮으로 훈련에 힘쓰는 만화 주인공들이 생각난다. 그런 식으로 우리는 매일 스마트폰을 통해 뭔가를 날카롭게 벼리고 있는 걸지도 모른다.

계정을 지우거나 계정 사용을 제한해야 한다고 소리치는 사람도 있지만, 그런 주장은 지나치게 단순한 생각이다.°

공공정책학자인 크리스 베일Chris Bail이 쓴 『소셜 미디어 프리즘』이라는 책이 있다. 이 책은 2022년에 가장 재미있게 읽은 책이었는데, 지금 문맥에서는 7장의 내용이 특히 흥미롭게 다가온다. 제목은 "계정을 지워야 할까"이다.

사회과학자들이 매일 15분 이상 페이스북을 들여다보는 18세 이상의 미국인 3,000명을 모아 계정 이용을 한 달간 정지시키고 심리 상태의 변화를 조사했다. 물론 참가자들이 계정을 다시 활성화하지 않았는지 주의 깊게 관찰하면서 실험을 진행했다. 실험에 참가한 사람들은 계정을 정지함으로써 행복감이 커졌다고 답했고, 그 밖에도 다양한 긍정적 효과가 나타났다.

° 베스트셀러가 된 안데르스 한센Anders Hansen의 『인스타 브레인』을 비롯한 몇몇 책에서는 수렵과 채집 시대, 즉 석기 시대의 인간과 비교하며 '현대의 환경은 인간의 특성과 뇌의 본래 기능에 맞지 않으니 바람직하지 않다'는 견해를 종종 이용한다. 하지만 이런 논법은 인간이 구석기 시대에서 현대에 이르는 동안 신체적으로 거의 진화하지 않았다고 가정한다는 점에서 문제가 있다. 진화생물학자 마를린 주크Marlene Zuk는 이런 주장을 "구석기 시대에 대한 환상"이라고 비판하며 현재와 미래의 문제를 논하기 위해 과거를 끌어들여서는 안 된다고 말했다. 자세한 내용은 마를린 주크의 책 『섹스, 다이어트 그리고 아파트 원시인』을 참고하자. 개체군의 빠른 진화에 관해서는 메노 스힐트하위전Menno Schilthuizen의 『도시에 살기 위해 진화 중입니다』라는 책도 무척 흥미로웠다. 기회가 된다면 읽어보자.

음, 아주 감동적인 이야기다. 하지만 중요한 것은 그다음 이다. 실험에 참가해 소정의 사례금을 받는 대신 페이스북 계정을 비활성화했던 사람들은 한 달간의 실험 이후 어떻게 되었을까? 참가자 중 95%가 실험 종료 후 100일 이내에 페이스북을 다시 시작했다고 한다. 참 재미있는 결과다. 아니, 어찌 보면 당연한 일일지도 모른다는 생각이 들지 않는가. 나 역시 참지 못하고 계정을 다시 활성화했을 것이다.

더불어 미국 젊은이들 사이에서는 2018년부터 2019년에 걸쳐 윤리적으로 문제가 있는 페이스북의 타깃 광고와 데이터 이용에 대항하기 위해 계정 정지 운동이 벌어졌다. 그런데 이때 이 운동에 참여한 사람들 대부분이 단순히 인스타그램, 스냅챗, 틱톡 같은 다른 플랫폼으로 갈아탄 것뿐이었다는 조사 결과도 나왔다.

아무리 많은 장점과 효과가 있다 해도 사람들은 대부분 SNS를 벗어나지 못하고 계정도 버리지 못한다. 따라서 디지털 기기로부터 자유로워지지 못한다. 이런 전제를 빠트리지 않고 생각해야만 한다. 실제 상황을 염두하지 않고서는 고민해 보았자 올바른 답이 나오지 않는다. 또한 "우리는 SNS와 인터넷을 그만두지 못한다!"라는 점이야말로, 스마트폰 시대의 철학이 얼마나 어렵고 스마트폰에 대한 사유가 얼마나 중요한지를 보여준다.

감각을 억누르지 않으려면
– 〈용쟁호투〉의 교훈, 첫 번째

'알맹이 없이 텅 빈 마음'을 갖지 않으려면 '중요한 감각을 억누르지' 않아야 하며 '사무치는 아픔'을 받아들일 줄 알아야 한다. 그러려면 고독, 나아가 고립이 필요하다. 그런데 여기서 중요한 감각을 억누르지 않는 상태란 무엇을 뜻할까?

이소룡 주연의 영화 〈용쟁호투〉(1973)는 이 주제를 헤아리는 데 도움이 된다. 물론 개인적인 취향이 반영되었다는 점은 부정하지 않겠다. 영화에는 "생각하지 말고 느껴!Don't think, feel!"라는 명대사가 나온다. 오래전 영화여서 실제로 본 적이 없는 사람도 많다. 그래서 이 대사를 "복잡하게 생각 말고 움직여라"라든지 "일단 해라"라는 뜻으로 오해하곤 한다.

이 영화의 스토리 자체는 현대의 오락 수준에서 보면 그리 대단하지 않다. 그럼에도 "생각하지 말고 느껴!"에 이르는 문맥에는 그런 단순한 해석을 뛰어넘는 풍부한 뉘앙스가 담겨 있었다.

먼저 주목해야 할 부분은 이 대사가 나오기 직전에 "필요한 건 감정적 내실이야 We need emotional content"라는 대사가 있었다는 점이다. 다시 말해 '감정적 내실'을 '느껴야 feel' 한다는 말이다. 음, 무슨 뜻인지 모르겠군. 감정적 내실은 또 무슨 뜻이지? 이런 생각이 들겠지만, 이 말의 뉘앙스를 포착하기 위해 영화의 문맥을 자세히 들여다보자.

주인공 이소룡이 담소를 나누는데 그의 제자로 보이는 소년이 가르침을 청하기 위해 다가온다. 제자를 따라 자리에서 일어난 이소룡은 제자에게 자신을 발로 차보라고 말한다. 하지만 제자의 발차기는 빈약하기 그지없다.

그게 뭐냐, 보여주기 식인가? 필요한 건 감정적 내실이야.
What was that, an exhibition? We need emotional content.

그대로 번역해 보았다. '감정적 내실이 없다'는 말은 '중요한 감각'을 받아들이지 않아 '알맹이 없이 텅 빈 마음'이라고 해석할 수 있다. 앞에서 언급한「기노」라는 단편 소설이 떠오른다.

흥미롭게도 이소룡은 '감정적 내실'을 이야기할 때, 자신의 괸자놀이 언저리를 집게손가락으로 톡톡 두드린다. 내가 본 자막은 "오감을 곤두세워야 해"라는 내용이었는데, 머리를 가리키며 말했다는 점에서 번역이 좀 어색하게 느껴진다. 오감보다는 좀 더 지식이나 지성과 관련된 느낌일 것이다. '중요한 감각을 억누르지' 않으려면 이처럼 지적인 작업이 반드시 필요하다.

다시 한번 해보라는 말에 제자가 욱한 표정으로 발차기를 날리자 이소룡은 이렇게 대답한다.

'감정적 내실'이라고 했지. 분노가 아니라.
I said 'emotional content', not anger.

역시 특정 감정을 가리키는 말은 아닌 모양이다. 어떠한 구체적인 감정이 아니라 내 안에서 꿈틀거리는, 말로 표현하기 어렵고 포착하기도 힘든 느낌을 말하는 듯하다.

욱하고 분노하는 것처럼 구체적인 감정이 아니라면 무엇일까? 아직은 막연하게만 느껴진다. '감정적 내실'이란 결국 무엇일까?

"생각하지 말고 느껴!"의 진정한 의미
– 〈용쟁호투〉의 교훈, 두 번째

특정한 감정에 얽매이지 말고 감정적 내실을 느껴야 한다는 조언을 받고 제자는 한 번 더 발차기를 선보인다. 스승의 말에 뭔가를 깨달았는지 그의 발놀림은 훨씬 날카로워진다. 감탄한 이소룡은 제자에게 말한다.

그거야! 해보니까 어때? That's it! How did it feel to you?
음, 생각 좀 해보고요……. Let me think…….
생각하지 말고 느껴! Don't think, feel!

드디어 명대사가 나왔다. "생각하지 말고 느껴!" 좀 멋을 부린 말이라 어려울 수 있으니 차근차근 살펴보자.

이소룡은 제자의 발차기에서 희망을 발견하고, 그게 바로 좋은 발차기라며 칭찬한다. 그리고 발차기를 하며 어떤 느낌을 받았는지 묻는다. 얼떨결에 성공한 발차기에 불과한 데다 말로 표현하기도 어려우니 제자는 바로 답하지 못한다. 제자가 어떻게든 말을 하려고 "음, 생각 좀 해보고요……." 하고 말을 끌자 이소룡은 말꼬리를 물고 "think 따위 하지 마!"라고 답한 것이다.

말꼬리를 잡는 문장이라고 해서 깊은 뜻은 없으리라 생각한다면 오산이다. 문맥에 따르면 '느끼다'는 감정적 내실의 중요성을 보여주는 반면, '생각하다'는 감정에 따른 마음의 움직임을 무시하는 경직된 자세를 나타낸다. 여기서 말하는 'think'란 안이하게 "이거구나", "그런 거구나" 하고 쉽게 판단하고 더 이상 생각하거나 관찰하지 않으려 하는 경솔한 자세를 가리킨다.

우리가 일상적으로 하는 '생각'이라는 행위를 돌아보면, 언제나 '그런 거구나' 하고 납득한 순간, 내가 이해한 범위 바깥으로 무언가 새어 나간다는 사실을 알 수 있다. 진정 우리가 '느껴야' 할 것은 그곳에 있는 게 아닐까.°

'감정적 내실이 있다'(=느끼다)라는 말을 '감정의 꼬리를

°　　2장의 '내가 아는 범위' 안에서 이해하려는 생각에 어떤 문제점이 있는지를 다른 방식으로 표현했다. 복습할 겸 한 번 더 읽고 오자.

잡는다'라고 다르게 표현해 보면 어떨까? 미세한 변화가 나타나거나 기대와 다른 일이 벌어졌을 때, 한 가지 생각이나 단순한 견해로는 받아들일 수 없는 감각이 안개처럼 퍼진다. 완전히 이해한 줄 알았건만, 미처 다 담지 못한 부분이 생긴다. '감정의 꼬리'란 그런 불분명하고 복잡한 느낌이다. 이소룡은 생각이나 깨달음에서 뭔가 흘러넘치거나 새어 나가는 느낌이 들 때, 그것을 놓치지 않도록 끄트머리를 꽉 붙잡으라고 말한 것이다.

눈앞에 보이는 해석(내가 아는 범위)이 아니라 밖으로 새어 나오는 것을 눈여겨보라는 말은 지금까지 이야기한 내용과 일맥상통한다. 요컨대 "생각하지 말고 느껴!"는 자신의 머리로만 생각하고서 끝이라고 여기지 말라는 뜻이다.

손끝에 시선을 빼앗기지 말라
– 〈용쟁호투〉의 교훈, 세 번째

우리에게 더욱 중요한 격언은 "생각하지 말고 느껴!"라는
대사 뒤에 이어지는 말이다. 이소룡은 손가락으로 하늘을 가리
키며 이렇게 말한다.

달을 가리키는 손가락 같은 거야. 손끝에 시선을 빼앗겨
서는 안 돼. 그러면 하늘의 아름다움을 놓치고 말 거야.
It is like a finger pointing away to the moon. Don't concentrate on
the finger, or you will miss the heavenly glory.

손끝 너머에 펼쳐지는 달과 빛을 느끼는 것이 중요하다는

뜻이다. 경솔한 생각과 이해한 범위에서 벗어나는 조짐에 주의를 기울이고 감정의 꼬리를 붙잡는 것.

이해의 범위를 벗어나 넘쳐흐르는 것, 즉 '답답하고', '온전히 소화하기 힘든' 것은 결국 '감정적 내실'과 관계가 있다. '감정적 내실'이 중요한 이유는 '손끝에 시선을 빼앗기지 않는' 방법을 가르쳐주기 때문이다.

'감정적 내실'에는 '움직임'이 있다. 자신의 판단이나 의견에 대해 자기 안에서 퍼져나가는 안개 같은 위화감과 목소리를 나는 '감정의 꼬리'라 부른다. 그것이 어떤 모양인지는 스스로도 알지 못하고 무슨 말을 하는지도 명확하지 않으며 목소리가 하나가 아닐 가능성도 있지만, 무언가를 말하고 어딘가로 향하려 한다는 점은 분명히 알 수 있다. "필요한 건 감정적 내실이야"라는 말은 그런 움직임을 감지하고 감정을 느끼는 것이 얼마나 중요한지 호소하는 말이다.

이번에는 좀 더 깊이 들어가 볼까? 달과 손끝에 관한 지적은 '방향 감각'의 중요성을 뜻하는 말로 해석할 수 있다. 판단이나 의견은 정답이나 결론이기보다는 "저쪽인가? 아니, 이쪽이군. 저쪽은 안 돼" 하고 나아갈 방향을 생각하기 위한 단서에 불과하다. 즉, 자신의 판단과 의견을 정답이나 목표로 여기지 말고, 거기에 담기지 못하고 흘러넘친 것까지 모두 존중하며, 자신을 이끄는 방향 감각으로 여기라는 의미다.

요컨대 "생각하지 말고 느껴!"라는 말은 복잡하게 생각하지 말고 행동하라는 조언도, 아무 생각 말고 결단을 내리라는 격려도 아니다. 억압하고 억눌렀던 '중요한 감각'에 귀를 기울이고, 그것이 자신을 어떤 방향으로 이끌 수 있는지를 깨닫자는 이야기다.

여기에 동영상이나 SNS로 주의를 분산시키는 일(=고립의 결여)은 하등 도움이 되지 않으며, 자신을 움직이게 하는 감정의 흐름을 들여다보기 위해 사고하는 과정(=자기대화)이 필요하다. 설령 한순간에 이루어진다 해도 감성 하나만으로는 처리할 수 없으므로 지성 또한 중요하다. 이소룡은 그래서 '감정적 내실'이라고 말하면서 머리를 톡톡 두드린 것이다.

마치 〈용쟁호투〉의 영화 해설이 되어버린 듯하니, 이제 본론으로 다시 돌아가 정리해 보자. 스마트폰 시대에는 고독과 고립이 필요하며, 고독과 고립이 있어야만 자신을 둘러싼 감각에 귀 기울이고 충격적인 경험(강렬한 정서적 체험)을 받아들이고 매듭지을 수 있다. 이때 활발히 움직이고 있을 감정의 꼬리를 붙잡고 그것이 가리키는 방향을 바라보기 위해 우리에게는 고독(자기대화)이 필요하다.

이제 보니 "손끝에 시선을 빼앗겨서는 안 돼"라는 말은 스마트폰 화면을 바삐 쏠어 넘기는 우리에 대한 경고처럼 다가온다. 〈용쟁호투〉의 명대사들이 한층 더 감칠맛 나게 느껴지는 이유다. 너무 과하게 몰입했다는 생각이 드는가? 어쨌든 〈용쟁호투〉의 대사들은 지금까지 살펴본 내용을 깊이 되새기게 해준다.

칼럼

고독과 고립의
가치 되찾기

거대한 '사회'의 성립으로 시민의 '주체성'이 녹슬지도
모른다고(정치 참여, 커뮤니티, 지역 등의 의미가 변질되는 것) 우려하
는 것이 대중사회이론이라면, 이 문제에 대해서는 크게 두 가지
견해가 존재한다. 첫 번째는 적절한 연결과 공공성을 회복하여
마땅한 주체성을 되찾아야 한다는 견해. 두 번째는 연결이나 사
회성과 거리를 두고 고독(단절)을 통해 새로운 주체성을 확보해
야 한다는 견해다.

첫 번째 의견은 '숙의 · 토론', '민주주의' 같은 개념을 중시
하는 정치 이론 등에서 주로 선택하는 논리다. 하지만 3장에서
는 언제 어디서든 쉽게 접속할 수 있는 사회에서 "연결이 중요

180

하다, 대화가 필요하다"라는 말이 얼마나 공허하게 들릴 수 있는지를 확인했으니 이 노선을 순순히 따르기는 어려울 듯하다.

좀 더 도식적으로 설명해 보자. 우리는 누군가와 연결되거나 대화하려 할 때 메시지 어플리케이션으로 성의 없이 이모티콘만 주고받거나, 과장된 몸짓으로 맞장구치며 공감하듯 '좋아요!'를 누르는 관계에 빠지기 쉽다. (SNS에서 질릴 만큼 자주 보이는) 욕설과 인격 모독이 난무하는 언쟁에 휘말리기도 쉽다. 타인과 이런 방식으로 연결되기에 아주 알맞은 시대에 살고 있기 때문이다. 연대, 인연, 대화, 공공성 같은 말은 왠지 모르게 좋아 보이니 누구나 순간 고개를 끄덕이게 되지만, 현대 사회에서 실제로 사람들이 연결되거나 이야기를 나누면 전혀 다른 양상이 펼쳐진다. 치열한 눈치 싸움, 자기들만 아는 말만 메아리치는 대화, 논의의 탈을 쓴 떼싸움처럼 말이다. 연대나 대화는 무척 중요하지만, 무작정 외친다고 문제가 해결되지는 않는다.

그래서 나는 '대화나 연결을 추구하지 않는 편이 오히려 적절한 대화와 연결을 불러오지 않을까' 하는 노선을 선택했다. 우선 커뮤니케이션이나 자극의 물결과 거리를 두고, 내면에서 솟아오르는 따분함과 불안을 마주할 기회를 얻음으로써, 결과적으로 자신과 타인의 감정과 감각에 대한 이해의 폭을 넓힐 수 있으리라 본 것이다.

이렇게 교류나 소통과 거리를 두려 하는 접근법은 초연한 자세로 홀로 생각하려는 자세, 즉 철학에서 '관조contemplation'라 불리는 자세와 자주 한데 묶이는 데다 실제로도 그럴 위험성이 존재한다.

　　이 초연한 이미지는 철학을 특권화한다고 비판받기도 하며, 비판의 근거 또한 상당히 타당하다(프래그머티즘이 비판에 앞장섰다). 하지만 비판을 받아들이고 제대로 바로잡는다면 스마트폰 시대의 철학에서 고독을 중시하는 노선은 충분히 가치를 인정할 만하지 않을까? 언제 어디서든 다른 사람과 접속할 수 있으며 무엇이든 공유할 수 있는 관계만이 두드러지는 상시 접속 사회에서, 고독은 단절의 가능성을 제시하는 매력적인 접근법이다.

고독과 취미를
만드는 방법

소극적 수용력이 불러오는
자기대화

상시 접속 사회에서 우리는 '외로움'에 휘둘리느라
'고독'을 곁에 두기가 점점 더 어려워지고 있다.
이런 현실에 저항하려면 어떻게 해야 할까?
4장에서는 '고독'을 손에 쥐기 위한 단서로 '취미'에 초점을 맞춰본다.
사회생활과 동떨어진 존재가 된 듯이
무언가를 만들고 키우는 데 집중하는 것이다.
이때 특히 중요한 능력을 '소극적 수용력'이라고 부른다.
나 자신에게서 달아나지 않고 똑바로 마주하기 위해,
방황하면서도 계속 걷기 위해, 우리가 선택해야 할 방법을 찾아보자.

소외될까 불안한 사람들

니체는 현대인이 고된 일로 자신을 둘러싸며 스스로와 마주하기를 피한다고 지적했고, 오르테가는 다양한 사람이 있는 도시에 살면서 누구도 서로의 말을 듣지 않고 오직 자신에게만 의견을 말하고 판단할 자격이 있다는 듯 경솔하게 지껄인다고 말했다. 아렌트는 이와 같은 이야기를 '외로움'이라는 말을 통해 설명했다.

사람의 관심을 천 갈래 만 갈래로 분산시키는 스마트폰을 누구나 가지고 있는 시대에서 세 사람의 지적은 특히 더 인상 깊게 다가온다. 사람들은 이목을 끌고 싶어 속을 태우거나, '좋아요'와 조회 수를 신경 쓰고, 인플루언서의 모습을 필사적으로 따라

하거나, 사람들 사이에서 유행하는 것이라면 무작정 좇는다.

이런 행동이 반복되면 자신과 타인의 감정 또는 감각을 헤아리는 능력이 점점 낮아진다. 이소룡이 제자에게 말했듯이 "감정의 꼬리를 잡아야" 하건만, 그럴 힘을 스스로 버리는 셈이다. 이것이 3장에서 알아본 내용의 줄거리다.

더불어 소셜 미디어를 열심히 사용하는 사람일수록 외롭다고 느끼고 인생에 불만이 많으며, 자신감을 잃는 경향이 있다는 사실도 떠올려 보자.[1] 이런 말을 하면 "인정욕구! 역시 인정욕구가 인간의 근원적인 욕구지!" 하는 반응이 돌아오곤 한다.

인정욕구에 관한 의견도 일부는 맞겠지만, 이런 말은 해당되는 범위가 너무 넓어서 아무 데나 쓸 수 있다. 게다가 이 말이 나오는 순간 다 알았다는 듯이 생각을 멈춰 버리니, 여기서는 '인정욕구'라는 편리한 말을 머릿속에 잠시 넣어두고 다음 내용으로 넘어가 보자. 손끝에 시선을 빼앗기지 말라는 이야기다.

그렇다면 SNS는 왜 외로움을 더 증폭시킬까? 많은 사람과 함께 있음에도 혼자라고 느끼고 타인에게 의존하게 되는 이유가 뭘까? 이러한 의문을 손에 쥐고 계속 걸어보자.

SNS에서 좋아요, 공유, 이모티콘, 댓글 같은 반응을 받으면 우리는 자신이 대단한 사람이 된 양 착각하고 사람들이 나에게 관심을 보인다고 느낀다. 그러나 이러한 안도와 자신감의 배경에는 불안이 존재한다. 그만둬야겠다고 생각하면서도 자꾸 SNS를 업데이트하는 이유는, 대부분 지우기 힘든 불안이 있기 때문이다. 소외감을 느끼지 않도록, 혼자 남겨지는 것에 대한 불안을 가릴 수 있도록, 항상 접속된 상태를 유지하려 한다.

셰리 터클이 인터뷰한 한 소녀는 "따돌림을 당하거나 뭔가를 놓칠까 봐 두려워서" SNS를 끊임없이 체크할 수밖에 없다고 말했다. 하지만 "페이스북이 그런 두려움을 누그러뜨려 준다고"도 했다.[2] 소녀가 느끼는 공포에는 'Fear Of Missing Out'(흐름을 놓치거나 소외되는 것에 대한 두려움)이라는 이름이 있다. 머리글자를 따서 '포모FOMO 증후군'이라고 부르기도 한다. 포모는 외로움의 또 다른 이름인 셈이다.

자주 언급되듯이 인터넷에서 화제가 된 사건이며 현실의 이벤트며 인기 있는 음식이며 메이크업, 패션 같은 유행을 너도 나도 '함께하는' 것의 가치가 점점 높아지고 있다. 여기서 '함께한다'는 것은 장소가 아니라 시간을 공유한다는 뜻이다. 시간의 가치가 높아졌음을 시사하는 각종 논의는 우리가 살피는 주제의 방향성이 틀리지 않았다는 방증이기도 하다.[3]

사람들은 모두가 주목하는 일을 나도 '함께해야 한다'고, '시간을 공유해야 한다'고 전전긍긍하며 살아간다. 이런 감정이 바로 포모다. 포모에 사로잡혔을 때 SNS에 접속하는 것은 스스로 악순환의 늪으로 뛰어드는 꼴이라는 사실을 냉철하게 인식해야 한다. 요컨대 벼락치기로 정보를 읽어들이거나 빠르게 돌아가는 커뮤니케이션을 따라잡으려 하는 행동으로는 불안을 해소할 수 없다는 뜻이다.

설령 페이스북이 두려움을 누그러뜨린다 해도, 불안은 애초에 페이스북에서 비롯된다. 그러니 외로움을 달래려 SNS에 호소하는 것은 숙취가 괴롭다며 해장술을 마시는 행동이나 마찬가지다. 남들이 하는 건 나도 해야 한다는 생각이 포모를 부추기므로, 화제나 유행이나 인기를 놓쳐서는 안 된다는(나도 최대한 따라야 한다는) 생각은 포모를 잠재우기는커녕 한층 더 키울 뿐이다.°

정신과 의사 안데르스 한센이 소개한 사회 조사에 따르면, SNS 등을 통해 소셜 네트워크에 시간을 들이면 들일수록 행복도가 낮아진다고 한다. 한센은 다음과 같이 말했다.

° 사람들 사이에서 화제가 되거나 '좋아요'를 잔뜩 받는 일에는 도박 같은 쾌감이 있다는 점도 생각해 볼 만하다. 같은 행동을 해도 반드시 좋은 반응이 돌아오지는 않듯이, SNS는 보상이 변칙적이어서 혹시나 하는 기대를 안게 하며 도박 같은 쾌락과 의존성을 동반한다. 스마트폰이 우리의 보상 시스템을 교묘하게 이용한다는 논의는 『인스타 브레인』에서도 다루었다. 다만 『인스타 브레인』처럼 부드럽고 한입에 먹기 좋게 단순화된 논리는 소화하기 힘든 현실의 어려움과 복잡함을 반영하지 못할지도 모른다는 의문은 버리지 말자.

우리는 SNS를 하며 자신이 사교적이며 의미 있는 소통을 하고 있다고 생각한다. 하지만 그것은 현실의 관계를 대신해 주지 않는다.[4]

한센의 지적은 물론 옳지만, 우리의 생활이 현실 속 타인의 존재 없이는 성립되지 않음을 누구나 머리로는 알고 있다. 이미 알지만 어쩔 도리 없는 일을 무신경한 태도로 시끄럽게 외치고 있는 셈이다. 그래서 한센과 디지털 미니멀리스트들의 주장은 왠지 잔소리처럼 느껴진다.

인터넷에 현실의 모든 것이 존재하지 않음에도 불구하고 인터넷 없이는 살기 어렵다는 점이야말로 '스마트폰 시대의 철학'이 어려운 이유다. 오늘날 우리가 타인을 갈망하고 타인과 연결되기를 원할 때 가장 먼저 택하는 방법은 인터넷을 통한 접속이다. 그렇게 하루 종일 스마트폰을 통해 자극을 쐬다 보면, 스마트폰을 직접 만지지 않아도 거기서 오는 느낌이 눈앞에 있는 관계에도 영향을 미친다. 스마트폰과 SNS를 피할 수 없다고 전제한다면, 문제는 바로 이런 부분에 숨어 있지 않을까?

감정은
인스턴트처럼
간편하지 않다

포모와 외로움에 자신의 주도권을 빼앗겼을 때 우리는 어떤 소통을 하게 될까? 대부분 일정한 형태의 커뮤니케이션을 하게 된다. 아주 짧은 글, 이모티콘, 무리 안에서만 통하는 말, 인터넷 용어, 유행어, 정해진 영상이나 사진 같은 것을 활용하듯이 말이다.

여기서 말하는 커뮤니케이션이란, 서로의 의도를 섬세하게 조절해 합의를 이끌어내는 대화 또는 서로의 태도를 바꾸기 위한 대화가 아니라, 오히려 연결 자체가 중요한 커뮤니케이션이다. 대화 자체가 목적인 대화에서는 알맹이 있는 말이 오가지 않으며, 이야기를 이어나가 연결을 유지하는 것 자체를 목표로

삼는다. 이처럼 서로 접속하는 것 자체를 지향하는 소통 방식은 '연결의 사회성'이라고도 불린다.[05]

셰리 터클은 사람들의 커뮤니케이션이 이런 형태로 바뀌었다는 사실 또한 포착했다. 학생들이 임기응변으로 그림이나 사진, 짧은 글 따위를 그때그때 알맞게 공유하며 소통하는 모습도 자세히 관찰했기 때문이다. 터클은 그런 재치 있는 분위기에 감탄하면서도 경계심을 나타냈다.

이런 대화는 내용이 어려워지거나 이해하기가 버거워졌을 때 편한 기호와 말로 넘겨버리게 만들기 때문이다. 깊이 파고들어 질문하거나, 복잡한 내용을 찬찬히 곱씹으며 '설명하기 어려운 생각을 말로 표현하려 노력하기'를 그만둬 버린다.[6] 터클은 이런 소통의 방식이 '온전히 소화하기 힘들고', '어려우며', '답답한' 문제를 외면하도록 부추기고 있을지도 모른다고 우려했다.

또한 연결 자체가 목적인 순간적이고 정형화된 소통이 복잡한 문제, 섬세한 감정, 미묘한 느낌, 모호한 일을 차근차근 이해하는 습관을 잃게 만든다고 했다. 앞서 스마트폰이 자신과 타인의 감정이나 느낌에 대한 이해력을 떨어트린다고 지적한 바를

○   사회학자 기타다 아키히로北田暁大는 새로운 미디어 기술(휴대전화)의 등장을 배경으로 의미전달 지향과 접속 지향(연결의 사회성)을 비교했다.

고려하면 터클의 주장은 충분히 설득력이 있다.

사회적 감정을 연구한 신경과학자 메리 헬렌 이모디노-양Mary Helen Immordino-Yang과 한나 나마지오Hanna Damasio 등으로 구성된 연구 팀도 비슷한 이야기를 했다. 연구 팀은 고통스러운 경험을 처리하는 신경회로를 조사했다. 그 결과 신체적 고통을 처리하는 신경회로가 가장 기본이 되며 이를 정신적 고통을 처리하는 데 활용한다는 사실을 알아냈다. 더불어 자신의 고통과 관련된 회로를 활용해 타인의 고통 또한 감지할지도 모른다는 가능성을 시사했다.

내용이 좀 어렵지만, 연구 팀이 조사 결과에서 밝혀낸 속뜻은 단순하다. 자신의 신체적 고통에 관한 정보는 처리하는 속도가 빠르지만, 정신적 고통을 처리하는 데는 다소 시간이 필요하다. 또한 타인의 고통에 관한 정보를 처리하는 데는 그보다 더 시간이 필요하다는 이야기다. 연구 팀의 조사 결과를 보아도, 내 마음의 상처나 다른 사람의 아픔(특히 정신적 고통)을 이해하기란 결코 인스턴트처럼 간편하고 쉽지 않음을 알 수 있다.

이번에는 논문의 고찰 부분을 보자. 고찰에는 '타인의 심리 상태에 대한 정서를 경험하려면' 문화적·사회적 맥락에 관한 '내적 처리에 더 많은 시간이 필요할지도 모른다'는 내용이 담겨 있다.[7] 타인의 심리 상태를 파악하려면 어느 정도 '사고'(내적 처리)가 필요하며 결코 '즉시' 해결할 수는 없다는 이야기다.

들고 보니 참 당연한 이야기다. 예를 들어 야마시타 토모코의 만화 『위국일기』에 나오는 한 고등학생은 자신의 연애 지향이 '보통' 사람과 다르다는 사실을 깨닫기 시작한다. 친한 친구가 연애에 관해 묻자 그녀는 말을 돌리거나 장난스럽게 존댓말을 쓰거나 이야기를 끊으면서 대화를 끝내려 한다.[8] 이 장면에서 등장인물은 순간 굳거나 말문이 막힌 듯한 모습으로 그려진다. 이 복잡 미묘한 대화를 지켜보며 등장인물의 정신적 고통을 이해하고 섬세하게 헤아리려면 약간의 지식과 이를 바탕으로 한 상상력이 필요하다.

사회에서 친구 사이에 우스운 농담을 주고받거나 연애 이야기를 나누는 것은 흔한 일이다. 그러나 성소수자에 대한 실질적인 이해와 배려는 여전히 턱없이 부족하다. 그래서 자신의 성적 지향을 가까운 사람에게 밝히는 것조차 쉽지 않다. 자신의 성적 지향을 감추는 사람은 마치 거짓말을 한 듯 양심의 가책을 느끼기도 한다. 더구나 연애 이야기만 나오면 서둘러 끝내려 하는 모습이 자칫 부자연스러워 보일 수도 있다. 다만 최근에는 성소수자가 불편함을 느껴야만 하는 이런 상황에 문제가 있다는 목소리도 커지고 있다. 거북한 화제를 꺼냈다고 해서 친구를 원망하고 싶은 사람은 없을 것이다. 이와 같은 문화적·사회적 지식이 없으면 이 고등학생의 고통을 제대로 상상하기 어렵다.

분명한 것은 타인의 마음에 공감하기 위해서는 '설명하기 힘든' 문제를 처리하는 데 더 많은 시간을 들여야 한다는 사실이다. 소화하기 힘들고 답답하지만, 그럼에도 어떻게든 알기 쉽게 풀어내고 이해하려 하는 것. 그러한 '내적 처리'(사고, 자기대화)가 우리에게 반드시 필요하다면, 고립과 고독은 한층 더 중요해진다. 그런 의미에서 다마지오와 팀의 연구는 고독의 중요성을 뒷받침해 준다.

연구 팀 또한 결과를 이 같은 문맥으로 읽어냈는지, 고찰 내용을 '상시 접속'과 '멀티태스킹'이라는 논점과 관련지어 설명했다.

"디지털 시대의 특징이자 주의 사항인 '신속하고 병렬적인 처리 방식'은 강렬하게 일어나는 감정을 온전히 경험하는 빈도를 낮춤으로써 잠재적으로 부정적인 결과를 초래할지도 모른다."[9]

스마트폰 등을 통해 즉각적인 커뮤니케이션을 거듭해 온 사람들은, 이해하기 어려운 심리 상태를 상상할 기회도, 타인의 심리 상태에 공감할 기회도 멍하니 놓치고 있는지도 모른다.

상시 접속은 마음에 집중하기 위해 반드시 필요한 고립을 빼앗고, 그 마음을 더 깊이 들여다볼 때 필요한 자기대화의 기회도 빼앗는다. 마치 자신과 타인의 감정이나 감각을 섬세하게 헤아리지 않으려고 밤낮으로 애쓰는 셈이다. 상시 접속은 이처럼 위태로운 길을 걷는 일이다.

외로움에 휘둘리는 우리
– <에반게리온>으로 생각하기, 첫 번째

외로움이 마음속에서 몸집을 불리면, 우리가 감정의 주도권을 쥐는 것이 아니라 반대로 감정이 우리의 주도권을 쥔 듯 우리는 이리저리 휘둘리게 된다. 외로움과 포모에는 다른 사람을 원하는 마음이 담겨 있지만, 그렇다고 다른 사람을 생각하고 헤아리는 것은 아니다. 그저 외톨이라고 느끼고 싶지 않다는 마음뿐이며, 관심의 스포트라이트는 온통 자신만을 향해 있다. 외로움 앞에서 우리가 느끼는 것은 타인과 세상에 대한 호기심이 아니라는 뜻이다.

많은 사람에게 둘러싸여 있으면서도 혼자라고 느끼고, 다른 사람에게 의존하고 갈망하면서도 서로 상처를 입히는 모습을

〈신세기 에반게리온〉(이하 〈에반게리온〉)만큼 절묘하게 표현한 작품이 또 있을까? 그래서 이번에는 〈에반게리온〉을 통해 외로움에 대처하는 방법을 생각해 보려 한다.

〈에반게리온〉의 등장인물은 모두 아렌트와 터클의 말처럼 '여러 사람과 함께 있지만 혼자'라고 느끼는 사람들이다. 권위를 내세우거나, 가까운 사람에게 의존하거나, 공격적인 태도로 타인을 대하기도 하고, 문제와 의무를 못 본 체하거나, 주변 사람을 제대로 돌보지 않기도 한다. 외로움을 주체하지 못하는 사람들의 여러 반응을 마치 카탈로그처럼 보여주는 작품이다.

〈에반게리온〉에는 '외롭다'는 말이 종종 등장한다. 이를테면 〈에반게리온〉 TV애니메이션 23화 '눈물'에는 아야나미 레이라는 캐릭터가 외로움의 정의를 설명하는 장면이 나온다.

혼자가 싫은 거지? 우리는 이렇게 많은데, 혼자 있는 게 싫은 거야. 그게 바로 '외로움'이야.

아렌트가 말하는 외로움의 정의 그 자체다. 아렌트는 에픽테토스를 언급하며 고독과 외로움에 대해 이렇게 말했다.

에픽테토스가 포착한 대로(『강의』 3권 13장) 외로운 사람

은 타인에게 둘러싸여 있으면서도 타인과 접촉하지 못하
거나 타인의 적대심에 노출되어 있다. (중략) 외로움 속에
서 나는 다른 모든 사람에게 버림받고 실로 혼자이다.[10]

아렌트와 〈에반게리온〉의 '외로움'이라는 개념은 많은 부
분이 서로 닮았다. 이런 관점에서 정신적으로 깊은 유대를 가졌
던 사람을 잃고 방황하는 카츠라기 미사토라는 캐릭터는 특히
인상 깊다. 앞서 다룬 23화 '눈물'에서 몹시 좌절한 주인공 이카
리 신지를 (다소 성적인 뉘앙스로) 위로하려다 거절당한 직후 미사
토는 이렇게 말한다.

외로울 텐데. 여자를 무서워하나? 아니, 다른 사람과 접촉
하는 게 두려운 거겠지. 펜펜, 이리 와. (펜펜도 미사토를 거절
하고) 그렇구나……. 누구든 상관없어. 외로운 건 나였어.

참고로 여기서 '펜펜'은 미사토와 함께 사는 귀여운 펭귄
의 이름이다.
미사토는 감당할 수 없는 충격이 닥쳤을 때, 그 충격이 이
끄는 대로 평정을 잃어보거나 제대로 슬퍼하지 않았다. 제 몫을
다해야 한다는 생각에 '중요한 감각'을 억눌렀다. 그래서 자신의

외로움을 자각하지 못한 채 타인을 원하게 된 것이다. 앞의 대사는 자신의 마음을 깨닫는 과정을 표현했다고 할 수 있다.

미사토는 자신의 외로움을 달래려고 타인으로 자신을 에워싸려 하지만, 실제로 '타인과 접촉'하지는 못한다. 그런 점에서 미사토의 모습은 아렌트가 말하는 외로움의 구도와 정확히 맞아떨어진다.

정신적 동요와 자각하지 못한 외로움으로 인해 결국 무심한 행동을 저지른 미사토. 누구나 그의 나약한 마음에 어느 정도 공감할 것이다. 많은 사람들 사이에 있으면서도 '누구든 상관없을' 만큼 다른 사람이 옆에 있어주기를 바라는 마음 말이다.

소개팅 어플리케이션이라든지 올해야말로 애인을 만들겠다고 떠드는 사람을 떠올려 보자. 크리스마스까지 꼭! 서른까지 둘 다 애인이 없으면 어쩌고저쩌고. 제법 다양한 이야기가 있지 않은가. 쓸쓸한 나머지 '누구든 상관없다'고 생각하는 것은 결코 남의 일이 아님을 알 수 있다.

정신적으로 크게 동요할 때 누구나 마음속에 미사토가 있을지도 모른다. 하지만 미사토는 결국 자신이 미아임을 깨달았으니 외로움에 대처하는 측면에서는 우리보다 훨씬 앞선 셈이다.

외로움에 대처하는 방법, 취미
– 〈에반게리온〉으로 생각하기, 두 번째

〈에반게리온〉에는 외로움에 휘둘리는 사람들뿐만 아니라 외로움 또는 포모와 적절히 균형을 이룬 사람도 등장한다. 바로 카지 료지라는 캐릭터다. 작품 속에서 카지는 '취미hobby'가 왜 중요한지 이야기하는데, 나는 취미가 고독과 연결된다고 생각한다(이 견해는 다른 글에서도 다루었다)[11] 이 논점에 다다르려면 발판을 마련해야 하니 순서대로 차근차근 살펴보자.

TV애니메이션 17화 '네 번째 적격자'와 〈에반게리온 신극장판: Q〉에는 카지 료지가 수박을 키우는 장면이 나온다. 스파이라는 사실이 조직에게 발각되어 목숨이 위태로운 상황임에도 카지는 주인공(이카리 신지)을 데리고 가서 수박밭을 보여주고 밭에 물도 준다. 인상적인 점은 이때 주인공과 나누는 대화에 '취미'라는 말이 나온다는 점이다.

여기서는 TV애니메이션의 한 장면을 가져왔다.

> 신지: 수박……인가요?
> 카지: 응, 귀엽지? 내 취미야. 다른 사람들한테는 비밀이
>   지만. 뭔가를 만들고 뭔가를 키운다는 건 좋은 일
>   이야. 많은 걸 보고 배울 수 있거든. 즐거움이라든
>   지 말이야.

세계의 존망이 걸린 문제가 눈앞에 있고, 자신 또한 목숨이 위험한 순간에 카지는 태평하게 수박을 기른다. 꼭 해야 하는 일이나 '무엇이 유용한가' 하는 논리를 떠나서 무언가를 만드는 '취미'에 시간을 들인다.

덧붙여, 카지가 수박을 수확하지 못하고 이야기에서 퇴장했다는 사실을 전한다. 즉, 그가 '취미'에 공들인 이유는 타인을 원하거나 무언가에 도움이 되기를 바라서가 아니다. 그의 '취미'는 쓸모에 관한 논리나 타인의 평가와는 관계가 없다. 무언가를 만들고 길러내는 것은 SNS에서 '좋아요'를 받기 위해서도, 직접

만든 물건을 거래하는 사이트에서 돈을 벌기 위해서도 아니었다. 오로지 그 행위 자체만을 위해서였다. 카지는 내일 당장 세상이 멸망하든 자신이 죽든 상관없다는 듯이 수박을 가꾸있다.

그런 점에서 카지가 포모에 사로잡히지 않은 인물임을 알 수 있다. 만약 그가 포모에 빠져 있었다면 '취미'를 어딘가에 이용하거나 자신의 평판을 높이려 애쓰거나 세계 멸망이라는 중대한 사건에 매달리기 위해 '취미' 따위는 일찍이 내팽개쳤을지도 모른다. 하지만 카지는 그러지 않았다. 무언가를 놓치고 혼자 소외되거나 자신만 함께하지 못해 손해를 볼지도 모른다는 사실을 대단하게 여기지 않았다.

좀 더 정확하게는 포모에 사로잡힌 상태로는 '취미'를 가질 수 없다고 말해야 할지도 모른다. '취미'에는 고립, 즉 다른 사람에게 방해받지 않고 몰두할 기회가 필요하기 때문이다. 유행이나 화제가 되는 사건에 무조건 참여해야 한다는 가치관을 내버릴 정도로 카지는 '취미'에 깊이 몰두했다.

역시 '취미'는 고립과 깊은 관련이 있어 보인다. 그렇다면 '취미'와 고독은 어떤 관계가 있을까?°

° '취미'의 어감이 일상에서 쓰는 말과 다르다는 점은 이제 충분히 전해졌을 테니 이제 작은따옴표는 생략하겠다.

내 안에는
여러 사람이 존재한다
– 〈에반게리온〉으로 생각하기, 세 번째

'뭔가를 만들고 뭔가를 키우는' 취미에는 반드시 고립이 필요하다. "다른 사람들한테는 비밀이지만"이라는 말에서도 카지가 말하는 '취미'가 타인과 분리된 장소에서 이루어지는 행위임을 확인할 수 있다.

그렇다면 취미는 어떻게 우리에게 고독을 가져다줄까? 이를 생각하기 전에 아렌트가 말한 외로움과 고독이 어떻게 대비를 이루는지 다시 한번 살펴보자.

에픽테토스가 포착한 대로(『강의』3권 13장) 외로운 사람은 타인에게 둘러싸여 있으면서도 타인과 접촉하지 못하거나 타인의 적대심에 노출되어 있다. 반면 고독한 사람은 고립되어 있으므로 '자기 자신과 함께 있을 수 있다'. 인간은 '자기 자신과 대화하는' 능력이 있기 때문이다. 다시 말해 고독 속에서 '내 곁'에는 나 자신이 있으므로 '하나 속의 둘'인 반면, 외로움 속에서 나는 다른 모든 사람에게 버림받고 실로 혼자이다. 엄밀히 말하면 모든 사고는 고독 속에서 이루어지며, 나와 나 자신의 대화이다.[12]

여기서 핵심은 고독 속에서 비로소 가능해지는 '사고'가 곧 자기대화라는 데 있다. 그렇다면 대화란 애초에 무엇일까?

공공철학자였던 아렌트는 개인(하나뿐인 존재)이 정치에 참여하는 주체로서 모두 서로 다르다는 점을 강조하고, 거기서 어떤 공공적 소통이 일어나는지 이야기한 것으로 유명하다. 하지만 이와 동시에 한 사람 안에 여러 사람이 존재한다는 견해도 제시했다. 바로 앞에서 인용한 '하나 속의 둘'이다. 아렌트는 '둘'이라고 말했지만, 실제로는 '여러 명'이라고 이해해도 문제없다. 자신이나 타인이 보는 나(객아/대자)와 그것을 보는 나 자신(주아/즉자)의 분열로 해석할 수 있기 때문이다.

TV애니메이션 〈에반게리온〉의 16화 '죽음에 이르는 병,

그리고'에는 주인공 이카리 신지의 인상 깊은 자기대화가 등장한다. 이 장면은 자기의 분열을 이해하는 데 도움이 된다.°

> 신지: 사람은 자기 안에 또 다른 자신을 가지고 있지. 자신은 늘 둘로 이루어져 있어.
> 신지: 둘?
> 신지: 실제로 보이는 자신과 그걸 바라보는 자신 말이야. 이카리 신지라는 인물도 몇 명이나 존재해.
> 신지: 네 마음속에 있는 또 하나의 이카리 신지, 카츠라기 미사토의 마음속에 있는 이카리 신지, 소류 아스카 안의 신지, 아야나미 레이 안의 신지, 이카리 겐도 안의 신지.
> 신지: 모두 각기 다른 이카리 신지지만, 전부 다 진짜 이카리 신지지. 너는 다른 사람 마음속에 있는 이카리 신지가 두려운 거야.

이 대화는 아렌트의 '하나 속의 둘'이 '둘'보다는 다수로 분

° 　정확히는 또 다른 신지가 된 적(사도)과 신지의 대화다. 하지만 어느 쪽이 적이고 어느 쪽이 신지인지 알 수 없는 대화이므로 실질적으로는 신지 내면의 대화라 할 수 있다.

열하는 자신을 가리킨다는 점을 보여준다. 여러 가지 상황이나 타인과의 관계 속의 자신, 즉 분인分人이 동시에 여럿 존재하는 상태라는 것이다.° 앞에서 '내 안에 다양한 사람을 살게 한다'고 말한 것도 이런 상태를 염두에 둔 표현이다.

°   분인分人은 소설가 히라노 게이치로平野啓一郎가 제시한 말로, 인간을 홀로 완결된 단일 존재로 보기보다 상황이나 관계에 따라 다양한 모습을 드러내는 존재로 보는 개념이다(히라노 게이치로, 『나란 무엇인가』, 이영미 역, 21세기북스, 2021). 작가는 사회학 문헌을 참고하지 않았지만, 사회학에서 (다원적) 자기이론 등이라 불리는 견해를 작가 나름의 방식으로 다시 이야기했다고 볼 수 있다. 덧붙여 〈첫사랑의 악마〉(2022)라는 일본 드라마에는 "내 안에 고기감자조림과 크로켓이 있어"라는 따라 해보고 싶은 대사가 나오는데, 이것도 자기의 복수성을 나타내는 말로 해석할 수 있다.

취미는 고독을 불러온다
– 〈에반게리온〉으로 생각하기, 네 번째

사고가 혼잣말이나 메아리가 아니라 자기'대화'이려면 다른 존재(=타자)가 반드시 있어야 한다. 다시 말해 자기가 여럿 있어야 하는 이유는 그것이 자기대화의 성립 조건이기 때문이다. 대화는 자신을 뻔하고 쉽게 예상할 수 있는 곳이 아니라, 미처 생각지도 못한 곳으로 데려갈 가능성을 안고 있으며, 그런 의미에서 완전히 통제할 수 없다. 사고(자기대화)는 그런 '타자성'이 자신의 내면에 있어야만 가능하다.

프랑스 시인 폴 발레리Paul Valéry의 생각도 이와 닮았다. 일본의 미학 연구자인 이토 아사伊藤亜紗는 폴 발레리가 '혼자 있는', '자기 자신과 함께 있는' 행위를 논했다는 점에 주목하며 이렇게 지적했다.

"발레리는 '다른 사람과 있듯 자기 자신과 함께 있는 것'을 중요하게 여겼으며, 타사의 시선을 배제하기는커녕 오히려 적극적으로 필요로 했다."[13]

발레리는 자신이 홀로 닫혀 있다고 보는 견해나 자신의 내면으로 물러나도 좋다는 자기 완결적 논리에서 벗어나, 자신의 복수성을 받아들이는 것이야말로 표현의 조건이라고 보았다.

'시를 쓰는' 작업에서 자기의 복수성이 아주 큰 역할을 한다는 발레리의 뜻에 따르면, 우리는 창작을 통해, 즉 '뭔가를 만들고 뭔가를 키우는' 취미를 통해 '자신'과 '타자'를 끊임없이 오가며 자기대화를 거듭해야 한다는 뜻이다.[14] 고독 속에서 사고(자기대화)가 가능해지므로 취미는 곧 고독으로 이어진다고 말할 수 있다.

카지 료지가 '수박'을 예로 들며 취미를 이야기했으니, 시뿐만 아니라 수박 또한 염두에 두고 취미와 고독의 관계를 좀 더 깊이 파고들어 보자. 우선 무언가를 만들거나 기르는 일이란 앞을 내다볼 수 없는 작업이다. 수박이 얼마나 커질지, 줄무늬는 어떨지, 어떻게 보살펴야 커지는지 혹은 시들어버리는지, 그런 모든 요소를 결국은 완벽하게 통제하지 못한다.

물론 보살피는 방식에 따라 수박의 모양은 달라지겠지만, 우리가 주도권을 완전히 쥐고 있는 것은 아니다. 수박은 우리가 온전히 가늠할 수 없는 존재다. 아무리 애써도 예측, 예상, 통제를 넘어서는 부분이 늘 있다.

이때 우리가 만드는 '무언가'는 우리 앞에 '타자'(물음)로서 모습을 드러낸다. 어떤 것을 만들거나 키울 때 대상은 우리와 이어져 있으면서도 우리의 외부에 존재한다는 뜻이다. 따라서 시를 짓거나 수박을 키울 때 우리는 시와 수박에게 많은 질문을 받는다. 자신이 만드는 '무언가'가 자기에게 어떤 물음을 던지는지 헤아리는 일은 취미와 떼려야 뗄 수 없는 관계인 셈이다.

그렇게 물음과 마주하다 보면 자기대화의 조건인 다양한 자기 자신을 기를 수 있다. 게다가 여러 타인과의 관계가 아니라 사물과의 관계 속에서 자신이 만들어진다는 점이 특징이다.

이처럼 다수의 나 자신과 대화할 수 있기에 '취미는 고독으로 이어진다'고 강조했다. 이제 "주의가 흐트러지지 않도록 저항하고 고독을 맛보자!"라는 구호를 바꿀 때가 되었다. "주의가 흐트러지지 않도록 저항하고 취미를 갖자!" 나쁘지 않은 문구다.°

°　이 글을 쓰면서 수박 재배나 시 쓰기뿐만 아니라 고양이나 개를 키우는 일도 '취미'에 포함된다는 생각이 들었다. 고양이와 개는 통제하기 어려울뿐더러 보통은 높은 평가나 이득을 위해 기르지는 않기 때문이다. 하지만 이야기가 복잡해질 듯해서 우선은 어떠한 사물을 만드는 일로 상정하고 설명했다. 취미는 더욱 넓게 해석할 수 있는 개념임을 알아두자.

취미는 수수께끼와의 대화다
– 〈에반게리온〉으로 생각하기, 다섯 번째

무언가를 만들고 키우는 행위(취미)는 고독을 불러온다고 이야기했다. 자신이 직접 돌보고 가꾼 것(예를 들어 수박)은 일종의 타자다. 수박과의 관계 속에서 성립하는 자기, 즉 수박을 키울 때 모습을 드러내는 자기는 다른 나와 다르기에 자신과 대화할 여지가 생긴다.

여기서 궁금해지는 것은, 앞에서 말한 수박과 시의 타자성이다. 무언가를 만드는 데 몰두해 본 사람이라면 어떤 느낌인지 바로 공감할지도 모른다. 오롯이 취미에 정신을 기울이다 보면 '무언가'가 나에게 질문을 던지는 듯한 기분이 들 때가 있다. 내가 '무언가'를 바라볼 뿐만 아니라 '무언가'가 나를 보는 듯한 느낌 말이다.

어떤 물건을 만들 때 그 물건이 지닌 타자성이란 과연 무엇인가. 이번에는 이 문제를 파고들고자 한다. 먼저 심리학자 요코치 사와코横地早和子의 창조와 창작에 관한 연구를 참고해 보자.

요코치 사와코의 연구는 제작과 창작 속에서 겪는 시행착오와 탐색 과정에 주목했다. 무언가를 창작할 때는 답을 찾는 실험과 사고를 통해 처음에는 모호했던 창작의 목표와 의미, 자신의 흥미와 스타일 등이 서서히 드러나기도 한다. 그 결과 무언가를 만들어내는 비결과 숙련된 기술이 자란다.[15]

지금 논하는 주제에 맞게 간결하게 줄여서 정리하자면, 창작하는 과정에서 모색과 탐색을 통해 많은 것을 배우고 성장한다는 이야기다. 여기서 '배운다'는 많은 물음을 마주하는 행위로, '성장한다'는 다수로 분열되는 자기로 해석할 수 있다.

이번에는 구체적으로 예를 들어보자. 〈신 에반게리온 극장판〉의 제작 다큐멘터리인 〈안녕 모든 에반게리온: 안노 히데아키의 1214일〉에 요코치 사와코의 이야기가 떠오르는 말이 나온다. 감독 안노 히데아키庵野秀明는 각본을 완전히 완성하지 않고 등장인물과 함께 수수께끼나 사건을 마주해 나가는 '미뤄 쓰기書き送り'라는 방식으로 이야기를 만들었다며 이에 관해 이렇게 말했다.

일단 써본 거니까. 쓰는 나조차도 다음에 뭐가 있어야 좋을지 모른 채 쓰는 거야. 그때까지 당연히 아무런 파편도 없어. 내 머릿속에 없으니까. 거기까지 가서야 비로소 뭔가 나오는 거지. 그러니까 관객들도 거기까지 가야 처음으로 알 수 있어.

자신이 만드는 대상을 수수께끼처럼 바라보고, 수수께끼를 찬찬히 곱씹으며 거기에 담긴 뜻을 차례차례 밝혀나가는 과정임을 알 수 있다.

각본은 아니지만, 대사 연출을 맡은 야마다 하루山田陽도 이와 비슷한 말을 했다.

답이 보이는 듯 보이지 않는 작품은 보기 드물죠. 안노 씨 안에서도 어느 정도 답은 정해져 있는데, 그 퍼즐이 딱 맞아떨어질 때까지 대사를 내놓아야 한다고 할까요.

무언가를 만들거나 키우는 일에는 반드시 이처럼 복잡하고 어려운 수수께끼와 함께하는 시간이 따른다.

예술가와 창작자는 좋은 아이디어나 표현을 찾는 과정에서 관심 있는 주제나 모티프뿐만 아니라 자기 자신의 특징을 한층 깊이 이해할 필요가 있다. 독백(혼잣말)하듯 혼자 마음속으로 궁금증을 중얼거려 봤자 저절로 이해가 깊어지는 것은 아니다. 그건 한숨 쉬기에 불과하며 생각한 셈 치는 것이나 마찬가지이기 때문이다.

더 깊이 이해하기 위해서는 자신이 만들고 키우는 것의 타자성을 마주해야만 한다. '뭔가를 만들고 뭔가를 키우는' 취미가 유용한 이유는 '물건(도구나 모티프 그리고 작품 그 자체)을 통해' 대화를 나눌 수 있기 때문이다.[16] 자신이 밖으로 출력해 낸 것을 매개로 다양한 것을 느끼고 생각하다 보면, 자신이 만든 작품의 의미와 방향성이 또렷해지고, 나아가 자신의 관심사와 마음 또한 깨닫게 된다.

'글로 쓰인 나'와
'다시 쓰는 나'의 대화

　　자신이 만드는 무언가와 나 사이에서 이루어지는 대화란 개인적으로도 아주 익숙한 경험이다. 요코치 사와코가 저서의 말미에서 말했듯이 연구나 집필 같은 경험과도 일치하는 면이 있기 때문이다(정확히 이렇게 말하지는 않았지만 저서 197-198쪽에서 비슷한 이야기를 했다). 이 책을 쓰는 과정도 마찬가지였다. 막연했던 목적, 생각, 주제가, 계속해서 다시 쓰고 버리고 이어 붙이고 재구성하는 부단한 탐색의 과정 속에서 점차 명확한 방향성을 띠게 되었다.

　　대체 몇 번이나 처음부터 다시 쓰고 또 버렸는지 모를 정도다. 결국 책에 넣지 않고 버린 글만 해도 몇만 자를 훌쩍 뛰어넘는다. 하지만 그 과정에서 몇 번이나 새로운 발견을 했다. 아, 나는 이런 말을 하고 싶었구나, 나는 줄곧 이 주제를 주목했구나, 이건 이것과 연결되는구나. "뭔가를 만들고 뭔가를 키운다는 건 좋은 일이야. 많은 걸 보고 배울 수 있거든"이라는 카지 료지의 대사를 그대로 실천한 시간이었다.

자신이 밖으로 출력해 낸 것을 매개로 한 자기대화라는 관점에서 '글쓰기'는 '무언가를 만드는' 행위 가운데 특히 더 큰 의미가 있다. 한번 외부에 정착한 말은 자신의 말이면서도 마치 타인의 말인 양 어색하게 느껴지기 때문이다.

글로 쓰여진 나의 말투는 평소의 내 말과는 느낌이 조금 다르다. 말이 떠오르는 순간의 서투르고 비약적인 사고와는 다른 방식으로 쓰기 때문이다. 이런 방식의 차이를 살려 글을 고치고 다시 쓴다. 글로 쓰인 아이디어와 표현을 음미하고 덧붙이고 지우고 고치고 다시 편집해 나가는 것이다.

내가 쓴 말들은 잠시 잠들었다가 다시 읽히고 다시 쓰인다. 바로 그때, 글로 적힌 나의 말은 읽는 나, 다시 쓰는 나에게 마치 다른 사람의 입에서 나온 것 같은 목소리로 말을 건다. 이 글은 그렇게 쓰였다.

이 과정에서 한나 아렌트가 말한 '하나 속의 둘'이 실현된다. 나 자신이 '글로 쓰인 나'와 '다시 쓰는 나'로 분열되기 때문이다. 또한 글자라는 형태로 물리적으로도 분열된 상태라 할 수 있다.

다시 쓰는 나는 글로 쓰인 나에게 다양한 질문을 받는다. 그렇게 얼마나 많은 물음과 의문을 주고받았는지, 다시 말해 두 명의 나 사이에서 얼마나 많은 대화가 오갔는지가 글의 완성도를 좌우한다.

사고의 흔적인 '글로 쓰인 나'와 그것을 바탕으로 '다시 쓰는 나'는 조금 다르며, 그 차이야말로 나와 나 자신의 대화를 가능하게 한다. 앞서 등장한 시인 발레리도 "글쓰기는 자신에게 말을 거는 일"이며 "자기가 이중화되는 것"이라는 논점을 자주 언급했다.[17]

무언가를 만들 때
시작되는 자기대화

글뿐 아니라 각양각색의 '취미' 또한 마찬가지다. 우리가 만들고 키우는 것은 단순한 물건이 아니라, 창조하고 가꾸는 나의 흔적이다. 내가 만든 사물의 질은, 물건의 형태를 가진 '과거의 나'를 얼마나 흥미로운 수수께끼(타자)처럼 다루고, 거기서 얼마나 많은 물음을 얻느냐에 따라 달라진다. 수수께끼와의 대화는 과거의 나와 나누는 대화이므로 취미는 자기대화로 이어진다.

지금 나는 소속 대학에서 디자인 제작 분야를 지도하고 있다. 가구 등의 상품 제작, 영상 제작, 도서 제작, 서비스 디자인, 커뮤니티 디자인 등 다양한 영역에서 '뭔가를 만들고', '뭔가를 키우는' 학생들을 곁에서 돕는다. 그러면서 '글로 쓰인 나'와 '읽는 나, 다시 쓰는 나' 사이에서 이루어지는 자기대화가 학생들의 내면에서 똑같이 나타나는 광경을 몇 번이나 지켜보았다.

즉, 글쓰기를 예로 들어 설명한 내용이 예술가 혹은 디자이너와 창작물 간에도, 그리고 카지 류지와 수박 간에도 일어난다는 이야기다. 그렇기에 무언가를 만들고 키우는 취미는 고독으로 이어지며, 그 과정에서 시행착오와 더불어 자기대화가 일어나고 축적된다.

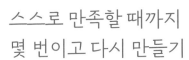

스스로 만족할 때까지
몇 번이고 다시 만들기

　물론 단순히 쓰고 읽기만 하면 된다든지, 뭔가를 만들기만 하면 해결된다는 말은 아니다. 지금보다 더 좋은 것을 만들기 위해 시행착오를 되풀이하는 것이 무엇보다 중요하다. 흥미롭게도 〈에반게리온 신 극장판: Q〉에서도 되풀이와 반복의 의의를 다루었다.

　주인공 이카리 신지는 앞을 내다볼 수 없는 상황과 급격한 변화에 갈피를 잡지 못한다. 그런 신지에게 나기사 카오루라는 인물이 함께 피아노를 치자고 제안하며 이렇게 말한다.

　"살아가려면 새로운 걸 시작하는 변화도 필요해."

　신지는 지금껏 누군가의 보살핌 없이 타인의 기대와 책임을 무겁게 지고서 어떻게든 성공해야만 했다. 그런 상황에서 겪어온 소통과 달리, 카오루와 함께한 피아노 연주는 한없이 자유로우며 서로를 진심으로 존중하는 소통이었다.

서로에 대한 배려와 마음을 상징하는 피아노 연주를 통해 비로소 마음의 빗장을 풀린 신지는 피아노를 더 잘 치고 싶다고 생각하게 된다.

신지: 어떻게 해야 더 잘 칠 수 있을까?

카오루: 잘 칠 필요는 없어. 그냥 기분 좋은 소리를 내면 돼.

신지: 그럼 더 좋은 소리를 내려면 어떻게 해야 해?

카오루: 반복 연습이지. 같은 걸 계속 되풀이하는 거야. 스스로 만족할 때까지 계속. 그 방법뿐이야.

능숙하게 치지 않아도, 못 쳐도 상관없이. 그렇게 다른 사람 생각 따위는 상관하지 않고 음악을 만들어가는 두 사람의 연주는 '취미'라 불러도 좋을 듯하다. 하지만 기분 좋은 소리는 그저 건반을 두드리기만 하면 나오는 것은 아니다. 여기서 카오루는 '반복 연습'을 제안한다.

요컨대 바람직한 취미에는 '스스로 만족할 때까지' 손보고, 다시 만들고, 대화를 거듭한다는 요소가 포함되어 있다. 언제까지 반복할지 결정하는 기준이 누군가의 인정이나 쓸모 또는 좋은 평가나 성공이 아니라 자신의 만족이라는 점도 중요하다. 수박밭을 일구던 카지처럼 말이다.

사실 카오루의 말은 몇 번이고 반복해서 이야기를 새로이 그려온 〈에반게리온〉 제작진의 모습과 무척 닮았다. 제작진은 신극장판 시리즈를 시작하며 이런 뜻을 밝혔다.

〈에반게리온〉은 반복되는 이야기입니다. 주인공이 몇 번이고 같은 역경에 부딪치고 꿋꿋하게 다시 일어서는 이야기입니다. 조금이나마 앞으로 나아가려 하는 의지의 이야기입니다. 막연한 고독을 견디며 타인과 닿기를 두려워하면서도 함께하기를 바라는 각오의 이야기입니다. 같은 이야기에서 또 다른 형태로 변화하는 네 작품을 즐겁게 봐주시면 감사하겠습니다.

등장인물들이 여러 사건과 고난을 겪듯이 제작자들은 '뭔가를 만들고 키우는' 경험을 반복한다. '스스로 만족할 때까지' 제작을 멈추지 않는다.

이제 스마트폰 시대의 철학이라며 고독의 중요성을 줄줄이 설명하기보다, 취미를 논하며 〈에반게리온〉 이야기를 꺼낸 이유도 짐작되지 않는가. 애니메이션 속 이야기뿐만 아니라 제작진의 모습 자체도 '뭔가를 만들고 뭔가를 키우는' 과정의 자기대화와 반복성을 보여주기 때문이다. 그런 의미에서 정말 근사한 작품이 아닌가 싶다.

'불확실함'을
끌어안는 능력

무언가를 만들거나 키우는 취미가 소화하기 힘들고 답답한 수수께끼를 낳는다는 점을 '소극적 수용력Negative capability'이라는 말을 통해 설명해 보려 한다. 소극적 수용력은 존 키츠John Keats라는 영국의 시인이 제시한 개념이다.

단순히 '케이퍼빌리티capability'라고 하면 목표를 달성하고 행동에 옮기고 문제를 해결하는 적극적인 능력을 떠올리지만, '네거티브 케이퍼빌리티'는 그렇지 않다. 수용적이고 소극적인 능력이다. 앞으로 다양한 이야기를 나누겠지만, 소극적 수용력이란 '결론을 내리지 않고 불확실한 상태로 남겨두는 능력'이라고 알아두면 길을 잃지 않을 것이다.

키츠는 독특한 세계를 창조해 낸 윌리엄 셰익스피어William Shakespeare의 창작에 얽힌 비밀을 설명하기 위해 소극적 수용력이라는 말을 사용했다. 셰익스피어는 이야기에 등장하는 신비로운 모티프나 등장인물, 불합리한 전개와 설명하기 힘든 요소 등에 어설픈 설명이나 해석을 붙이지 않고, 수수께끼와 신비를 그대로 둔 채 스토리를 전개했기에 누구보다 뛰어난 작가가 될 수 있었다고 본 것이다.

셰익스피어가 수수께끼에 대한 명확한 답을 지닌 채 이야기를 만들었다면, 읽는 이가 작품 속에서 읽어낼 수 있는 사고와 연상, 이미지는 아주 좁은 범위에 그쳤을 것이다. 그런 점에서 작가는 자신이 그리는 이야기에 섣불리 설명을 달고 "이런 뜻이지", "이게 맞는 말이야" 하고 모든 내용을 결정짓지 않는 편이 좋다.

현대를 대표하는 작가 중 하나인 무라카미 하루키 또한 키츠가 셰익스피어에게서 발견한 감각과 유사한 이야기를 한 적이 있다.

소설을 쓰다 보면 여러 가지가 나오잖아요. 야구 방망이라든지 기사단장이라든지 방울이라든지 온갖 것이 튀어나오죠. (중략) 한번 나온 건 꼭 어딘가 다시 나와서 이야기 속으로 편입됩니다. 그게 무슨 뜻인지 하나하나 생각할 여유는 없어요. 생각하기 시작하면 발이 멈춰버리니까요. (중략) 머리로 해석할 수 있는 건 써봤자 의미가 없잖아요. (작가에게) 이야기란 해석할 수 없으니까 이야기인 거고, 이건 이러이러한 뜻이라고 만든 사람이 일일이 포장을 풀어헤치면 재미고 뭐고 없어. 독자는 실망할 수밖에 없죠. 작가도 잘 몰라야만 독자 한 사람 한 사람 안에서 의미가 자유롭게 부풀어 오르는 거라고 늘 생각합니다.° [18]

작가는 어떤 특정한 방식으로만 해석되는 이야기를 제시하지 않는다. 독자에게 다양한 해석을 허용하고 거기서 여러 방향으로 걸어갈 수 있도록 독자적인 방식으로 교차로를 구성하며 이야기를 만든다.°°

랑시에르(또는 자코토)의 말을 빌려서 작가는 '숲'을 만드는 사람이라고 말해도 좋겠다. 움베르토 에코Umberto Eco도 『하버드에서 한 문학 강의』라는 책에서 소설을 숲에 비유한 바 있다. 숲

°   무라카미 하루키는 소극적 수용력이 어떻다고는 말하지 않는다. 그저 이와 일맥상통하는 이야기를 했을 뿐이다.

°°   무라카미 하루키 또한 작품을 완성하기까지 몇 번이고 다시 쓰고 고쳐 쓴다고 같은 책에서 말했다.

에는 단 한 가지 경험만 존재하지 않으며 다양한 길과 체험의 가능성이 열려 있다. 그러므로 이야기는, 적어도 이상적인 이야기는 확실히 해석할 수 없다. 설령 정확하게 풀어냈다 싶더라도 더 깊숙이 들어갈 수 있는 숲의 모습으로 독자 앞에 펼쳐진다. 소극적 수용력이 가르쳐주는 관점이란 바로 이런 것이다.

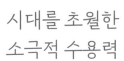

시대를 초월한
소극적 수용력

창조성의 비밀이 담긴 소극적 수용력은, 그 개념 자체로 매력적인 수수께끼가 되어 사람들을 사로잡았다. 정확히 어떤 식으로 쓰이는지, 쓸 수 있는 범위는 어디까지인지 특정할 수 없어서 개념 자체가 독자들 사이에서 다양한 해석을 불러일으켰기 때문이다. 키츠가 이 개념에 대해 정밀한 논리를 제시하거나 이론을 만들지 않은 것도 이유 중 하나이리라. 그럼에도 많은 사람이 소극적 수용력을 다양한 뜻으로 재해석하고 각자의 시대에 적용했다. 그리하여 이 개념은 골동품이 되지 않고 현대까지 이어졌다.

키츠가 세상을 떠난 뒤 반세기 이상 지났을 무렵 태어난 인물 가운데 정신과 의사 윌프레드 비온Wilfred R. Bion이 있다. 정신분석학의 한 가지 갈래인 대상관계이론을 따르는 학자인데, 그는 소극적 수용력이 정신분석가에게 반드시 필요한 능력이라고 생각했나.[19]

비온은 소극적 수용력을 "포화 속에서 생각하는 것"이라는 말로 표현했다.[20] 세계대전에 참전한 군인이나 다양한 역할로 종군한 사람들의 PTSD 연구 – 비온 본인도 같은 고민을 안고 있었던 듯하다 – 가 이를 뒷받침한다.

비온은 진료실에서 정신분석가가 처한 상황을 전쟁터의 '포화 속'에서 자신의 행동과 방식을 고민해야 하는 군인과 비교했다. 전쟁터에서는 언제 어떤 공격이 날아오고 어떻게 대처해야 할지 예측할 수 없으며 상황을 완전히 장악할 수도 없다.

비온은 전쟁터에 있는 군인들처럼 정신분석가 또한 진료실 안에서 환자의 반응과 호소 아래 놓여 있으며, 그런 '폭격 아래'에서 쉼 없이 생각해야 하는 역할을 짊어졌다고 여겼다.[21] 불확실하고 예측도 통제도 불가능한, 아주 위험한 곳에 선 존재라는 것이다.

정신분석가는 환자의 말과 심리 상태 그리고 원인을 생각해야 하지만, 결코 쉬운 일이 아니다. 앞을 정확히 내다보기 어렵고 불안정하고 불확실한 상황에 맞서는 것이 정신분석가의 일이기 때문이다.

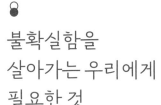

불확실함을
살아가는 우리에게
필요한 것

선불리 견해를 확장하는 것은 멀리해야 하지만, 비온이 정신분석가에게 필요하다 여긴 능력은 우리에게도 도움이 되지 않을까 싶다. 우리는 불확실성과 불안 속에서 불투명한 앞날과 명확하게 해석할 수 없는 현재를 살아가며 타인과 바깥세상의 정보에 그대로 노출되어 있기 때문이다.

실제로 일본의 정신과 의사이자 작가인 하하키기 호세이帚木蓬生는 키츠와 비온을 거쳐 계승된 이 개념을 새로이 재해석했다. 그는 성급하게 결론을 내리지 않고 내버려 둘 때 창조성이 발휘된다고 설명하면서, 관찰과 상상을 통해 타인의 경험에 담긴 핵심에 다가가려면 소극적 수용력에서 힌트를 얻어야 한다고 말했다.[22] 키츠와 비온이 조명한 소극적 수용력은 작가나 정신과 의사뿐 아니라 모두에게 필요한 힘임을 시사한 셈이다.

디불어 문학 연구가 오가와 기미요小川公代는 하하키기의 저서를 참조하여 문학 작품과의 관계를 통해 소극적 수용력이라는 개념을 다시 제시했다. 오가와 기미요는 본래 여성의 노동과 사회학을 다루는 연구자였는데, 설문 조사 등 여러 방식으로 여성들의 '경험'과 '목소리'에 다가가기가 얼마나 어려운지 통감했다고 한다. 그러다 돌봄care의 윤리로 잘 알려진 캐럴 길리건Carol Gilligan이라는 심리학자의 글을 보고 연구의 전환점을 맞았다. 길리건이 한 책에서 분석한 구절이 인간의 경험에 담긴 감촉을 섬세하게 표현했다는 데 감명을 받고 문학 연구에 뛰어든 것이다.[23]

인간의 경험에 다가설 수 있다는 것이 문학을 읽는 의미라 보는 관점이다. 상상의 세계에는(어떤 면에서는 현실보다 더) 인간의 경험이 선명하고 세밀하게 그려진다고 보는 시각이라고도 말할 수 있겠다. 하지만 여기서 주목할 점은 문학을 보는 관점의 뒤편에 자리한 오가와 기미요의 '감각'이다.

오가와의 문학관에는 '인간의 경험은 문학 속에서 수수께끼나 불확실성으로 나타나며, 모두 파악했다고 생각해도 늘 놓치는 부분이 있다'는 생각이 담겨 있다. 앞에서 살펴본 이소룡의 이야기에 따르자면 이것은 '느끼는' 자세라 할 수 있다. 실제로 오가와 기미요의 저서에서 '소극적 수용력'이라는 말은 다른 사람의 경험을 이해하기란 어렵다는 이야기를 할 때 등장한다.

문학을 읽을 때, 타인의 삶과 마음을 쉽게 설명할 수 있다고 생각하지 않는 자세가 중요하다고 한다면, 그녀가 사회학을 통해 타인을 헤아리며 느낀 어려움은 문학 연구에 뛰어든 뒤에도 해소되지 않았을 것이다. 적어도 문학에 아무런 수수께끼도 없다고 생각하지는 않을 테니까. 하지만 불확실하고 헤아리기 어려운 문제는 결코 나쁜 것이 아니다. 오히려 매력의 원천이 된다.

문학을 연구하는 사람은 (물론 다양한 작품을 읽지만) 같은 소설이나 시를 몇 번이고 반복해서 읽기도 한다. 그리고 작품에 대한 여러 사람의 해석을 적극적으로 읽는다. 다시 말해 어떤 방식으로 작품을 받아들였더라도, 거기에 안주하지 않는다는 것이다.

작품을 읽는 이러한 자세에는 문학이라는 형태로 결정을 이룬 인간의 경험을 끝없이 되짚어 보고 즐기는 마음이 담겨 있다. 그런 점에서 오가와 기미요가 사회학에서 문학으로 분야를 바꾼 것은 '해석'이라는 무한한 작업을 즐기겠다는 의지의 표명처럼 다가온다. 이를 고려하면, '소극적 수용력'은 인간의 경험이라는 끝없는 수수께끼와 함께 노니는 힘이라고 재정의할 수 있을지도 모른다.

자신을 의심하는 자세,
소극적 수용력

　　지금까지 알아본 내용을 정리하면, 소극적 수용력에는 두 가지 방향성이 있음을 알 수 있다. 취미에 몰두할 때 우리가 만들고 키우는 것은 통제와 이해의 범주를 벗어난다. 이때 자신이 창조하는 무언가에 섣불리 의미를 부여해 한 가지 이미지로 굳히지 않기 위해서는 바로 소극적 수용력이 필요하다. 키츠가 셰익스피어의 창작 비법을 설명하기 위해 언급했듯이 말이다. 이것이 소극적 수용력의 첫 번째 방향성이다.

　　더불어 비온, 하하키기, 오가와의 견해에서 드러나듯이 무언가를 읽고 이해할 때도 소극적 수용력이라는 말을 쓴다. 여기서 소극적 수용력은 대상을 쉽게 파악할 수 있다고 여기지 않고, 자신이 완벽하지 않다고 의심하는 자세다. 즉, 수수께끼나 문제를 만났을 때 성급하게 설명하거나 어설프게 납득하지 않고, 바깥으로 새어 나오는 의문의 존재를 느끼며 수수께끼 곁에서 함께 걷는 자세다. 이것이 소극적 수용력의 두 번째 방향성이다.

두 가지 방향성의 공통점은 찜찜하고, 소화하기 힘들고, 이해하기 어려우며, 답답하고, 복잡한 상태를 견뎌낼 수 있는 능력을 나타낸다는 점이다. 무언가를 만들거나 해석할 때, 수수께끼와 의문 그리고 불확실성과 공존할 수 있는가. 소극적 수용력은 바로 1장에서 제시한 '소화하기 힘들고', '어렵고', '답답한' 문제를 끌어안는 능력의 이름이었다.

첫 번째 방향성에 속하는 소극적 수용력은 수수께끼를 수수께끼인 채로 창조해 낸다는 점에서 취미에 꼭 필요한 능력이다. 두 번째 방향성에 속하는 소극적 수용력은 글쓰기를 예로 들었을 때 '읽는 나'와 관련이 있으니 '다시 쓰는 나'(반복 연습하는 나)에게 특히 중요하다.

'다시 쓰는 나'는 읽을 뿐만 아니라 쓰기도 하므로 후자는 물론 전자의 능력도 필요하다. 또한 처음 쓸 때도 읽는 행위가 동반되니, 실제로는 양쪽 모두를 쓴다고 보아야 한다. 따라서 '만들 때의 소극적 수용력'과 '읽을 때의 소극적 수용력'의 대비는 개념적으로는 성립하지만 실제로는 말이 되지 않는다. 현실에서는

두 가지가 거의 동시에 작용한다고 보아야 한다.°

어찌 되었든 소극적 수용력은 취미를 통한 자기대화가 대화로 성립하려면 반드시 필요한 능력이다. 아주 중요한 사실이다.

그러나 상시 접속을 가능케 하는 다양한 기술과 습관이, 설명하기 어려운 문제와 대치하며 바로 결단을 내리지 않고 모른 채로 남겨두거나 삼키지 않고 음미하는 힘을 빼앗고 있다. 현대인은 소극적 수용력을 잃고 있다는 말이다.

상시 접속 사회에서는 점점 더 많은 사람이 권위와 알기 쉬운 말 속에서 답을 찾으려 한다. 그렇게 해서라도 자신의 불안에 설명을 달고 싶어 한다. 비즈니스, 사회, 정치, 사생활 등 온갖 영역에서 '아는 척하고 싶어 하는 사람'들을 떠올려보자. 남의 일이 아니다. 어쩌면 자신의 얼굴이 가장 먼저 떠올랐을지도 모른다.

그럼에도 소화하기 힘든 문제나 어려운 문제를 받아들이고, 때로는 복잡함을 느끼고 찜찜함을 참으며 섣불리 이해하려 하지 않는 자세가 중요하다. 이 책에서 거듭 강조해 온 이야기다.

° 무언가를 해석하는 일도 만드는 일과 같다고 본다면 사실 두 가지를 구분할 필요는 없다. 작품을 '제작자의 의도를 전달하는 장치'로 보는 관점은 설득력 있는 견해가 되기 어려우므로 해석과 제작 모두 일종의 창조라고 생각하는 것이 옳다고 본다. 단, 취미라는 개념의 허용 범위를 넓혀서 이야기하면 설명이 지나치게 복잡해지니 본문은 일반적인 의미의 '만들기'를 염두에 두고 썼다.

철학에 대한 탐구는
소극적 수용력을
기르는 일

소극적 수용력의 첫 번째 의미는 취미와의 관계를 통해 깊이 살펴보았다. 취미에 몰두할 때 자연히 우리 앞에 나타나는 수수께끼를 수수께끼인 상태 그대로 간직하는 힘이 바로 소극적 수용력이다. 나아가 수수께끼는 자기대화의 계기가 된다. 이번에는 소극적 수용력의 두 번째 의미를 생각해 보자.

두 번째 소극적 수용력은 철학을 탐구할 때 반드시 필요한 능력이다. 철학한다는 것은 2,500년간 이어져 온 대화를 들으며 생각하는 일이므로 많든 적든 '읽고, 아는' 행위가 수반되기 때문이다. 따라서 선불리 설명하거나 의미를 부여하지 않는 것이 중요하다.

자신이 어떤 마음으로, 어떤 사상을 가진 철학자에게서, 무엇을 읽어내고 싶은지 제대로 헤아리지 않고서는 철학자의 지식도 상상력도 배울 수 없다. 그러므로 이미 다 안다고 여기지 않고 '공중에 붕 뜬' 상태, 즉 불확실함과 의문을 견뎌내는 소극적 수용력이 필요한 것이다.[24]

철학책을 읽을 때는 우선 주도권을 '저쪽'-난해한 글을 쓴 철학자 쪽-으로 넘길 필요가 있다. 그러지 않으면 자신이 원하는 대로 해석하고 받아들이기 십상이다. '이 녀석 또 엉뚱한 소리 하네, 아까하고 말이 다르잖아', '일부러 어려운 말 써서 복잡하게 만드네' 이렇게 생각하게 된다.

하지만 이런 자세는 '쳇바퀴 돌기', '자기 멋대로 걷기', '미궁'과 같은 접근법이어서 어디로도 가지 못한다. 자신이 잘못 이해했거나 다른 뜻으로 해석했을 가능성도 고려하지 않을뿐더러 '자신의 어리석음에 관대한' 것처럼 보인다. 오르테가의 말처럼 자신이 길을 헤매고 있음을 자각하지 못하는 사람은 현실을 직시하지 못한다.

이번에는 소극적 수용력을 이 책의 문맥에 따라 다시 정의해 보자. 소극적 수용력은 자신이야말로 길을 헤매고 있을지도 모른다고 스스로에게 묻는 힘이다. 그렇게 해야만 수수께끼로부터 다양한 물음을 얻을 수 있다.

　　요컨대 소극적 수용력은 자기 머릿속에서 무작정 답을 찾으려 하지 않고, 완벽하게 파헤칠 수 없는 수수께끼를 그대로 끌어안음으로써 새로운 무언가를 이끌어내는 자세다.

고독 속에서
불확실함과 함께하기

많은 독자가 철학의 여러 개념, 즉 다양한 지식과 상상력을 배우기 위해 이 책을 손에 들었을 것이다. 그러나 내 '생각'을 의심하지 않고, 멋대로 의미 부여하는 습관에 제동을 걸지 않고서는 목표를 달성하기가 어렵다. 적어도 쓸데없이 먼 길로 돌아가는 결과가 될 것이다.

자기 내면에서만 빙글빙글 맴도는 사람은 태연한 얼굴로 철학자의 말을 해석한다. 선불리 의심하고 삐딱한 태도로 자기 의견과 생각을 늘어놓으며 체리피킹하듯 골라 배우려 한다. 하지만 이런 태도야말로 큰 문제다.

앞에서 이야기했듯이 우리가 가장 먼저 배울 것은 내가

손에 쥔 생각을 의심하고 점검하는 자세, 그러니까 자신의 사고에 대한 경계심이다. 자신이 좀비 영화에서 금방 죽는 캐릭터처럼 엉뚱한 길을 방황하고 있다고 생각해도 좋다. 그러지 않으면 자신의 편견에 따라 사물을 받아들이고, 이미 다 안다고 여기기 때문이다.

어떤 철학자의 책을 읽을 때 그 사람의 이야기에 처음부터 끝까지 고개를 끄덕이고 공감하라는 말은 아니다. 그렇게 단순한 이야기를 다루지도 않을뿐더러, 그렇게 말하는 사람이 철학을 연구한다면 몹시 놀라운 일일 것이다. 따라서 상대의 세계관과 현실 구석구석까지 동의하고 공감할 필요는 없다.

그럼에도 글쓴이와 같이 '포화 속'에 서서 그가 어떤 문제의식을 가졌는지 헤아리고, 그가 사용한 다양한 개념을 최대한 이치에 맞게 다루는 과정은 무언가를 배울 때 반드시 필요하다. 결과적으로 그런 과정이 불확실성과 불안으로 가득한 세상을 살아가는 데 도움이 된다. 소극적 수용력을 길러주기 때문이다.

언뜻 모순된 말처럼 들릴지도 모른다. 소극적 수용력을 기르기 위해 소극적 수용력을 발휘해서 철학을 탐구해야 한다니, 참 이상하다고. 하지만 잘 달리고 싶다면 뛰는 방법에 주의를 기울이면서 실제로 많이 달려보는 수밖에 없다는 말과 마찬가지다. 글을 정확하고 빠르게 읽으려면 많은 글을 정확하게 읽어보아야 한다는 말도 그렇다. 이런 모순은 전혀 이상할 것 없다.

'소화하기 힘들고', '어려우며', '답답한' 문제와 대치하는 소극적 수용력이라는 힘. 철학을 공부하다 보면 타자의 상상력이라는 몹시 어려운 문제를 맞닥뜨리게 되므로 철학은 소극적 수용력을 기르는 반복 연습이 되어준다.

이제 정리해 보자. 취미에는 고독을 가능케 하는 힘이 있다. 자신의 외면에 수수께끼를 만들어내고 그 수수께끼와 거듭 맞서며 여러 물음을 얻어 일종의 자기대화를 실현할 수 있다. 더불어 소극적 수용력이라는 관점에서는, 수수께끼에 어설프게 답하기보다 파악하기 어려운 부분을 남겨둔 채 수수께끼와 공존하는 태도가 중요하다.

소극적 수용력이라는 관점은 무언가를 창조하거나 반복해서 만들 때뿐만 아니라, 타인의 경험을 이해하거나 모르는 것을 배울 때도 필요하다. 어떤 이의 경험을 그 사람의 시각으로 헤아리려면, 안이한 설명이나 의미 부여로 끝내지 않고 불확실하고 궁금한 상태로 견뎌야 하기 때문이다. 수수께끼(타자)를 섣불리 '내가 아는 범위'로 끌어들이지 않는 능력이니, 소극적 수용력은 다시 말해 자기대화를 불러일으키는 힘이라고도 할 수 있다.

칼럼

문화와 철학을 한데 엮는 이유

『인스타 브레인』, 『디지털 미니멀리즘』, 『지금 당장 당신의 SNS 계정을 삭제해야 할 10가지 이유』 같은 책을 비롯해 '스마트폰을 버려라', '지금 당장 SNS를 그만두자', '사용을 제한해야 한다'라고 주장하는 의견들은 인터넷 뉴스 기사나 출판 시장에서 제법 인기가 많다.

물론 타당한 경계심이지만, 위기감을 지나치게 부각하는데다 대다수가 실천하기 어려운 주장이라는 점은 앞서 지적한 대로다. 더구나 테크놀로지를 벗어나야 한다는 이런 종류의 논의는 다소 무리가 있다. 게다가 어째서인지 많은 사람이 "문제가 있기는 하지만 나는 괜찮아" 하고 자신을 예외 취급하게 만드는 면이 있다. 이런 주제에 관해 얼마나 많은 아마존 리뷰와 소개 영상, 트윗이 있는지 조사해 보면, 얼마나 많은 사람이 스마트폰과 SNS의 해악으로부터 자기 자신만은 자유롭다고 믿고 있는지 실감할 수 있다.

그래서 나는 이런 논의에 동의하지 않는다. 오히려 스마트폰을 놓지 못한다는 것을 전제로 하고, 스마트폰으로 인해 잃어버리기 쉬운 고독을 되찾는 방법 그리고 스마트폰이 가속하는 외로움과 제대로 공존하는 방법을 고민하는 것이 중요하다고 본다.

더불어 서점에서 팔리는 '고독'과 '고립'에 관한 책은 대부분 여러 업계에서 그런 대로 지위를 쌓고 경제적으로 여유가 있는 고령의 남성이 집필했다. 사뭇 독특한 고정관념이 담겨 있는 데다, 위에서 내려다보며 설교하는 듯한 느낌도 든다. 나는 이런 유형의 이야기는 어떻게 해서든 피하려고 노력했다. 3장의 칼럼에 썼듯이 '고독'과 '고립'을 다루는 방식은 '고독'과 '관조' 같은 개념에 뒤따르는 철학의 특권 의식이나 나르시시즘과도 관련이 있다. 철학이란 사회적 유대와 동떨어진 곳에서 초연히 사색하는 일이라고 생각하는 사람이 지금도 여전히 많다. 하지만 거기에는 커다란 문제가 있다.

내가 선택한 것은 '취미'라는 가볍고 소박한 말에 독특한 관념을 연결하여 '고독'이라는 개념과 엮어내는 방식이다. 어감이 완전히 다른 '취미'라는 말을 사용하면 '관조'나 '고독'이 풍기는 자기애적이고 심각하고 미화된 분위기를 떨쳐낼 수 있다고 생각했기 때문이다.

〈에반게리온〉의 대사를 해석하는 다소 가벼운 방법을 고른 것도 같은 이유에서였다.〈에반게리온〉의 이야기 전개를 따라가거나 신화적인 모티프와 세세한 설정을 오타쿠처럼 풀어내는 것이 아니라 '수박을 키우는' 사소한 장면을 예로 든 것도 '고독과 취미'라는 개념을 규정하는 과정을 통해 취미를 철학처럼 다루고 철학을 취미처럼 다루는 즐거움을 전하기 위해서였다. 갑자기 〈에반게리온〉 이야기를 꺼내면 뜬금없게 느껴질 듯해서 먼저 〈용쟁호투〉 이야기를 했다. 영화 이야기가 먼저 나왔으니 〈에반게리온〉이라는 소재에 크게 놀라지는 않았으리라 생각한다.

이처럼 문화와 철학을 엮는 방식은 '철학의 종언'을 선언하고 새로운 철학의 방향을 모색한 리처드 로티Richard Rorty, 좀 더 거슬러 올라가면 학문의 분야를 가리지 않고 철학에 몰두한 쓰루미 슌스케鶴見俊輔나 존 듀이 같은 선구적 철학자들의 자세를 본뜬 것이다.

되풀이와 반복을 긍정적으로 바라보는 관점은 〈에반게리온〉시리즈뿐만 아니라 졸저『쓰루미 슌스케의 말과 윤리』의 3부 그리고 리처드 세넷Richard Sennett의『장인: 현대문명이 잃어버린 생각하는 손』을 바탕으로 발전시켰다.

바쁜 일상으로
따분함을 잊으려 하는 사회

'고독'을 손에 넣으려면 '취미'가 필요하다.
하지만 '취미'가 있다고 모두 해결되는 것은 아니다.
우리의 불안과 '외로움'은 몹시 뿌리 깊은 문제이기 때문이다.
5장에서는 포스트 포디즘이라 불리는 현대의 문화 경제에 주목하며
우리가 겪을 수밖에 없는 고충은 무엇인지 그리고
그런 사회적 조건이 개개인의 정신 건강에 어떤 영향을 미치는지 살펴본다.
현대 사회를 살아가며 마주치는 다양한 어려움을 극복하기 위해서
자기계발을 통해 에너지를 끌어 올릴 때,
우리는 어쩌면 낙천적이지만 위태로운 결론으로 달려가고 있는지도 모른다.
'고독'과 '취미'에 대한 단순한 찬양이 되지 않도록
다시금 사고의 발자취를 신중히 되짚어 보자.

활동적인 일상은 공허하다?
– 파스칼과 기분 전환의 철학

　　4장에서는 '취미'라는 일상적인 말을 사용했으니, 무언가에 몰두하는 것은 곧 바람직한 일이며 무엇에도 열중하지 못하는 상태는 바람직하지 못하다고 생각할지도 모른다('취미'라는 말에 일상적인 의미를 투영하며 읽는 것은 잘못된 방식이지만). 하지만 저명한 수학자이기도 한 17세기 프랑스 철학자 블레즈 파스칼Blaise Pascal은 사후 출간된 『팡세』라는 책에 언뜻 보기에 이와 반대되는 말을 남겼다.

　　"인간의 불행은 모두 단 하나, 방 안에 가만히 머무르지 못한다는 데서 비롯된다."

　　책에는 이런 말도 나온다.

"사교나 노름으로 마음을 달래려는 것도 자기 집에 기꺼이 홀로 머무르지 못하기 때문이다."[1]

파스칼은 인간이 애초에 뭔가 잘못된 방식으로 살고 있다고, 공허한 삶을 살고 있다고 생각했다. 하지만 '적극적으로 행동하며, 스스로 나서서 다른 사람과 교류하는 것은 헛된 일'이라고 말해보았자 쉽게 와닿지 않는다. 현대인들은 활달하고 활동적이라는 말을 들으면 대부분 별 생각 없이 기뻐할 것이다. 파스칼은 왜 그런 가치에 의구심을 가졌을까?

열렬한 야구팬을 예로 들어보자. 이 사람은 응원하는 팀의 우승에 자신의 행복이 달려 있다고 여긴다. 자신이 미는 팀을 필사적으로 응원하고 팀의 승리를 진심으로 바라며, 감독도 아니건만 선수 라인업을 이러쿵저러쿵 논의하는 데 시간을 쏟는다. 술집에 가서 사람들과 함께 경기를 보거나 어떤 선수가 선발될지, 어느 선수의 부상은 어떤지, 감독의 방식이 어떤지 SNS에서 떠들어대는 시간은 틀림없이 즐거울 것이다.

하지만 이토록 팀이 이기기를 바람에도 불구하고 응원하는 팀이 뇌물 같은 부당한 방법으로 승리를 얻어냈다고 한다면 팬은 불같이 화를 낼 것이다. 그런 점에서 이 사람은 '팀의 승리'를 원하는 것이 아니라고 할 수 있다.

파스칼은 토끼 사냥에 나서는 사람에게 토끼를 건네거나

도박을 즐기는 사람에게 따낼 돈을 미리 건네는 일에 비유하며 이와 같은 상황을 설명했다. 우리가 열중하는 활동의 결과-위의 예에서는 '토끼'나 '상금'-는 실제로는 활동의 목적이 아니라고 말이다.

따분함과 불안으로부터
고개를 돌리는 사람들

그렇다면 활동의 진짜 목적은 무엇일까? 파스칼은 '따분함과 불안을 외면하는 것'이 진정한 목적이라고 생각했다. 여러 가지 활동이나 다른 사람과의 교류는 헤어나기 어려운 무료함과 불안에서 눈을 떼기 위한 '오락divertissement'이라는 것이다.

'오락'은 '기분 전환'이라고 번역하기도 한다. 무료함과 불안은 언젠가 죽음을 맞이할 인간의 비참한 운명을 떠올리게 하는데, '기분 전환'이라는 말에는 그런 생각으로부터 주의를 돌려 감정을 해소한다는 뉘앙스가 담겨 있다. 즉, 기분 전환(주의를 다른 곳으로 돌리는)은 인간이 자신의 비참함에 신경을 덜 쓴다는 데서 비롯된 말이다. 파스칼이 인간을 이리저리 흔들리는 '갈대'에 비유한 이유도 인간이 비참한 운명을 지녔다고 여겼기 때문이다.

더구나 사람은 기분을 전환하는 데서 그치지 않는다. 기분 전환을 위한 온갖 활동을 통해 쓸데없는 허영심과 인정욕구를 채우려 한다. 파스칼은 당구와 연구 그리고 전쟁을 예로 들어 이를 설명했다.

당신은 대체 무엇을 위해 이런 일(당구)을 하느냐고 물을 것이다. 다음 날 친구들 사이에서 자신이 누구보다 당구를 잘했다고 뽐내기 위해서다. 마찬가지로 사람들은 지금껏 누구도 풀지 못한 대수학 문제를 풀었다고 다른 학자들에게 보여주기 위해 서재 안에서 열심히 땀을 흘린다. 그리고 그토록 많은 사람이 자신들이 점령한 요새를 자랑하기 위해 엄청난 위험에 몸을 던진다. 그 또한 내가 보기에는 하나같이 어리석은 일이다.[2]

"윽!" 하고 가슴을 움켜쥘 만큼 신랄하고 씁쓸한 이야기다. 파스칼은 수학자이니 자기 자신을 향한 일침이기도 하다.

스타벅스에서 새로 나온 프라푸치노를 사는 것은 스타벅스에서 프라푸치노를 구입하는 자신을 사기 위해서이며, 유명한 사람들과 교류하는 것은 그런 사람과 함께 있는 자기 자신에게 만족을 얻기 위해서다. 이처럼 파스칼의 발상은 거의 모든 활동과 맞아떨어진다.

다만 허영심과 인정욕구를 지적하는 논법은 다른 사람에게 상처를 주기 위한 것이 아니라는 점에 유의하자. 결국 사람은 인정욕구 때문에 움직이는 법이지, 다 자랑하려고 그러는 거야, 그놈은 자존심이 너무 세, 인정받고 싶어서 그렇게 말하는 거야. 이렇게 지적하며 은근슬쩍 희희낙락하는 사람을 파스칼은 '가장 어리석은 사람'이라고 불렀다.[3] 이런 이들은 가장 어리석은 '기분 전환'에 열을 올리며 꼴사나운 허영심을 키우고 있다고 본 것이다. 윽…….

우리의 '기분 전환'을
빼앗은 코로나 바이러스

파스칼에 따르면 인간은 본래 허무하고 하찮은 존재다. 언젠가 반드시 죽을 운명을 타고났으며, 죽음을 떠올리게 하는 따분함과 불안을 견디지 못해 잠깐이나마 주의를 돌리려고 여러 가지 활동과 교류에 손을 댄다. 인간의 문화적 활동은 모두 이러한 근원적 권태ennui를 잊기 위해 체계적으로 구축된 오락에 지나지 않는다.

게다가 여기에 인간의 허영심과 인정욕구라는 문제가 더해진다. 소셜 미디어와 동영상과 뉴스의 댓글 창에서 못난 말들이 소란스럽게 오고 가는 모습을 본 현대인들에게 파스칼의 지적은 몹시 뼈아프게 느껴진다.

파스칼의 철학에는 우리의 삶에 커다란 의문을 던지는 힘이 있다. 그의 철학을 접하면 자연히 "뭔가 중요한 문제를 놓치고 있는 건 아닐까?" 하고 스스로에게 묻게 되기 때문이다.

파스칼은 이후 신학자로서 신앙의 중요성을 주장하는 논의에 초점을 맞추기 시작했다. 비참하고 약한 인간이 의지할 수 있는 신앙이라는 유일한 존재. 사뭇 매력적인 논점이 담겨 있지만, 여기에서는 다루지 않겠다.°

그 대신 팬데믹과 사회적 거리두기에 의해 기분 전환의 기회가 제한되었던 시기를 떠올려 보자. 코로나 바이러스가 유행해 어쩔 수 없이 집에 머물러야 했던 사람들 가운데 많은 이가 심신의 고통을 호소했다. '코로나 블루'라는 말도 생겼다.

이 시기에 우울감과 신체적 문제를 유발한 요인은 다양하겠지만, 스트레스를 외출이나 여행으로 해소할 수 없게 된 것이 큰 원인 중 하나였으리라. 파스칼식으로 말하자면, 우리는 격리로 인해 거의 모든 '기분 전환'에 접근하지 못하게 되면서 부득이하게 불안과 권태, 따분함을 직면하게 된 것이다. 게다가 많은 사람이 불안을 제대로 통제하지 못해 '코로나 블루'가 사회적 문제로 떠올랐다.

사회적 거리두기가 한창이었던 시기에 우리는 어떤 나날

°   관심이 있는 사람은 앙투안 콩파뇽Antoine Compagnon의 『파스칼과 함께하는 여름』 같은 쉬운 입문서를 읽어보자.

을 보냈던가. 어딘가에서 끓어오르는 우울과 권태를 외면하기 위해 SNS와 유튜브, 넷플릭스로 자극을 얻고, 어디에서 가져다 붙인 듯 이름뿐인 '취미'를 만들고, 그것을 다시 SNS나 유튜브에 올리고…….[∞] 많은 사람이 "집에서 ○○하기" 따위를 외쳐댔다. 어디서든 볼 수 있는 풍경이었다(물론 나도 비슷했고).

여기에는 오락을 잃었기에 오히려 과도하게 오락을 갈망하게 된 인간의 비애가 담겨 있다. 지루함을 견디지 못해 잠시나마 따분함을 잊게 해주는 자극을, 기분 전환을 원하게 된 것이다.

파스칼은 오락에 관한 글 마지막에 인간에게 오락이란 "없으면 비참해질 정도로 필요한 존재"라고 썼다. 주의를 다른 데로 돌리지 않으면 사고나 실패나 미래에 대한 불안을 상상하고 속절없이 공포와 슬픔에 휩쓸리게 된다. 그런 걱정거리가 없을 때조차 "어느새 권태가 뿌리 내린 마음속 깊은 곳에서 멋대로 기어 나와 정신을 독으로 가득 채워버린다".[4]

살다 보면 반드시 멈춰 서는 순간이 있다고 프롤로그에서 이야기했는데, 파스칼은 인간이 그런 비참함을 벗어나지 못한다

∞　어디서 갖다 붙인 듯한 '취미', SNS에 가볍게 공유할 수 있을 법한 '취미'는 앞에서 이야기했듯 '고독'을 가능케 하는 '취미'와는 다르다. '취미'에 대해서는 다음 장 마지막 부분과 에필로그에서 다시 정리했으니 참고하자.

고 생각했다. '권태'가 마음속 깊이 뿌리를 내린 존재가 바로 인간이라는 생물이며, 우리는 평소 '기분 전환'을 통해 이를 덮어둔다. 무언가에 푹 빠져 몰두하는 듯 보여도 사실은 외로움(권태)에 사로잡힌 결과이기에, 거기에는 고독이 존재하지 않을지도 모른다.[5]

마음속에 잠들어 있는
권태와 불안

파스칼의 말은 설득력이 있지만, 공격성이 너무 강해서 우리 삶의 모든 것을 내버려야 할 정도다. 상상력의 칼날이 너무나 예리해서 지금껏 이야기한 취미까지 버려질지도 모른다. 취미의 중요성을 이해한 사람이라면 고개를 끄덕이겠지만, 파스칼의 말은 일상생활에 그대로 받아들이기에는 지나치게 심각하고 진지하다. 취미란 이해나 평가와 관계없는 곳에서 무언가를 만들고 키우는 일로, 마음을 풍요롭게 만들어준다. 우리에게는 수박 재배나 피아노 연주처럼 즐거움과 함께 고독을 안겨주는 일도 중요하다.

물론 파스칼의 엄격한 시선에도 배울 점이 있다. 아무리 취미에 몰두해도 잠시 방심하면 무의식적으로 '남들과 달리 나는 괜찮아'라고 착각하거나, 외로움에 휘둘려서 타인의 칭찬을 얻거나, 자존심을 채우려 하다가 고독(자기대화)을 잃어버릴 수도 있다. 파스칼의 말은 우리가 미처 떨쳐내지 못하는 어리석음을 상기시켜 준다.

그러므로 '취미에 열중하기만 하면 저절로 모든 걱정이 사라진다'고 착각하지 않고, 좀비 영화의 주인공처럼 조용히 경계하는 자세를 유지해야만 한다. 이런 신중함과 경계심을 떠올리는 데에, 파스칼의 날카로운 공격이 도움된다. 그러니 조금 아프더라도 기꺼이 받아내자.

그뿐만 아니라 따분함과 우울, 불안으로부터 도피하려고 자극을 갈망하는 삶을 피해야 한다는 파스칼의 철학 자체에도 배울 점이 있다. 인간의 마음속에서 꿈틀대는 것을 가만히 응시하는 파스칼의 태도다. 지나치게 심각하고 비관적이기는 하지만, 인간의 마음속 깊이 잠든 권태와 비참함을 '없다고' 여겨서는 안 되니까.

앞으로는 이 논점을 더 깊이 파헤쳐 보려 한다. 먼저 준비를 위해 이 장에서는 정신 건강을 키워드로 오늘날 사람들이 필사적으로 기분 전환을 원하게 된 사회적 조건, 즉 포스트 포디즘을 살펴보자. 이를 통해 오늘날의 사회적 조건이 어떤 현상을 불러일으키는지(=자기 내면에 대한 과도한 관심)를 이해하는 것이 5장의 목표다. 그럼 먼저 17세기 철학자 파스칼이 목격하지 못한 현대 사회의 모습을 살피러 가보자.

의욕을 끌어 올리지 않으면
제대로 살 수 없는 우리

파스칼이 생각한 인간상을 떠올려 보자. 죽을 둥 살 둥 여러 활동과 교류에 몰두하며 기분 전환하려 애쓰는 수선스러운 존재. 그것이 파스칼이 생각하는 인간의 모습이었다. 이런 인간 상에서는 억지로 기분을 고조시키려는 자세가 언뜻 엿보인다. 자신의 가치를 인정함으로써 의욕을 높이지 않으면 사회생활을 견뎌낼 수 없다는 듯이. 실제로 현대 사회에는 이런 경향을 극단 적으로 가속시키는 특징이 있다.

17세기 파스칼의 철학에서 현대로 시선을 옮겨보자. 사회 학자 스즈키 겐스케鈴木謙介는 오늘날 젊은 세대의 취업에 관한 인터뷰에서 흥미로운 이야기를 했다.

그들은 취업 준비를 시작하는 단계에서 알맞은 직업을 찾아야 한다는 압박을 받는다. 본래 자신에게 맞는 직업이란 경험, 실적, 인간관계를 쌓아야만 비로소 발견할 수 있다. 그러니 거의 일을 해본 적 없는 학생에게 무슨 직업이 맞느냐고 물어봤자 알 리가 없다. 그럼에도 무리해서라도 "이게 바로 제가 하고 싶은 일입니다!"하고 마음을 북돋우지 않으면 취직 시험에 임할 수 없다. 하지만 애초에 억지로 끌어 올린 마음이니 의욕은 오래가지 못한다. 오래가지 않으니 침울해지고, 침울하니 기분을 북돋아야만 하는 악순환에 빠진다.[6]

인터뷰에서는 취업을 예로 들어 설명했지만, 이런 심리적 경향은 현대 사회 이곳저곳에서 나타난다.[7] 의욕을 끌어 올리지 않으면 제대로 살아갈 수도 없건만 의욕은 오래가지 않고, 그런 상태로 있을 수 없으니 억지로라도 기분을 고조시키는 것이다. 우리는 이런 과정을 계속해서 반복하고 있다.

이런 마음 상태를 '격앙된 자기계발'이라고 부르기도 한다. 열심히 노력하면 어떻게든 된다는 가치관, 알맞은 일이 있을 거라는 환상, 앞날이 불투명한 사회, 고용 불안, 막연한 미래에 대한 근심이 뒤섞여 기분이 고양된 상태와 우울한 상태를 왔다 갔다 하는 상태가 되었다고 본 것이다.

　　이러한 마음 상태의 변화는 현대인의 정신 건강에 직접적으로 영향을 미친다. 세계보건기구WHO의 조사에 따르면 전 세계 우울증 환자는 성인의 5%, 즉 약 2.8억 명에 이른다.[°8] 정말 놀라운 수다. 사실 이런 수치는 정신 질환의 진단 기준이 되는 'DSM'이 1980년대에 개정되면서 '우울증depression'의 범위가 넓어진 점, 1980년대 말부터 1990년대에 걸쳐 신세대 항우울제가 등장하고 제약업계가 세계적으로 마케팅을 벌이면서 더 많은 이들이 우울증을 인지하게 되었다는 점 등과 관련이 있다.[°°9]

　　우울증을 비롯한 정신 질환이 전보다 흔해지면서 정신 질환은 점점 더 개인의 문제가 되었다. 모두 자기 책임이라 여기는 흐름이 형성되고, '많은 사람이 많든 적든 정신의 병을 앓으면서도 약으로 증상을 조절하며 살아가는 라이프 스타일이 당연해졌다'는 것이다.[10]

°　　WHO는 이 수치에 우울증뿐만 아니라 적응장애 또한 포함되리라 보는 듯하다. 이 책에서도 정확히 구분하지 않고 설명했다.

°°　　참고로 DSM은 미국정신의학회가 발표하는 정신질환 진단 및 통계 편람으로 'Diagnostic and Statistical Manual of Mental Disorders'의 머리글자다.

정신 건강은
개인의 책임일까?

마크 피셔는 정신 질환과 정신 건강을 개개인의 문제라고 여기는 '상식'의 배경에 정신 병리의 '화학-생물학화chemico-biologi-calization'가 있다고 보았다. 우울증 같은 질환이 뇌 속(화학)과 신경학(생물학) 수준의 문제가 되어버린다는 뜻이다.[11]

정신의 고통이라는 문제를 '기질'(생체 조직)만으로 설명하게 되면, 우리가 선택할 수 있는 유일한 대책은 '투약'이 된다. 다시 말해 우울증을 타고난 기능의 문제("당신이 아픈 이유는 뇌 속 화학물질 때문입니다")로 여기면 바로 투약 문제로 이어진다는 것이다("이 항우울제로 당신을 치료할 수 있습니다"). 여기에 사회 문제는 조금도 등장하지 않는다는 점을 눈여겨보자. 말도 안 되는 업무를 강요당하고 상사의 괴롭힘에 오래도록 노출되었다 해도 정신 질환은 개인의 문제, 즉 그 사람이 약물 치료를 받으면 된다는 이 야기가 되어버린다.

"아니, 약물 말고 상담도 있잖아요"라고 말하고 싶은가? 하지만 상담을 더하더라도 문제의 구도는 변하지 않는다. 개인 만 바꾸면 우울증이든 적응장애든 해결될 테니 사회 환경은 바 꿀 필요 없다는 이야기로 귀결되기 때문이다. 이를테면 괴롭힘 이 완전히 일상이 된 회사에서 상담을 이용해 적응장애를 앓는 당사자의 '생각'을 바꿈으로써 문제를 해결하려 드는 경우를 상 상할 수 있다. 여기서 대처법은 '개인이 상담을 받는 것'뿐이며, 회사가 직장 환경이나 업무 방식을 개선하지 않고 넘어갈 수 있 도록 적당한 핑계를 제공해 준다.

우울증이 불러오는 사회적 손실에 대한 인식이 확산되면 서 일본에서도 2015년 개정 노동안전위생법이 시행되었다. 이를 바탕으로 직원이 50명 이상인 사업장에서는 매년 한 번씩 전 직 원을 대상으로 스트레스 수준을 체크하게 되었다. 이 제도는 우 울증 예방과 자율 관리(필요한 경우 정신건강의학과 진료까지)를 촉 진하여 노동자의 정신 건강 관리를 돕기 위한 것인데, 결국 '개인 의 문제'라는 점은 변함이 없다.

작가 기자와 사토시木澤佐登志는 기업이 어떻게 자신들에게 유리한 방식으로 노동 환경을 조성했는지 살피면서, 사회의 모습을 다음과 같이 비판적으로 표현했다.

> 기업의 관심사는 피고용자가 '얼마나 (스트레스를) 견뎌내는가'이며, 버틸 수 없다고 판단할 때는 과로사하기 전에 해고하면 그만이다(대신할 사람은 얼마든지 있다).[12]

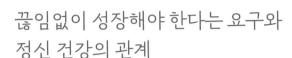

끊임없이 성장해야 한다는 요구와
정신 건강의 관계

철학자 마크 피셔는 젊은 세대를 비롯해 우울증과 적응장애를 앓는 사람이 급격히 늘고 있다는 통계 데이터를 언급하며, 끊임없이 성장하기를 요구하는 현대의 문화 경제가 그 원인이라고 지적했다.[13]

현대의 문화 경제에는 그간 이런저런 이름이 붙어왔다. 여기서는 공업 제품과 결과물을 판매하는 포디즘Fordism 이후, 서비스와 체험을 중심으로 구성된 경제와 문화라는 뜻에서 '포스

○　 '포스트 포디즘'을 '신자유주의'로 바꾸어 말할 수도 있다. 신자유주의는 민영화, 경쟁 원리, 규제 완화를 통해 모든 것을 '개인화'하는 문화를 말한다.

트 포디즘post Fordism'이라 부르도록 하자. 포스트 포디즘의 시대에는 하나의 사항만 보기보다 전체를 보는 넓은 시야가 요구되며, 계속해서 변화하는 니즈와 사회 상황에 맞춰 자신을 적응시켜야만 한다. 한때 성공을 거둔 상품이 이듬해에는 진부해지는 것과 같은 상태다.

포스트 포디즘의 키워드는 유연성flexibility이다. 끊임없이 변화하여 한 치 앞도 내다보기 힘든 상황에서 항상 새로이 배우고, 다른 프로젝트를 시작하고, 낯선 동료와 협력하며 새로운 성과를 내놓아야 한다. 사람들은 끝없이 공부하고 영원히 변화에 적응하고 언제까지나 성장을 멈추지 않는 인재여야만 한다.

포스트 포디즘이 요구하는 것은 '유연한 적응성'이라고 부를 수도 있다. 새로운 목표를 세우고, 어제와 다르더라도 과감히 뛰어들고, 가지고 있던 기술이 쓸모없어지면 연수나 교육을 마다 않고 새로운 기술을 익힐 수 있는 인재. "예측 불가능한 상황에 대응하는 능력을 길러 완전한 불안정 상태, 즉 (추악한 신조어지만) '불안정성Precarity' 속에서 살아가는 법을 배워야 한다"라는 이야기다.[14]

이런 경제 체제에서 교육은 평생 동안 이어지고, 노동과 일상생활의 경계는 모호해진다. 근로자에게는 연수와 훈련이 끊임없이 요구되고, 화이트칼라 사이에서는 집에서도 일하거나 집을 일터로 삼는 것이 점점 표준이 된다.[15] 일정한 기술을 익힌 뒤 착실하게 계층을 오르는 모습은 더 이상 떠올리기 어렵다. 종신 고용이나 연공서열 같은 고용 방식은 기대할 수 없으며, "조직에서 조직으로, 역할에서 역할로, 소속을 달리하며 정기적으로 재학습re-skill해야 한다".[16] 포스트 포디즘이라는 말에는 이런 뜻이 담겨 있다.

이런 사회 경제적 조건하에서 사람들은 안정성과 미래에 대한 전망, 장기적 시야를 잃어버리게 된다. 실제로 기업이 '먼 미래'를 이야기할 때 미래란 겨우 10년 뒤인 정도가 대부분이다. 사내 커리어 교육 등에서 '장기 목표'를 다룰 때도 강사에 따라 다르지만 3, 4년을 '장기'라 부르는 경우가 많다.

객관적으로 생각하면 "아니, 그건 너무 짧지 않나?" 하는 말이 나온다. 한 사람의 인생, 나아가 사회의 지속성 측면에서는 너무나 미미한 시간이다. 7, 8년에 걸쳐 책을 쓰고° 10년을 들여 박사 학위를 취득한 몸이기에 더욱 그렇게 느껴지는지도 모르지만. 어찌 되었든 애써 늘려도 겨우 그 정도 기간밖에 생각하지 못하는 것이 포스트 포디즘의 지적 습관이다.

° 『신앙과 상상력의 철학: 존 듀이와 미국 철학의 계보信仰と想像力の哲学 : ジョン・デューイとアメリカ哲学の系譜』라는 저서다. 『쓰루미 순스케의 말과 윤리』라는 책도 6년에 걸쳐 집필했다.

마크 피셔는 이러한 노동 방식과 교육, 커리어 형성의 새로운 유형이 정신 건강의 악화와 관계되어 있다고 보았다. 하지만 급증한 것은 흥미롭게도 우울증과 적응장애뿐만이 아니었다. 또 무엇이 늘어났을까?

스티브 잡스의 조언은
도움이 되지 않는다

유연함이 요구되는 상황에서 무언가를 고민할 때 우리는 어떤 대책을 세울까? 일이나 인간관계에서 문제를 만났을 때 자신이나 주변 사람들이 어떻게 반응하는지 생각하면 금방 알 수 있다.

일본의 사회학자 마키노 도모카즈牧野智和는 사람들이 자신을 둘러싼 문제나 고민에 부딪쳤을 때, '자신 이외에 아무에게도 의지하지 않고 해결하려는 경향이 강하다'고 말했다. 또한 외부로부터 보호받아 오염, 억압, 변형되지 않은 순수한 '진짜 자신'이 숨어 있을지도 모른다는 생각, 다시 말해 내적 세계의 탐구에 대한 과도한 열망이 현대 사회에서 발생하고 있다고 말했다.[17]

그렇다, 정답은 자기계발이다. 현대 사회에서는 자기계발에 대한 관심이 급격히 증가했다. 자기 내면에 분명한 답이 있다고 믿으며 자기 자신에게 열중하기 시작했다. '멈추지 않는 자아 찾기'라 말해도 이상하지 않은 사태가 벌어지고 있다. 비즈니스 서적이나 일반인을 대상으로 한 도서의 상당수가 '자기계발' 같은 측면을 지니고 있다.

　　고민이나 문제를 안은 사람은 사회로 눈을 돌리는 대신 자기 자신을 마주하고 내면으로 깊이 파고드는 방법을 택하기 쉽다. '자신의 직감에 따라 판단하라', '자신의 느낌을 존중하라', '자신의 열정을 따라라' 같은 메시지를 보고 마음을 뒤흔드는 감동을 느꼈다면, 그것이야말로 이런 문화 속을 살고 있다는 증거다.

　　스티브 잡스Steve Jobs가 스탠퍼드대학교 졸업생들 앞에서 한 연설에도 이런 문구가 나온다.

독단에 사로잡히지 마십시오. 그것은 다른 사람이 생각한 결과에 따라 사는 것과 같습니다. 타인의 의견이라는 소음에 자기 내면의 목소리가 묻혀서는 안 됩니다. 가장 중요한 것은 자신의 마음과 직감에 따를 용기입니다. 마음과 직감은 자신이 진심으로 되고자 하는 무언가를 이미 알고 있습니다. 그 밖의 모든 것은 중요하지 않습니다.[18]

사람들은 이런 이야기를 듣고 역시, 그렇지, 하고 감탄하며 자신의 마음과 직감에 따라 살아보고 싶다고 생각한다.

하지만 "자신의 내면을 마주해라", "마음의 소리를 들어라" 하는 조언을 곧이곧대로 받아들이는 것은 위험하다. 심리학자 스벤 브링크만Svend Brinkmann이 지적했듯이 세상에는 내면을 들여다보아도 답이 나오지 않는 문제가 수두룩한 데다 내면에서 답을 찾아서는 안 되는 문제도 많기 때문이다.[19]

게다가 '마음의 소리를 따라야 한다'는 말에는 숨은 전제가 있다. 그러니까 내 마음속의 목소리는 단 하나이며 그 목소리야말로 자신을 마땅히 따라야 할 한 가지 방향으로 이끌어준다는 전제다. 더불어 어떤 것을 알아보거나 배우거나 다른 사람의 관점을 이용하지 않아도 자기 자신에게 묻기만 하면 '이거다' 싶은 정답을 찾을 수 있다는 전제도 있다.

이때 타자의 상상력과 주위 사람의 목소리 또는 그것을 배우려는 노력은 최선의 길에 도달하는 방법을 방해하는, 하찮은 것없는 '소음'으로 여겨진다. 더구나 자신에게서 나오는 목소리는 한 가지일 리가 없다. 그저 단 하나라고 상정하는 것뿐이다. 하지만 그건 너무나 안이한 생각이 아닐까?

마음의 목소리를
따르지 말 것

거듭 이야기했듯이 우리는 굳건하고 흔들림 없는 존재가 아니다. 스마트폰에 익숙해질 대로 익숙해진 우리가 과연 제대로 들을 수 있는 감수성을 가지고 있는지는 차치하고, 사람의 내면에는 다양한 목소리가 존재한다. 한 사람 안에도 '다성성多聲性', 즉 여러 목소리가 있다는 것이다. 내 안에 다른 사람이 살고 있다고 말할 수 있을 만큼 자신이 여럿으로 나뉘며 나와 자신은 대화를 나눈다. 이 책에서는 그런 자기대화가 중요하다고 강조해 왔다.

더불어 '다른 사람이 보는 나' 또한 자신의 중요한 구성 요소라는 점에서 타인은 소음이 아니라 '나'라는 정원을 풍요롭게 가꾸어주는 존재다. 자신의 다성성을 만드는 계기는 나의 외부에, 그러니까 타인에게도 있다.

요컨대 타인은 소음이 아니며, 마음의 목소리에 귀 기울이더라도 당연히 여러 가지 목소리가 들리기 마련이다. 잡스의 조언을 있는 그대로 따른다면 이런 사정을 무시하고 자신의 다성성을 억압할 수밖에 없다. 다양한 식물과 나무가 자라던 정원을 한 가지 식물만 자라는 곳으로 보아야 할지도 모른다는 것이다.

물론 머리를 싸매고 무언가를 곰곰이 생각하다 보면 머릿속에서 이런저런 것들이 불쑥 튀어나와 괴로워지곤 한다(이런 상태를 우리는 '고민'이라고 부른다). 그렇다면 정답이 보이지 않는다고 계속해서 고민하기만 하면 저절로 다양한 목소리가 울려 퍼지는 대화(자기대화)가 가능해질까?

답은 '아니요'다. 고민하며 쉼 없이 같은 생각만 저글링하는 경우는 드물지 않은데, 거기에는 다성성이 없다. 우리는 비슷한 생각과 관점을 빙글빙글 반복하며 골똘히 생각한 끝에 얻어낸 것을 '나의 목소리'라고 착각하거나, '자신의 마음을 따르면 가장 좋은 길(유일한 정답)을 찾을 수 있다'는 가정하에 여러 나 자신들 사이에서 벌어지는 대립과 갈등을 지워버리기도 한다. 아무튼 골똘히 고민하기만 하면 된다는 뜻이 아니라는 말이다.

"자신의 내면을 마주해라", "마음의 소리를 들어라"라는 조언은 '지금 내가 자신의 목소리라고 생각하는 무언가'를 증폭 시켜 내 안에서 벌어지는 갈등과 대립을 서둘러 놓아버리도록 부추긴다. 그러므로 내면의 목소리를 따르라는 말은 자신을 굳 건한 한 가지 생각에 빠지게 만드는 사고방식으로, 모놀로그(혼 잣말)와 같으며 자기 완결적이다. 이는 마치 벽에 대고 말을 걸어 튕겨 나온 하나의 목소리를 메아리처럼 크게 키우는 행위와 같 다. 이처럼 사람들은 자기계발 문화의 영향으로 자신의 내면에 만 지나치게 관심을 기울인 결과, 오히려 자신을 제대로 보지 못 하게 되었는지도 모른다.

결국 현대 사회의 자기계발은 내면에 대한 관심만 극대화 하는 자기 완결적인 삶의 방식, 즉 오르테가가 비판한 '자기 삶 안 에 갇히는' 사고방식을 부추긴다. 자기계발의 논리에는 자신의 내면을 빙글빙글 맴돌고, 자신의 혼잣말에 끝없이 귀 기울이며, 이기주의의 미궁을 키운다는 측면이 있다.

더불어 영화 〈용쟁호투〉에서 살펴본 "감정의 꼬리를 잡아 라"(느껴라)라는 말은 내면에 관심을 기울여야 한다는 자기계발 의 논리와 얼핏 비슷해 보이지만, 실제로는 전혀 다르다. 이소룡 은 정답처럼 보이는 눈앞의 무언가에 시선을 빼앗기지 말고, 오히 려 그것이 실제로 가리키는 대상을 눈여겨보라고 하지 않았나.

"생각하지 말고 느껴!"라는 대사는 '이거다' 싶은 판단과 생각에 미처 담기지 못한, 어딘가에서 은은히 흘러 나오는 생각을 깨닫고 그것이 암시하는 방향성을 존중하라는 뜻이다.

그러므로 "생각하지 말고 느껴!"는 소극적 수용력의 또 다른 표현이기도 하다. 이 말은 내면에 집중하라는 뜻이 아니라, 온전히 소화하지 못한 상태를 쉽게 해소해 버리지 않고 찬찬히 음미하는 자세를 의미한다.

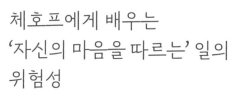

체호프에게 배우는
'자신의 마음을 따르는' 일의
위험성

'마음의 소리를 따르면' 화려하고 눈에 띄는 일에 눈길이 쏠리기 쉽다는 점도 문제다. 우리는 정말 손끝에 시선을 빼앗기기 쉬운 생물인 모양이다.

예를 들어 요즘 많은 10대 아이들이 가수나 스포츠 선수, 유튜버를 꿈꾼다. 그런데 모두가 그렇게 될 수는 없는 데다 꿈을 이룬다 하더라도 자신이 상상하던 모습과 달라 고민하게 될 가능성이 크다.

영화 〈드라이브 마이 카〉에도 나온 안톤 체호프Anton Chekhov의 희곡 『바냐 아저씨』에는 '바냐'라는 인물이 등장하는데, 오랜 세월 마음의 소리에 따라 살아온 듯한 사람이다. 하지만 바냐는 그동안 내면의 목소리에 따라 사는 동안 자신이 잃어버린 가능성을 떠올리며 괴로워하고, 결국 자신이 손에 넣을 수 있었던 미래를 상상하며 후회에 사로잡힌다.

거품처럼 사라진 인생! 나는 재능이 있었어. 머리도 좋고 배짱도 있지⋯⋯. 인생을 제대로 살았다면 쇼펜하우어도 도스토옙스키도 될 수 있었다고⋯⋯. 허튼소리는 집어치워! 아아, 미칠 것 같아⋯⋯. 어머니, 전 이제 틀렸어요, 틀렸다고요![20]

자신의 가능성을 단념하는 마음, 단념할 수밖에 없는 괴로움을 울부짖는 장면이다. 바냐의 말을 곱씹을 줄 아는 사람이라면, 마음의 소리를 따른다고 뭐든 해결되지는 않는다는 사실을 알 것이다.

야쿠 유우키屋久ユウキ의 소설 『약캐 토모자키 군』에는 이런 대사가 나온다.

"사람들이 말하는 '정말 하고 싶은 일'이란 지금 자신이 때마침, 일시적으로, 그게 가장 좋은 상태라고 착각하는 환상에 불과해."[21]

바냐는 여기서 말하는 '정말 하고 싶은 일'에 따라 살아온

끝에 "왜 이렇게 됐을까", "이제 틀렸어" 하고 깊은 후회에 빠진다.

정말 하고 싶다고 생각하는 일이 시기에 따라 달라진다는 사실을 꼬집었다는 점에서 『약캐 토모자키 군』의 말은 더욱 사실적이다. 진심으로 '정말 하고 싶다'고 생각한 일도 어떤 계기로 쉽게 바뀔 수 있다. 지식과 경험이 적고 상상할 수 있는 범위가 좁은 때일수록 특히 그렇다.

자기계발 문화는 '정말 하고 싶은 일'이 단 하나의 진실처럼 어딘가에 꼭 숨어 있을 거라고 가정하지만, 그런 견해는 자신의 다양성을 억누를 뿐만 아니라 시간에 따른 변화의 가능성마저 무시한다. 이를 고려하면 '자신의 마음에 따라' 행동하는 것이 늘 바람직하다고는 할 수 없다.

스티브 잡스를 잘 아는 사람이라면 그가 처음에는 애플과 컴퓨팅에 대해 그리 열의가 없었음을 알 것이다. 그때 잡스가 '정말 원한 것'은 일본에 가서 승려가 되는 일이었으며, 처음에는 친구인 스티브 워즈니악Steve Wozniak의 권유로 마지못해 사업을 시작했다. 그러니 테크놀로지에 대한 잡스의 열정이 꽃핀 것은 실제로 일을 시작한 '뒤'였다.[22]

잡스 본인은 다른 사람의 시선을 소음으로 여기며 배제하지도, '내면의 목소리에 따라' 커리어를 결정하지도 않았으며, 자신의 내면에만 관심을 기울인 끝에 천직을 만난 것도 아니었다.

잡스의 연설이 아무리 감동적이었다 해도 그의 실제 인생을 제대로 알고서 내용을 받아들이는 편이 좋다.

　서점에서 팔리는 자기계발서의 제목을 보면 알 수 있듯이 사람들은 커리어, 인생, 가족, 인간관계에 관한 고민에 대처할 때 '자신의 내면'이나 '자신의 마음'에서 답을 찾으려 하는 경향이 있다. 하지만 자기계발서의 처방전은 실제 상황과 다른 경우가 많으며 그리 도움되지도 않는다.

유연한 업무 방식은
자기계발과 궁합이 좋다
(그러나 인간을 구원하지는 못한다)

현대인이 어떤 고민과 문제든지 '자신의 내면'을 들여다봄으로써 대처하려 한다는 말은 곧, 자기계발 관련 서비스나 이야기 또는 상품의 수요도 상당하다는 뜻이다. 자기계발서, 강연 사업, 네트워크 비즈니스, 긍정적 사고, 운세, 영성, 온라인 강연 등은 바로 '자신의 내면을 마주하는' 문화를 배경으로 발달했다.

자기계발과 네트워크 비즈니스는 '강하게 원하는 일이나 말로 표현한 일 또는 확고한 상상은 언젠가 현실이 된다'는 긍정적 사고positive thinking의 발상을 상당 부분 따르고 있다. 거기서 조금 더 변형된 버전은 '사물을 보는 방식을 바꾸면 상황도 좋아진다'고 보는 발상이다. 대부분 긍정 심리학이라 불리는 분야에서 쓰이는 말로, '과학적'인 색채를 띤 형태로 등장하곤 한다.

쉽게 말해 '강하게 염원하면 나(또는 세상)도 달라진다' 혹은 '내가 바뀌면 세상도 바뀐다'라는 사고방식이 숨어 있다.[23] 나폴레온 힐Napoleon Hill의 『생각하라 그리고 부자가 되어라』라든지, 데일 카네기Dale Carnegie의 『인간관계론』과 『자기관리론』이라든지, 이른바 '끌어당김의 법칙'을 생각하면 이해하기 쉽다.°

이런 발상은 자기 힘으로 성과를 내고 상황을 극복해서 성공하려 한다는 점에서 자기 책임을 중시하고 '강한 자기'를 전제로 한 삶을 장려한다.°° 아니, 그보다 모두가 변화에 유연하게 적응해야 하고 모든 것이 개인의 책임이 되는 시대에서는 '강하게 염원하면 달라질 수 있다', '내가 바뀌면 세상도 바뀐다'라는 사고방식 없이는 버티기가 힘들다.

다만 이런 논리가 누구에게 편리하고 유리한지는 다시 생각해 볼 필요가 있다. '자기계발의 논리'를 곧이곧대로 받아들인

°   일반도서 시장에서 긍정 심리학이 맡은 수상쩍은 역할과 전말에 대해서는 스벤 브링크만의 『불안한 날들을 위한 철학』에 간략하게 정리되어 있다.

°° 보수파 사상가 사에키 케이시佐伯啓思는 『자유란 무엇인가自由とは何か』라는 책에서 자기 책임 운운하는 사람들은 '자업자득이다', '나는 아무 상관 없다'라고 말하는 것이나 마찬가지라고 비판했다.

다면, 대충 세미나를 하나 듣게 하고서 사원들이 문제를 보는 '시각'이나 '사고방식'만 바꾸면 조직과 집단은 어떻게든 굴러간다는 말이 될 수도 있다. 그렇게만 해도 그럭저럭 해결된다면 경영자는 직장 환경이나 일하는 방식, 보수, 직장 내 인간관계 등을 구체적으로 개선하려 노력하지 않아도 문제가 없다. 회사뿐 아니라 학교나 동아리, 지역 사회 등 다른 공동체 또한 마찬가지다.

개개인은 널뛰듯 변화하는 상황 속에서 불안에 대처하고, 자신을 인정하기 위해 억지로 의욕을 높이고, 기분을 고조시킬 수밖에 없다. 이때 자기계발은 힘겨운 나날을 살아가는 버팀목이 된다. 동시에 자기계발의 논리는 모든 것을 각자의 문제로 돌려 사회와 집단의 폐해와 문제점을 방치하도록 용인한다.°°° 24

자기계발에는 '오직 자신의 힘으로만 스스로를 바꿀 수 있으며, 자기 힘으로 스스로가 원하는 사람이 될 수 있다'는 신념이 숨어 있다. 스티브 잡스의 말이 많은 사람의 마음을 울렸듯이 이런 발상은 인간을 구원하는 '신의 가르침'처럼 느껴지기도 한다.

°°° 기자와 사토시는 이와 유사한 내용을 자기계발이 지닌 희망과 저주라는 양면성을 통해 설명했다. "자기계발은 개인을 자기라는 우리에 가둬버린다. 모든 것이 끊임없이 자기에게 되돌아온다. 자신이 바뀌면 세상도 바뀔 것이라는 희망과 함께. 그러나 그것은 동시에 저주이기도 하다."

하지만 자기계발의 논리는 사람들이 처한 상황을 모두 개인의 잘못으로 돌리는 저주이기도 하다. 상황이 나아지지 않는 이유는 당신이 달라지지 않아서(혹은 강한 염원이나 신념이 없어서)라는 뜻이 되기 때문이다. 문제의 원인이 외부에 있더라도, 자기계발은 개인에게 의욕을 가지고 상황에 맞설 '이유'가 있다고 속삭인다. 또한 신의 가르침이자 저주인 자기계발의 논리는 자기 자신에게 과도하게 집중하게 만드는 반면, 스스로를 너무나도 단순하게 인식하도록 만든다는 점을 유념해야 한다.

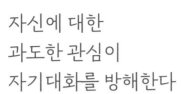

자신에 대한
과도한 관심이
자기대화를 방해한다

우선 지금까지 살펴본 내용을 정리해 보자. 포스트 포디즘 시대에는 예측 불가능한 상황에 대응하며 유연하게 일하고 배우며 자기를 변화시켜야만 한다. 이런 문화에서는 정신 건강이 악화되고 우울증과 적응장애 같은 문제가 두드러지게 나타나지만, 그 원인을 사회와 조직에서 찾기보다는 개인의 문제로 취급한다. 요컨대 '자기 책임화'하기 쉽다는 말이다.

이런 가혹한 상황에서는 의욕을 돋우고 기운을 내지 않으면 정신 건강을 유지하기 힘들며, 하루하루를 살아내기조차 어렵다. 그래서 경제 상황이 불안정할수록 자기계발이 극도로 인기를 얻는다. 다양한 연구와 책 그리고 저명한 경영자의 열정적인 말을 통해 "문제를 보는 시각을 바꿔라", "마음의 소리를 따라라" 하는 자기 내면을 향한 화살표가 점점 더 몸집을 불린다.

이런 흐름은 타인과 주변에 대한 관심의 결여로 나타나기도 한다. '마음의 소리' 앞에서 다른 사람의 목소리는 마땅히 지워 버려야 할 '쓸데없는 말'과 '소음'이 되기 때문이다. 그러나 자신의 외부의 '소음'이야말로 자신을 다채롭고 풍요로운 정원으로 만들어준다.[025]

자신에 대한 과도한 관심은 내 안에 존재하는 다양한 목소리를 억누르고, 내 안에 존재하는 대립과 모순을 못 본 척하는 한편, 지금 내가 나의 목소리라 생각하는 그 소리를 증폭시키기도 한다. 자기계발의 논리도, 모든 책임을 개인에게 지우는 사회도 이런 흐름에 박차를 가한다.

자기계발에 관한 이야기를 나누는 동안 "나는 스스로를 그리 좋아하지 않는 편이니 상관없겠지"라고 생각한 사람도 있을 것이다. 혹은 "딱히 나를 바꾸고 싶지는 않은데"라고 생각했을지도 모른다. 그러나 이 책에서 초점을 맞추고 싶은 부분은 '자기 자신을 좋아하는가 그렇지 않은가'도, '자신을 바꾸고 싶은가 그렇지 않은가'도 아니다.

    ° 　지금까지 사용해 온 '정원'이라는 메타포는 철학자 존 듀이와 심리학자 앨리슨 고프닉Alison Gopnik에게서 유래했다.

좀비 영화의 주인공처럼 '자신을 믿느냐 그렇지 않느냐'가 바로 경계선이다. 자기혐오가 강한 사람이라도, 자신의 시각을 바꾸고 싶어 하지 않는 사람이라도, 스스로에게만 주의를 기울이며 타인의 목소리를(자기 안에 살게 하는 것이 아니라) 회피한다면 이 책에서 말하는 '자신에게 지나치게 관심이 많은 사람'이라 할 수 있다.

어쩌면 '외로움'에 관한 이야기와 모순되게 들릴지도 모른다. 이미 지적한 내용이지만 한 번 더 정리해 두자. 오늘날 사람들은 무한 경쟁과 성장에 대한 강요 속에서 정신 건강을 위협받으며 끝내 불안과 우울을 감당하지 못하고 외로움에 휘둘리고 있다. 외로움 속에서 갈망하는 타자는 직시하고 싶지 않은 불안과 걱정, 우울 같은 감정을 한순간 잊게 해주는 '진통제 같은 타자'다.

쓸쓸해서 다른 사람과 함께 있으려 할 때 실제로 작용하는 것은 '자기에 대한 배려'이지, 자신이 의존하는 '타자에 대한 배려'는 아니다. 외로움은 자기 자신과 대화하지 못하는 상태이지만, 다른 사람이 아니라 자신에 대한 (과도한) 관심의 결과라는 뜻이다.

자신에 대한 관심은
관심 경제와 궁합이 좋다
(나쁜 의미에서)

늘 새로운 시각과 지식을 익히고 문제를 다른 관점으로 바라보고 끊임없이 성장하기를 요구하는 문화 경제(포스트 포디즘) 속에서 '정신 건강에 대한 위협'과 '내면을 향한 지나친 관심'이라는 두 가지 문제가 발생한다고 이야기했다.

사실 스스로에 대한 과도한 관심은 그저 통증만 다스려주는 '진통제painkiller'와 같다 해도, 불안한 삶을 살아가기 위한 대처법이라는 점은 인정해야 한다. 어떤 사람은 자신에게 관심을 기울이고 자기계발서나 마음을 뒤흔드는 멋진 만화를 읽으며 어떻게든 에너지를 끌어 올려서 내일도 어찌어찌 일터로 향한다. 또 어떤 사람은 적응장애 때문에 타인에게 의존하지 않고는 생활할 수 없는 시기를 맞았을 수도 있다.

그러나 역시 경계할 필요는 있다. 왜냐하면 '자기 숭배'라 불러도 좋을 만큼 과도한 관심은 지극히 단순한 자아상을 초래할뿐더러, '취미'를 자신의 비참함에서 고개를 돌리게 만드는 '기분 전환'으로 여기기 때문이다.

이때 취미는 순식간에 "그 녀석보다 내가 더 대단해", "'좋아요'를 잔뜩 받았네" 하는 자존심과 타인의 평가(관심)를 얻기 위한 게임으로 변질된다. 자기에 대한 관심은 관심경제와 몹시도 궁합이 잘 맞는다, 안타깝게도.

정말 필요한 것은 고독이다. 그래서 우리는 고독을 실현하기 위해 취미를 궁리했다. 어떻게 하면 외로움으로 전락하는 오락이 아닌 제대로 된 취미를 가질 수 있을까.

다음 장에서는 현대 사회에서 스트레스와 불안에 대처하기 위해 자기계발(내면을 향한 관심)과 나란히 쓰이는 방법을 먼저 들여다보자. 현대의 사회적 조건은 '우울증적 쾌락' 또는 '쾌락적 나른함'이라 불리는 안락함에 스스로를 몰아넣는 경향이 있다. 자세한 내용은 다음 장에서 살펴보자.

칼럼

포스트 포디즘 시대의
실존과 외로움

5장에서 다룬 논의는 이른바 신자유주의(혹은 포스트 포디즘)를 비판하는 계열에 속한다고 볼 수 있다. 사실 신자유주의에 대한 비판 자체는 '흔한' 논의다(도하타 가이토의 몇 가지 저서도 그런 노선에 해당한다). 하지만 스마트폰과 사람들의 삶 그리고 정신 건강에 초점을 맞추었다는 점에서 다른 논의들과 차이가 있다. 한마디로 말해 미디어 이론과 실존주의의 방향으로 내용을 살짝 비튼 셈이다.

신자유주의를 비판할 때 공동성共同性이나 공동체에 기대를 걸곤 하는데, 나는 우리가 다른 사람과 관계를 맺는 방식이나 다른 사람과 함께하는 삶에 대해 다시금 깊이 생각해 보아야 한다고 생각한다. 다른 사람과 이어지고자 할 때, 사람들은 흔히 인터넷에 접속해서 그들만의 은어와 이모티콘을 주고받거나 돈을 내고 기회를 사서 방송 진행자에게 닉네임을 불러달라고 요청한다. 여러 차례 지적한 대로 말이다.

물론 이런 관계가 나쁘다는 뜻은 아니고, 나 또한 SNS를 즐기는 사용자다. 다만 그런 관계에만 의존하면 안 된다고 생각하는 사람도 적지 않다. 이처럼 '이어지기 쉽고 끊기도 쉬운 관계성'은 불안을 덜어주기는커녕 사람들을 점점 더 깊은 수렁으로 밀어 넣는다.

5장에서는 성급하게 공동성이나 공공성으로 뛰어들지 않기 위해 사람들이 택한 제동 장치, 즉 자기계발의 논리를 들여다보며 인간의 자기 완결성을 다시금 확인했다. 이렇게 극단적으로 타인에게서 자기를 분리한 결과 우리는 점점 더 '외로움'에 시달리게 되었고, 그런 사실을 인정하지 않으려고 점점 더 '자기'에게 관심을 기울이게 된 듯하다. 주변에 수많은 사람이 있음에도 외톨이라고 느끼는(=외로움) 원인 중 하나가 바로 여기에 있을지도 모른다.

자기계발 문화에 관해서는 문화사회학자 마키노 도모카즈의 연구가 큰 도움이 되었다. 『자기계발의 시대自己啓発の時代』, 『일상에 침투하는 자기계발日常に侵入する自己啓発』, 『창조성을 디자인하다創造性をデザインする』같은 저서들은 남다른 시각으로 이루어진 귀중한 연구다. 그가 함께 저술하고 편집한『퍼실리테이션이란 무엇인가ファシリテーションとは何か』라는 책도 비슷한 문맥에서 많은 도움을 얻었다. 모두 '창조성', '자유', '커뮤니케이션' 같은 익숙하고 좋아 보이는 말과 관련된 문화가 권력을 쥐고 있다는 데 문제를 제기하는 저서들이다.

따분함은
변화해야 한다는 신호

지금까지 현대의 사회적 조건(포스트 포디즘)과
문화적 조건(자기계발 문화)을 바탕으로
정신 건강의 문제와 내면을 향한 자기 완결적 관심을 파헤쳐 보았다.
'취미'와 '고독'을 손에 넣기가 얼마나 어려운지를 실감하는 과정이었다.
6장에서는 많은 스트레스에 시달리는 현실 속에서
스마트폰을 보며 뒹굴뒹굴 시간을 보내는 습관에 주목해 보려 한다.
이를 눈여겨보면 '외로움'에 저항하고
'고독'을 마주하기 위한 실마리를 얻을 수 있다.
잃어버린 '고독'을 둘러싼 모험은 결국
사람은 왜 무언가를 알고 싶어 하며, 철학이란 무엇인가 하는
소박하지만 근본적인 물음으로 이어진다.

불안에 대처하기 위해
'쾌락적 나른함'에 잠기다

　늘 변화를 강요받고, 끊임없이 자신을 바꾸며, 뭐든 눈앞에 있는 일이 곧 하고 싶은 일인 양 의욕을 북돋아야 하는 현실. 현대인들은 이처럼 불안정한 상황을 헤쳐 나가야 하는 처지에 놓여 있다.

　가시밭 같은 환경은 사람들의 정신 건강에 영향을 끼친다. 너무 힘든 나머지 마음에 문제가 생기는 것이다. 정신이 불안정해지거나 우울해지다 보면 외로움이 폭발하기도 한다. 사람들에게 둘러싸여 있어도 나는 외톨이에 한심한 인간이다, 뭘 해도 사태는 악화되기만 한다, 내게는 아무런 가치도 없다, 아무도 나를 봐주지 않는다, 누구도 알아주지 않는다. 이런 생각이 마음에서 새어 나온다.

우리는 이렇게 힘겨운 나날을 어떻게 살아가고 있는가. 크게 두 가지 방법을 떠올릴 수 있다. 하나는 자기계발의 논리에 따라 시각과 사고방식을 긍정적인 방향으로 바꾸는 방법이다. 일을 하거나 어떤 행동을 하기 위해 괴로움이나 불안을 못 본 척 하는 방식인데, 자기 자신에 대한 관심을 비대하게 만들어 점점 더 자기 완결적인 삶을 살게 만든다.

그러나 환경과 관계가 끊임없이 변화하고, 한도 끝도 없이 성장을 요구받는 불안정함에서 비롯되는 스트레스를 처리하는 데는, 방법이 한 가지 더 있다. 단편적인 감각과 자극으로 자신을 둘러싸고 짤막짤막한 경험에 집중하면서 '쾌락적 나른함he-donic lassitude'에 젖는 방법이다.

주의를 이곳저곳으로 분산시키는 방식으로, 스마트폰 시대에 많은 사람이 선택하는 스트레스 해소법stress coping이다. 스마트폰 등의 디지털 기기가 가능하게 하는 멀티태스킹(동시에 여러 작업을 처리)은 사람들의 주의를 흐트러뜨린다. 자연히 감각 또한 여기저기로 흐트러지면서 다소 멍한 느낌이 드는데, 거기서 일종의 위안을 얻는 것이다.

스마트폰과 무료 게임, 사진과 말을 주고받는 행위, 열량 높은 음식과 음료, 짤막한 정보들, 누군가와 만나 대화하기 등 원래는 동시에 처리하기 힘든 일들을 동시에 처리하며 살고 있다. 이렇게 감각을 단편화함으로써 관심을 여러 갈래로 흩뜨리는 상황에서 왠지 모르게 안정감을 느끼기 때문이다.

스마트폰이 부른
부드러운 혼수상태

　　이제는 친근하게 느껴지는 철학자 마크 피셔의 말을 다시
한번 살펴보자. 피셔는 포스트 포디즘이 부추긴 정신 상태를 '우
울증적 쾌락depressive hedonia'이라고 불렀다.¹ '쾌락적 나른함'에 젖
어 '부드러운 혼수상태'에 빠짐으로써 안락함을 얻고 기분이 가
라앉지 않도록 만드는 마음 상태를 가리킨다.²

　　피셔의 저서 『자본주의 리얼리즘』을 읽어보면, '우울증적
쾌락'은 바로 우울증이라고 진단할 수 있으나 아직은 그렇지 않
은 상태라고 볼 수 있다. 즉, 종이 한 장을 사이에 두고 건너편에
우울증과 적응장애가 있지만 그런 상태를 잊기 위해 느슨한 권
태감과 안락함에 몸을 담그는 것이다. 그야말로 아주 잠시뿐인
위태로운 안정이다.

내 나름대로 다시 정리하자면, 우울증적 쾌락은 '오락과 자극과 수다로 짤막짤막하게 시간을 때우며 쾌락적 나른함에 젖어 부드러운 혼수상태에 빠짐으로써 일말의 안락함을 얻는 마음 상태'를 뜻한다.[3] 더 쉽게 말해 단편적이고 즉각적인 커뮤니케이션과 표면적인 수준의 감각 자극으로 체험을 분산시켜서 쓸데없는 일(불안과 따분함)을 의식하지 않게 만드는 스트레스 해소법이다.

게다가 이 우울증적 쾌락에 빠진 사람은, 마음속으로 뭔가 부족하다고 생각하면서도, 좋고 싫음을 뛰어넘어야만 결여된 느낌을 채울 수 있다는 사실을 이해하지 못한 채 그런 단편적인 위안으로 도망친다고 피셔는 말했다. 바로 이 부분이 중요하다.

계속해서 변화와 성장을 요구하는 현대 사회의 문화가 괴롭다고 느끼면서도, 생각하면 우울해지니 동영상과 사진, 음악과 알코올, 단편적인 소통 등을 과잉 섭취하고 '만취'나 '혼수상태'와 비슷한 상태에 빠지는 방법으로 위화감과 허탈함을 흘려보낸다는 것이다.

사람들은 무한 경쟁과 변화가 당연해진 현대 사회의 고단함을 외면하기 위해 자기계발로 의욕을 북돋는 방법과 우울증적 쾌락에 젖는 방법 둘 중 하나, 아니 둘 모두를 쓴다. 불투명한 미래와 예측할 수 없는 앞날을 두려워하면서도 불안을 못 본 척하

고, 자기계발로 기분을 고조시켜 변화에 대응하며 유연하게 일
한 뒤, 집에 돌아가서는 스마트폰 등으로 무수한 감각 자극을 받
아들이며 스스로를 일종의 혼수상태에 빠트린다. 이처럼 분주하
고 소란스러운 모습은 파스칼이 비판한 사람들의 모습과도 겹쳐
진다.

자극에서 멀어지면
지루하다고 느낀다

피셔가 말한 '우울증적 쾌락' 또한 인간을 구원하는 신의 가르침이 될 수 없다. 다양한 감각 자극과 표면적인 소통이 진통제처럼 증상을 잠시 잊게 해주어 아슬아슬하게 균형을 유지하는 데 불과하기 때문이다. 우울증적 쾌락은 우리의 모습을 아주 적절하게 포착한 개념인 듯하다.

적어도 요즘 학생들은 대부분 이에 동의한다. 실제로 대학교에서 수업을 할 때 1학년 학생들에게 이 개념을 알려주었더니 인상적인 반응이 돌아왔다. 저도 종종 뭔가 부족하거나 쓸쓸하다고 느껴요, 오락을 하면서 불안을 잊으려는 경향이 있는 것 같아요, 자극이 사라지면 급격히 외로워진다고 할까요, 내 이야기인가 싶을 정도로 비슷해요. 이처럼 깊이 공감하는 이들이 많았다.

실제로 대학에서 교편을 잡기도 했던 피셔는 학생들을 예로 들어 '쾌락적 나른함'에 젖는 모습을 설명했다. 피셔가 학생들에게 글을 몇 줄 읽어 오라고 숙제를 냈더니 비교적 성적이 좋은 학생들도 '따분하다'고 불평했다는 일화다.

여기서 말하는 '따분함'은 내용의 재미와는 상관이 없다고 피셔는 지적했다. 오히려 '쾌락적 나른함'이 중단되는 것에 대한 반감의 표현이라는 것이다. 표현이 좀 어렵지만 한번 살펴보자.

> (학생들이 말하는) 따분함은 문자메시지, 유튜브, 패스트푸드로 이루어진 소통의 감각 자극 매트릭스에서 떨어져 나와, 언제나 끊임없이 달콤한 만족을 안겨주던 흐름을 잠시 참아내는 것을 가리킨다.[4]

쉽게 이해하고 무난하게 즐길 수 있는 자극과 오락으로 자신을 둘러쌈으로써 '쾌락적 나른함'에 젖어 '부드러운 혼수상태'에 빠지려 하는 상태. 피셔의 말은 자신을 이러한 상태에서 분리되었을 때 '따분하다'고 말하는지도 모른다는 뜻이다.

따분하다는 느낌에서 멀어지게 하는 오락과 자극의 탁류

는 극심한 경쟁에 내몰린 사람들이 늘 스스로 성장하고 변화해야 한다는 불안을 아주 잠시 동안 잊게 해준다. 하지만 파스칼과 같은 시선으로 바라보면 이 또한 덧없는 '기분 전환'이나 마찬가지다.

집중을 멈추고
단순하고 매력적인 일에
달려든다

정신분석학자 토마스 옥덴은 다리 떨기, 뾰루지 터트리기, 소셜 네트워크 게임 돌아다니며 스마트폰 조작하기처럼 단편적이고 짧은 감각에 집중하는 마음 상태를 '자폐 접촉 자리'라고 불렀다.[5] 옥덴이 이 견해를 제시할 때 정신과 의사 도널드 멜처Donald Meltzer의 이론을 참고했는데, 멜처는 이와 유사한 내용을 '주의注意'라는 관점에서 다루었다. 매우 흥미로운 지적이니 한번 살펴보자.

멜처에 따르면 '주의'라는 인간의 능력은 몇 가지 감각을 모아 대상을 다면적으로 파악하는 힘이다. 하지만 여러 임상 사례에서는 사람이 때로는 어떤 곳에도 주의를 기울이지 않는다는

310

사실이 드러났다. 주의를 잠시 멈추면 어떻게 될까? 이리저리 흩어져 산만해진 감각이 '매 순간 가장 매력적으로 느껴지는 대상으로 따로따로 이어진다'고 멜처는 지적했다.[6] 다소 어려운 이야기지만 차차 이해하게 될 테니 걱정할 필요는 없다.

멜처의 이론은 피셔의 '우울증적 쾌락'이나 '쾌락적 나른함'을 한층 깊이 설명해 준다(갑자기 멜처 이야기를 꺼낸 이유다). 우리는 무언가에 집중하기를 잠시 멈추고, 감각을 여러 단편으로 분산시켜 대상의 다면성과 다양한 의미를 흩뜨리고, 단편들 중 끌리는 부분에만 매달린다. 그렇게 해서 정보의 양을 줄이고 단순한 리듬의 반복 속에서 혼란스러운 자신을 달랜다. 이것이 멜처의 의견이다. 멜처와 피셔의 견해를 종합하면 스마트폰 시대의 많은 사람이 정신 건강을 위한 대책으로 '쾌락적 나른함'을 택하는 이유를 알 수 있다.

스마트폰은 멀티태스킹을 거들고 감각을 여러 조각으로 나눌 수 있도록 도와준다. 인터넷에는 짧고 과장된 음악과 영상, 극단적인 말과 스토리, 명쾌한 연출 등 '매 순간 가장 매력적으로 느껴지는 대상'이 넘쳐난다. 우리는 모두 거기에 망설임 없이 뛰어들 뿐만 아니라 직접 제작하기도 한다. 예를 들어 동영상 SNS 플랫폼 틱톡TikTok에서는 음악의 가장 기억하기 쉬운 부분만 잘라서 알기 쉽게 편집한 짧은 영상을 계속해서 보여주는데, '쾌락적 나른함'에 젖고 싶어 하는 현대인들의 니즈와 딱 맞아떨어진다.

　앞으로 다시 되돌이가 보자. 상황 변화에 유연하게 적응하고, 새로운 사고방식을 가지고, 끊임없이 성장하기를 요구하는 사회(포스트 포디즘, 신자유주의)는 구조적으로 우울증 같은 병을 유발한다. 그뿐만 아니라 많은 문제를 개인의 책임으로 돌려 사람들이 자신의 내면에 너무 많은 관심을 기울이게 만든다.

　이 가시밭 같은 상황에서 사람들은 '나를 바꾸면 세상도 바뀐다'는 자기계발의 논리를 희망으로 삼는다. 또는 '쾌락적 나른함'에 젖는 '우울증적 쾌락'을 통해 불안과 허탈함을 물리치려 한다. 무언가 부족하다는 목소리가 들리지 않도록.

　하지만 이런 모습은 어딘가 단추를 잘못 끼운 느낌이 든다. 실제로 피셔나 파스칼 같은 엄격한 시선으로 보면, 모두 종이 한 장 너머에 우울증과 적응장애가 있으나 현실을 모른 척하기 위해 '기분 전환'하려 애쓰는 상황에 불과하기 때문이다.

　나 또한 스마트폰을 많이 쓰며 '쾌락적 나른함'에 빠지기도 하니 결코 남의 일처럼 느껴지지 않는다. 당신은 어떤가. 만약 당신이 이 문제의 당사자라면 이 상황을 벗어나는 방법이 무엇보다 궁금할 것이다. 조금 더 깊이 파헤쳐 보자.

기분이라는
복잡한 존재

다양한 자극에서 멀어지면 우리는 '따분하다'고 느낀다. 하지만 자극으로 자신을 빙빙 에워싸도 마음 한구석에서는 뭔가 부족하다는 목소리가 울린다. 출구가 없고 끝도 보이지 않는 불안이 발밑에서 부글부글 끓어오른다.

모두가 '따분함'과 '뭔가 부족하다'는 견디기 어려운 느낌을 피하고 싶어 한다. 하지만 쉽지 않다. 게다가 이런 기분은 우리를 단순히 괴롭게만 하지는 않는다.

철학에서는 '기분'을 각각의 단순한 감정과 구별해서 쓴다. 철학자 마르틴 하이데거 Martin Heidegger 를 비롯한 실존주의 철학 분야에서 '기분'은 아주 중요한 개념이다. '기분'은 인간의 모든 활동에 널리 침투해 색채를 부여한다.[7] 사고나 행위보다도 깊은 곳에서 그리고 우리가 통제할 수 없는 방식으로 형성되고, 자기 안으로 침투한다. 중요한 점은 '기분'이 본질적으로 중요한 것을 보여준다고 여겼다는 데 있다.°

여기서는 현대 사회에 어떤 특징이 있는지, 현대인은 어떤 기분을 자주 느끼는지 그리고 그것이 우리에게 어떤 사실을 보여주는지 탐색해 보도록 하자. 물론 스마트폰을 포함한 미디어 환경을 헤아리면서 말이다.

넷플릭스나 유튜브의 다양한 볼거리, 실없이 주고받는 문자메시지, 농담처럼 오고 가는 이모티콘과 사진, 온갖 생활 정보를 알려주는 기사, 콤플렉스를 자극하는 영양제나 다이어트 광고, 새로운 소형 전자 기기가 얼마나 매력적인지 과장해서 설명하는 트윗, 최애 캐릭터의 매력을 줄줄이 늘어놓는 커뮤니케이션. 영양가 없는 정보의 바다에서 혈안이 되어 무언가를 찾는 사람들. 이런 라이프 스타일은 사람들에게 어떤 기분을 안겨줄까?

이 기분에 관해서는 이미 피셔가 '뭔가 부족하다', '따분하다' 라는 말로 표현해 주었다. 모두 외로움과 불안과 겹치는 내용이다.

우리는 이런 라이프 스타일을 통해 따분하고 뭔가 부족하

° "생각하지 말고 느껴!"와 "감정적 내실"에 관한 이야기는 '기분'이라는 개념의 문제로 다시 해석할 수도 있다.

게 느껴지는 기분을 귀신 쫓듯 물리치려 애쓴다.

관심을 다른 곳으로 돌려 애써 의식하지 않으려 하는 '뭔가 부족한' 기분은 우리에게 무엇을 보여줄까? 결국 '따분한' 기분도 '뭔가 부족한' 기분도 우리가 정작 중요한 무언가에 몰두하고 있지 않다는 것을 의미하는 게 아닐까? 앞에서 쓴 말을 빌리자면 '뭔가 부족한' 기분은 '답답하고', '소화하기 힘들며', '어렵고', '쉽게 설명하기 힘든' 문제를 마주하지 않는다는 데서 비롯된 불안이다.

앞서 제시한 "무작정 내면만 파고드는 행동에는 문제가 있다"라는 화제와 "기분을 직시하라"라는 이야기가 완전히 동떨어진 내용처럼 느껴질지도 모르지만, 사실은 그렇지 않다. 뭔가 부족한 기분이 드는 이유는 '소화하기 힘들고', '답답하며', '어려운' 물음에 집중하지 않아서이며, 불확실함과 마주하는 자기대화가 중요하다는 사실을 보여주기 때문이다. 지금껏 살펴본 내용과 연결하면, 기분은 취미를 통한 수수께끼와의 대화 혹은 다양한 자기와의 대화를 북돋는 계기가 된다고 할 수 있다.

마음의 소리가
늘 '긍정적'인 것은 아니다

한 가지 더 짚고 싶은 부분이 있다. 기분에 귀 기울이자고 말하면, 자기계발 문화의 영향 때문인지 긍정적이고 희망적이며 가슴 설레는 느낌을 갖는 사람이 있다. 하지만 기분의 목소리를 듣는 것과 적극적, 긍정적 사고 같은 부류는 아무런 관계가 없다.

우리는 어째서 "나의 기분에 귀 기울이자"라는 말을 "긍정적인 마음의 소리를 따르자"라는 말로 알아들을까? 한 번쯤 생각해 볼 만한 문제다.

사회과학에서는 여러 가지 일을 개인의 문제로 취급하는 것을 '개인화'라고 부르는데, 현대 사회는 다양한 영역에서 개인화가 이루어지고 있다. 개인화하는 현대 사회에서 사람들은 '후련하고' 명료한 설명으로 자신의 마음을 홀가분하게 만들려 한다. 유독 긍정적인 것을 추구하는 이유가 바로 여기에 있다.

자기계발 문화에서 '자신의 마음'은 흔들림 없이 굳건하므로 '마음의 소리' 또한 자연히 자신을 한 가지 길로 이끌어줄 것이라 여긴다는 점을 떠올려 보자. 누구나 한 가지 답에 도달할 수 있다면, 자신의 마음을 따를 용기가 있는 사람은 '답답하고', '소화하기 힘든' 문제를 끌어안을 필요가 없어진다. 번거로운 일에 시간을 들이지 않고 빠르게 의욕을 높일 수 있다.

임상심리사인 도하타 가이토는 이렇게 설명했다.

이제 답답함은 인기가 없다. 기분이 나쁘기 때문이다. 문제를 답답하게 담아둔 채 곰곰이 생각할 때 우리는 불쾌한 기분이 들고 괴로움을 느낀다. 사람들이 답답하게 담아두기를 좋아하지 않는 데는 큰 배가 조각배(=개인화)가 된 것도 영향을 미친 듯하다. 위험천만한 바다를 건너려면 (자신이라는) 조각배에 쓸데없는 물건을 실을 여유는 없다. 그래서 우리는 가능한 한 복잡하게 생각하지 않고 하나하나 후련하게 비워버리고 홀가분해지려 한다.[8]

우리를 불편하게 만드는
틈새

지금까지 자신을 흠뻑 적신 기분으로 눈을 돌려보자는 이야기였다. 그러려면 어떻게 해야 할까? 소통과 오락 등의 자극으로 끊임없이 감각을 마비시켜 온 탓에 갑자기 나의 기분에 귀 기울이려 마음먹어도 쉽지가 않다. 그동안 따분함과 불안이라는 유령을 자극과 커뮤니케이션으로 퇴치해 왔기 때문이다.

먼저 평소에는 나를 사로잡은 '기분'을 특별히 의식하지 않는다는 점에 유의해야 한다. 보통은 호흡이나 공기를 신경 쓰지 않는 것과 마찬가지다. 우리는 격한 운동을 하거나 음식을 잘못 삼켜 사레가 들리거나 물속에 잠수하는 등 평소와 다른 상태일 때 비로소 호흡이나 공기의 존재를 떠올린다. 이와 같이 근본에서부터 방향을 제시하고 자기 안으로 깊이 침투하는 '기분'은 평소처럼 느끼고 생각할 때는 보통 만나지 못한다. 대부분은 감각과 사고의 '틈새'를 통해서만 만날 수 있다.

그럼 '틈새'는 어디에 있을까? 적어도 사람들이 이런 '틈새'를 필사적으로 메우려 하고 있다는 사실만은 분명하다. 우리는 늘 뭔가 부족하다고 느낀다. 하지만 단순히 좋고 싫음의 수준으로는 이 기분을 온전히 채울 수 없음을 알면서도, 단편적인 자극에 몸을 맡김으로써 뭔가 부족하다는 느낌을 의식하지 않으려 한다. 아주 고맙게도 그럴 만한 기술을 충분히 갖추고 있으니까 (물론 비꼬는 이야기다).

그러므로 평소 같은 상태에서 벗어나기 위해서는, 유튜브와 인스타그램처럼 쾌락적 나른함을 만들어내는 일종의 정보 주술로 불안과 우울을 '정화'하고 '퇴치'하는 행위를 잠시 멈추어야 한다.

우리는 불안과 따분함 같은 부정적인 기분을 쾌락적 나른함으로 덮어버린다. 따라서 쾌락적 나른함과 거리를 두면 평소와 같은 감각과 사고에 '틈새'가 생기고, 그곳에서 한순간 근원적인 기분을 느낄 수 있다. 지루한 시간을 보낼 때, 평소 우리를 감쪽같이 홀려 알아보지 못하게 만들었던 기분이라는 유령이 모습을 드러낸다. 바로 거기에 우리가 꼭 잡아야 할 실마리가 있다.

쉽게 말해, 따분한 시간을 경험해 보면 된다. 스마트폰을 통한 빠르고 즉각적인 자극과 거리를 두고, 쾌락적 나른함으로부터 몸을 물려야 한다. 그 대신 모습을 드러내는 따분함과 불안에 발끝을 살짝 대보자. 갑자기 풍덩 뛰어드는 것은 절대 금지다. 살을 에는 추위 속에서 따뜻한 물에 몸을 담글 때처럼 천천히 들어가야 한다. 감각의 세세한 변화를 눈여겨보며 천천히 시간을 들여 '뭔가 부족하다'는 감각에 피부를 노출하는 것이 포인트다. 서두를 필요도, 급하게 온몸을 담글 필요도 없다.

그러니까 SNS 계정을 삭제해야 한다거나 스마트폰을 버려야 한다는 소리는 아니다. 그런 조언은 누구도 실행할 수 없으므로 지침이 되지도 못한다. 나의 의견은 '마음의 동요를 무시하고 불안을 잊기 위해 스마트폰으로 끊임없이 자극을 얻는 행위는 그만두어야 한다' 혹은 '때로는 따분함과 불안과 뭔가 부족한 기분에 몸을 드러내는 것이 좋다'라는 뜻이다. 정확히 어떤 뜻인지는 순서대로 살펴보도록 하자.

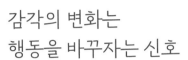

감각의 변화는
행동을 바꾸자는 신호

감각의 '틈새'가 중요하다는 점은 알겠지만, 어째서 '경계하며' 틈새를 찾아야 할까? 따분함과 불안, 허탈함에는 미지근하고 질척이는 물처럼 자신을 끌고 들어가는 특징이 있기 때문이다.

우울한 허탈감은 어느새 숨조차 쉴 수 없을 만큼 자기를 깊이 가라앉게 만든다. 따라서 좀비 영화에 나오는 주인공들처럼 항상 신중하게, 나는 괜찮다고 착각하지 않고, 침묵과 함께 변화의 조짐을 민첩하게 포착하는 자세가 필요하다.

더불어 따분함과 불안 등에게 자신을 빼앗길 필요는 없다는 점 또한 경계하며 틈새를 찾아야 할 또 다른 이유다. 즉, '틈새'를 발견하고 자신의 감정과 감각의 변화를 직접 느끼는 것 자체가 중요하지, 우울한 기분에 사로잡혀 다양한 자신이 휩쓸려 떠내려가는 것을 가만히 두고 볼 필요는 없다는 이야기다.

그렇다면 '틈새'를 찾고 감각과 감정의 변화를 느끼는 일이 우리에게 왜 중요할까? 철학자 존 듀이는 감각의 변화란 자신의 행동을 재구성하고 자신의 존재 방식을 바꿀 전환점이라고 말했다. 즉, '틈새'는 '소화하기 힘들고', '답답하고', '어려운' 문제를 끌어안고 자기대화를 지속하면서 행동을 바꾸기 시작할 신호로 이해할 수 있다.

흥미로운 견해이니 듀이의 말을 좀 더 구체적으로 들여다보자. 듀이는 감각이 변화하는 순간 나타나는 '놀라움'을 눈여겨보아야 한다고 말했다.

우리는 절대적 감각이 아니라 따뜻한 것이 서늘하게 변화하는 과정 속에서 차갑다고 느낀다, 혹은 차가움을 감각한다. 단단함은 반대로 저항이 적은 것과의 차이를 통해 느낄 수 있다. 색깔도 자연의 빛과 어둠의 대비를 통해 혹은 다른 색과의 대비를 통해 감각한다. (중략) 이러한 감각은 본래 적응했던 것이 중단됨으로써 나타나는 변화에 대한 놀라움이다. 행위의 방향을 바꾸라는 신호인 셈이다.[9]

여기서 듀이가 생각한 것은 피부나 명암 같은 신체 감각이지만, 우리가 이야기해 온 불안과 따분함, 뭔가 부족한 기분에도 동일하게 적용할 수 있다.

듀이의 이론을 한마디로 정리하면, 평소와 같은 감각과 사고의 '틈새'는 '변화에 대한 놀라움'이라는 형태로 경험할 수 있다는 말이 된다. 그러니까 따분함과 불안은 외면해야 할 대상이 아니라 눈을 크게 뜨고 바라보아야 할 대상이다.

뭔가 평소와 다르다고, 어딘가 이상하다고 느껴질 때. 그런 순간에 민감하게 반응하려면 오르테가가 제안한 자세가 필요하다. 섣불리 자기 스스로 모든 것을 이해했다고 생각하지 않고 변화를 주의 깊게 살피는 자세 말이다. "일종의 불안을 느끼겠지만, 오히려 그렇기에 경계를 늦추지 말아야 한다"라는 오르테가의 말은 세상에 대한 놀라움을 되찾은 우리의 자세처럼 다가온다.[10]

감각의 변화는 행동을 바꿀 신호라니. 참으로 놀랍고도 번뜩이는 이야기다. 그렇다면 어떻게 행동을 바꾸어야 할까? ……사실 분명하게 정해진 답은 없다. '나'라는 정원은 각양각색의 빛깔과 모양으로 자라났을 테니 다음 스텝도 사람에 따라 완전히 달라진다.

다만 변화의 신호를 직면했을 때일수록 소극적 수용력이 필요하다는 사실만은 틀림이 없다. 스마트폰의 멀티태스킹이 만들어낸 감각을 깨트려 '틈새'를 맞닥뜨리고, 특정 답으로 달려들지 않고 흔들리며 계속 생각하는 것이 중요하다.

"으음, 맞는 말인 것 같기도 한데, 마치 연기에 휩싸인 것처럼 답답한 느낌이네요."

이런 목소리가 들리는 듯하니 몇 가지 이야깃거리를 둘러보며 '틈새'를 마주하기 위한 힌트를 찾아보자. 자기계발서처럼 우렁차게 단언하지는 않아도 소극적 수용력을 발휘하기 위한 단서 정도는 찾을 수 있을 것이다.

따분함을 마주하는 자세

아무리 우리가 좀비 영화 같은 환경에서 정신 건강에 위협을 느끼며 산다 해도, 대부분은 눈앞에 죽음이 닥친 상황까지는 아닐 테니 오르테가가 로마 병사의 사례를 들어 이야기했듯 목숨 운운하는 말은 다소 과장되게 느껴진다.° 스마트폰이나 다른 미디어를 통해 각양각색의 오락과 자극에 둘러싸인 생활을 잠시 멈추고, 감각과 감정의 '틈새'를 마주해야 한다는 이야기였으니 말

° 만약 지금 이 순간 사선을 넘나드는 괴로운 삶을 살고 있으면서도 아직 병원에 가보지 않았다면, 일단 이 책을 덮어두고 병원이나 상담 시설을 찾자. 상처를 입은 직후 우리가 할 일은 의사의 진찰을 받는 것이며, 철학은 상처를 입기 전에 미리 접하거나 치료를 끝낸 다음 이것저것 생각하기 위해 찾아도 전혀 늦지 않다.

이다.

소비와 자기계발로 기분을 끌어 올리고 스마트폰으로 쾌락적 나른함에 젖는 행위를 잠시 그만둠으로써 평소 느끼는 감각과 감정의 '틈새'를 마주하면, '뭔가 부족한' 기분과 '따분한' 기분이 찾아온다. 이런 기분은 자칫 우리를 옭아매고 사로잡아 정신건강을 더 악화시킬 수 있으므로 용법과 용량을 지켜서 다루어야 한다. 어떻게 하면 허용 범위 안에 들어갈 만큼 알맞은 따분함, 적당한 따분함을 경험할 수 있을까?

뭔가 부족하고 지루한 기분은 '답답하고', '소화하기 힘들며', '어렵고', '설명하기 힘든' 문제를 끌어안고 싶지 않다는 마음, 직면하고 싶지 않다는 마음의 발로다. 그렇다면 '취미'에 힌트가 있을지도 모른다. 취미는 어려운 문제와 맞서는 자세를 기르는 데 도움이 되기 때문이다. 우선 장 자크 루소 Jean Jacques Rousseau 라는 철학자의 말에 주목해 보자.

카트린 말라부 Catherine Malabou 라는 프랑스 철학자는 팬데믹으로 '격리 생활'을 하던 시기에 루소의 저서 『고백』에 나오는 구절의 가치를 재조명했다.[11] 그녀가 주목한 구절은 루소가 파리에서 베네치아로 향하던 도중 전염병 때문에 제노바에서 격리 생활을 하던 때의 이야기다.

루소의 격리 생활은 코로나 바이러스의 유행으로 과연 외출을 해도 괜찮은지, 위험성이 얼마나 되는지, 무엇을 믿어야 하는지도 모른 채 불안에 떨며 집 안에 틀어박혀 있던 우리의 모습과 좋은 대조를 이룬다. 루소에게는 고독을 즐기는 도량과 용기가 있었다. 게다가 그의 고독에는 '고독'이란 말을 듣고 떠올릴 법한 심각함이 전혀 보이지 않는다.

메시나에 흑사병이 유행하던 때였다. 항구에는 영국함대가 정박 중이었고 군인들이 내가 탄 범선을 순찰하러 왔다. 길고 고생스러운 항해 끝에 육지에 도착했건만, 우리는 21일 동안 격리 생활을 해야만 했다.

승객들은 배와 격리 시설 중 원하는 쪽을 고를 수 있었다. 격리 시설은 설비를 갖출 여유가 없어서 아무런 가구도 없이 휑뎅그렁하다고 해서 모두가 배를 골랐다. 하지만 배 안에서는 더위를 견디기 힘들고 공간은 좁으며 산책도 할 수 없는 데다 불쾌한 벌레들이 있어서 아무리 보아도 격리 시설이 나을 듯했다. 나는 완전히 텅텅 빈 커다란 2층 건물로 안내받았다. 그곳에는 창문도 침대도 테이블도 의자도 걸터앉을 받침대도 몸을 눕힐 짚 한 단도 없었다. 병사들이 내 외투와 여행 가방, 트렁크 두 개를 옮겨다 주었다. 그런 다음 튼튼한 자물쇠가 달린 문을 닫았다. 나는 그곳에 혼자 남아 자유롭게 이 방에서 저 방으로, 이 층에서 다른 층으로 돌아다녔지만, 집 안은 어디든 똑같이 쓸쓸하고 살풍경했다.

그래도 배 대신 격리 시설을 선택한 것을 후회하지 않았다. 마치 로빈슨 크루소가 된 것처럼 평생 그곳에 머물겠다는 양 21일간의 생활을 위해 주변 정리에 돌입했다. 가장 먼저, 배에서 따라온 벌레들을 유쾌하게 퇴치했다. 속옷과 옷을 모조리 갈아입어 말끔해지고 나서는 내가 고른 방을 정리하기 시작했다. 조끼와 셔츠를 이용해 잘 때 요긴한 요를 만들고, 냅킨을 여러 장 꿰매서 시트를 준비하고, 실내복을 이불 삼고, 외투를 말아 베개로 만들었다. 트렁크를 눕혀 의자 대신 쓰고, 또 하나는 세워서 테이블을 만들었다. 종이와 잉크병을 꺼내고 책 열 권 정도를 서고처럼 늘어놓았다. 주변을 아주 훌륭하게 정돈한 덕에 커튼과 창문은 부족했지만 몹시 살풍경한 격리 시설에 있으면서도 베르들레 거리의 테니스 코트에서 지낼 때처럼 쾌적했다. 식사는 야단스럽기 짝이 없었다. 식사 때가 되면 척탄병 두 명이 총칼을 들고 식사를 호위해 왔다. 계단이 나의 식당이었으며 층계참을 테이블 삼고 한 칸 아래를 의자로 삼았다. 음식을 모두 늘어놓고 나면 병사들은 뒤로 물러나 '식사 시작'이라는 신호로 종을 울렸다.

식사와 식사 사이, 읽거나 쓰지도 않고 방을 꾸미지도 않을 때면 안뜰 대신 신교도들의 묘지를 걷거나 항구가 내려다보이는 옥상에 올라 드나드는 배들을 바라보기도 했다. 그렇게 2주를 보냈다.[12]

이 글을 읽었을 때 "참 즐거워 보이네" 하는 생각이 가장 먼저 들었다. 스스로 생활을 꾸려가는 느낌, 자신이 정한 대로 살아가는 분위기 그리고 그런 생활을 즐기는 마음가짐이 느껴진다. 루소의 일화에서 배울 수 있는 점은, '고독'을 한껏 눈살을 모은 채 가만히 생각에 잠기거나 깊은 산속의 승려만 도달할 수 있는 깨달음의 경지로 여길 필요가 없다는 사실이다.

자치의 영역에서
고독을 즐긴다

루소의 격리 생활에 관한 일화는 즐거워 보인다는 점 이외에도 눈여겨볼 포인트가 있다. 여러 물건을 손수 만들었다는 점이다. 게다가 '잘' 만들려고 하지 않고 루소 나름의 방식으로 거기서 자신이 만들어낼 수 있는 가장 '좋은' 것을 만들고자 했다. 누군가에게 칭찬받기 위해서가 아니라, 꼭 해야 할 일이라서가 아니라, 그저 하고 싶어서 즐겁게 무언가를 만들었다.

여담이지만 루소는 작곡가이기도 했는데, 〈주먹 쥐고 손을 펴서〉라는 제목으로 널리 알려진 동요의 멜로디도 만들었다. 루소는 철학에 관한 글뿐만 아니라 음악을 통해서도 무언가를 만들며 '소화하기 힘들고', '답답한' 문제에 맞서는, 다시 말해 '따분한' 시간을 몸소 겪어왔다. 바느질 또한 여기에 포함된다. 어쩌면 루소는 자신의 생활 전체를 취미처럼 즐기며 살았을지도 모른다.°

더 의미 있는 부분은 루소가 전염병 때문에 격리 생활을 경험하면서 생활 속의 고립을 준비할 수 있었다는 사실이다. 물론 스마트폰이 없었다는 점이나 무언가를 만드는 일이 즐거웠다는 점도 중요한 요인이지만, 루소가 '자치self-government'의 감각을 지니고 있었다는 점은 결코 무시할 수 없다. 여기서 말하는 '자치'란, 기존의 규칙이나 다른 사람의 시선을 일단 제쳐두고 자신이 새로이 만든 규칙에 따라 행동할 자유가 있는 상태를 가리킨다.

미학 연구자 이토 아사는 일본 화장품 브랜드 폴라POLA의 웹 미디어 'We/Meet Up'에서 자치의 영역이 지닌 매력에 대해 이렇게 설명했다.

°　　이렇게 써놓았지만, 지나치게 미화한 이야기이기는 하다. 루소는 시기심이 유독 강해 인간관계에서 문제가 끊이지 않는 사람이었다. 그뿐만 아니라 사람들에게 보여주기 위해 자기 이야기를 늘어놓은 문학가로도 잘 알려져 있다(SNS의 원조 같다고 해야 할까). 그러니까 루소 또한 강렬한 외로움에 시달렸으며, 안전 범위 안에서 철학을 이야기한 것은 아니다. 루소의 약한 면을 부정적으로 볼 수도 있지만, 우선은 우리 자신 또한 루소와 같을지도 모른다고 의심해 보면 어떨까. 외로움에 휘둘리던 〈에반게리온〉의 미사토를 바라보았을 때처럼 루소의 모습을 내 안에서도 찾아보자.

그곳(자치의 영역)에서 기존의 규칙 대신 자신만의 규칙을 새로이 만들어나가면 됩니다. 놀이에는 그런 즐거움이 필요하지요. 어린아이뿐만 아니라 어른에게도 분명 필요해요. 사회생활을 할 때는 외부의 질서에 따라 움직이지만, 그렇지 않은 장소를 의도적으로 만드는 것이 어른의 '놀이'가 되지 않을까요? [13]

다른 사람과 함께 있을 때는 외부의 규칙에 따라 행동하지만, 그와 별개로 스스로 정한 대로 행동하는 것 또한 중요하지 않을까? 이토 아사의 말은 고립과 고독이라는 주제와 잘 어울린다.

이런 시선으로 보면, 자치는 고립을 통해 자기대화를 나누는 놀이처럼 보인다. 따라서 '자치'라는 말의 뉘앙스 또한 누군가에게 간섭받거나 방해받지 않는 단순한 고립이 아니라, 사회의 평판이나 타인의 시선 같은 사회적 요소가 닿지 못하는 격리된 영역처럼 다가온다.

이토 아사의 '자치' 개념은 '고립'을 확장하는 개념이 된다. 세상의 질서나 평가 따위가 접근하지 못하도록 격리된 영역에서 창조나 창작에 놀이처럼 몰두하는 일을 우리는 '취미'라고 불러왔다. 이토 아사는 이러한 놀이 속에서 비롯된 단절된 감각을 '자치'라 부른 것이다. 격리 생활 속에서 루소가 실천한 것이 바로 이

것이구나, 하는 느낌이 들지 않는가.

　　참고로 자치라든지 자신만의 규칙을 새로이 만든다고 말하면, 순간 "이거 혹시 자기 완결적인 행동 아닌가?" 하는 의문이 떠오를지도 모른다. 물론 자기 완결과는 다르다. 타인에게 의존하거나 다른 사람에게 칭찬받고자 스스로를 연출하고 드러내는 상태에서 멀리 벗어나는 것을 '자치'라 부르기 때문이다.

　　자치는 연결을 끊는 것이므로, 넓은 의미에서 '고립'을 손에 넣는 일과 같다. 외로움이 불룩불룩 부풀어 오르고 자꾸만 세상의 눈을 신경 쓰게 되는 스마트폰 시대에 '자치'는 훌륭한 키워드가 된다.

취미는 때론
'괴로운 기억'도 소환한다

　루소처럼 '자치의 영역'을 만드는 일은 누구에게나 중요
하다. 스스로 다스리고 행동할 수 있는 영역이 생기면 고독 속에
서 맞닥뜨릴 따분함을 두려워할 필요가 없다. 자치의 영역에서
는 불안과 따분함이 느껴지더라도, 거기엔 그에 못지않은 즐거
움도 존재하기 때문이다.

　자치라는 논점은 4장에서 본 카지 류지의 수박밭에 관한
일화와 완전히 겹쳐진다. 팬데믹이라는 사회적 혼란과 격리 시
설이라는 제약된 조건 아래 루소가 무언가를 만들고 환경을 바
꿔나갔듯이, 카지는 세계의 파멸과 목숨의 위협이 눈앞에 다가
온 순간에도 시행착오를 거치며 수박을 길렀다. 루소와 카지의

취미는 사회 상황이나 자신에게 주어진 의무, 쓸모의 논리 따위와 전혀 관계가 없었다. 진정한 취미란 자신의 평판이나 사회생활의 규칙과 동떨어진 곳에 있기 때문이다. 카지는 자신의 취미를 '다른 사람들한테는 비밀'로 삼았다. 이 부분에서도 카지가 '자치'의 감각을 지니고 있었음을 엿볼 수 있다.

앞에서 여러 번 살펴보았듯이 취미는 고독을 불러옴으로써 일종의 자기대화(사고)를 실현한다. 그러므로 취미는 내가 만드는 무언가를, 나아가 자기 자신의 특징을 배우는 일로 이어진다. 〈에반게리온〉에도 '만들기'와 '배움'에 관한 대화가 등장한다 (TV애니메이션 17화 '네 번째 적격자').

신지 : 수박……인가요?
카지 : 응, 귀엽지? 내 취미야. 다른 사람들한테는 비밀이
　　　지만. 뭔가를 만들고 뭔가를 키운다는 건 좋은 일
　　　이야. 많은 걸 보고 배울 수 있거든. 즐거움이라든
　　　지 말이야.
신지 : 괴로움도 말이죠?
카지 : 괴로운 게 싫어?
신지 : 좋아하지 않아요.
카지 : 즐거운 일은 찾았니?

신지 : …….

카지 : 그래도 괜찮아. 하지만 괴로움을 아는 사람일수록 다른 사람에게 다정해질 수 있어. 그건 약한 거랑 은 다르지.

여기서 카지는 루소와 같은 이야기를 하는 동시에, 그것을 뛰어넘는 내용까지 다루고 있다.

무언가를 만들면 자연히 배움을 얻게 된다. 카지는 바로 즐거운 일을 '배우게' 된다고 말했다. 카지의 사고방식은 왠지 격리 생활을 즐기는 듯했던 루소의 모습과 겹쳐 보인다. '즐거움을 배운다'고 말하면 상상하기 어려울지도 모르지만, 우선은 이렇게 이해하면 어떨까. 뭔가를 만드는 과정에서 무엇이 재미있다고 느꼈는지, 그 감각이 과거의 경험과 어떻게 연결되는지, 다양한 자신이 그것과 어떤 관계가 있는지를 자기 나름대로 발견하는 과정이라고 말이다.

하지만 카지는 취미가 '괴로움' 또한 자각하게 한다고 말했다. 사회와 동떨어진 자치의 영역에서 무언가를 만들고 키우는 일은 언제나 태평하고 목가적인 시간만 불러오는 것은 아니라는 이야기다. 고독을 만나 불안에 휩싸이거나 스스로의 나쁜 면만 뼈저리게 느끼게 될지도 모른다. 슬픈 과거나 나쁜 감정이 되살아날 수도 있다. 카지는 그런 위험성이 있음을 부정할 수 없다고 말한 것이다.

　　루소 또한 팬데믹의 당사자 중 한 사람으로서 감시를 받았으니 그의 격리 생활도 순수하게 목가적인 즐거움으로만 가득하지는 않았을 것이다. 그러니 루소가 자치의 영역을 만들고 취미를 즐겼다 하더라도 격리 기간 내내 밝고 유쾌한 모습만 보였으리라고는 할 수 없다. 그런 의미에서 지금껏 살펴본 카지와 루소의 이야기는 꼭 닮았다. 다만 카지의 말에서는 좀 더 많은 내용을 읽어낼 수 있다. 이제 그 부분을 살펴보자.

'괴로움'을 마주해야
다정해질 수 있다

"괴로움을 아는 사람일수록 다른 사람에게 다정해질 수 있어."

카지의 말 중 이곳에 주목해 보자. 어쩌면 취미를 통해 나 자신과 대화하는 동안 숨 막힐 정도로 고통스러운 기분이 들 수도 있지만, 그게 나쁘기만 한 일은 아니라는 이야기다. 다만 '아픔을 알면 다른 사람에게 상냥하게 대할 수 있다'는 흔한 교훈을 말하려는 것은 아니다. 상처가 저절로 나를 다정하게 만들어준다는 생각을 철저히 버려야 이 말을 제대로 이해할 수 있다.

그렇다면 카지는 무엇에 대해 말한 것일까? 애초에 그가 말한 '괴로움'은 단순한 마음의 상처나 트라우마가 아니다. 카지의 이야기는 단순한 상처나 고통이 아니라, '뭔가를 만들고 뭔가를 키우는' 취미를 통해 마주하게 되는 '괴로움'에 관해서다.

말끔히 소화할 수 없는 기억, 복잡한 기분, 직시하고 싶지 않은 현실, 끊어낼 수 없는 마음. 고독 속에서 이런 마음들을 모른 체하지도 섣불리 설명을 달지도 않고 온전히 마주한 경험이 다정함으로 이어진다는 가설을 제시했다고 보아야 한다.

오직 취미를 통해 생활 속에서 고독을 맛봐온 사람만 보고 배울 수 있는 '괴로움'이 타인에 대한 다정함으로 이어진다. 카지가 입에 담은 것은 희망이었다. 사람은 사회와 동떨어진 곳에서 무언가를 만들고 키우며 복잡하고 어려운 문제와 마주하면서 상냥해질 수 있다는 희망.

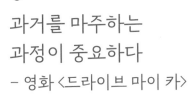

과거를 마주하는
과정이 중요하다
– 영화 〈드라이브 마이 카〉

쉽게 와닿지 않을 테니 여기서 영화 〈드라이브 마이 카〉로 다시 돌아가 보자. 주인공 중 한 명인 가후쿠 유스케(니시지마 히데토시)는 어린 딸의 죽음, 아내의 외도와 갑작스러운 죽음이라는 괴로운 과거를 안고 있다.

그러나 과거가 자연히 그를 '다정하게' 만든 것은 아니었다. 아픈 과거를 힘겹게 빠져나가는 과정을 거쳐야만 했다. 다시 말해 가후쿠는 단순히 고통스러운 경험을 해서가 아니라 '괴로움을 알기에' 다른 사람에게 다정해질 수 있었다. 결국 무언가를 만들며 '배운다'는 것은 이해하기도 소화하기도 힘든 무언가를 어찌어찌 곱씹어서 자기 나름대로 받아들이는 일을 가리킨다.

〈드라이브 마이 카〉에서는 각국의 배우들이 여러 언어로 체호프의 『바냐 아저씨』를 연기하는데, 가후쿠가 연극의 연출을 맡은 것도 그가 괴로움을 '배우는' 데 큰 역할을 했다. 역시 무언가를 만드는 취미가 이곳에도 숨어 있다.°

자신의 과거라는 '답답하고' 어려운 문제를 마주했다고 해서 가후쿠가 완벽하고 아무런 문제도 없으며 아무것도 두려워하지 않아도 되는 지점에 선 것은 아니다. 가후쿠는 '답답함'을 온전히 소화한 것은 아니기 때문이다.

애초에 그가 지닌 상처는 '아물다'라는 단순한 말로는 표현할 수 없다. 가후쿠의 상처는 깨끗이 아물어 사라지지 않는 멍울이거나, 지울 수 없는 자국을 남기는 상흔일 것이다. 사별은 고인과 화해할 기회를 영영 빼앗아 버리니 어떤 방법이나 대책을 세워서 해결할 수 있는 문제가 아니다. 그저 어찌어찌 스스로 매듭을 지어야만 한다. 그러니 소화 불량이 되는 것은 당연한 이치다.

그러나 '괴로움'이 결국 소화되지 않은 채 자신 안에 계속

°　물론 가후쿠는 연극을 만드는 게 직업이지만, 그 점은 관계가 없다. 여기서 말하는 '취미'는 쓸모나 사회의 평판이나 외로움에 휘둘리지 않고 시행착오를 겪으며 '무언가를 만드는' 행위를 가리키기 때문이다.

남아 있다 해도 어떻게든 받아들이려 맞선 과정은 쓸데없지도 무의미하지도 않다. 영화를 본 사람이라면 모두 이 말에 동의할 것이다.[14]

　'그저 괴로워하는 것이 아니라 이해하는 일'이 중요하다는 이야기는 정신분석학에서 '훈습working-through'이라 부르는 말을 통해서도 살펴볼 수 있다. 지그문트 프로이트Sigmund Freud는 「회상, 반복 및 훈습Remembering, Repeating and Working-Through」이라는 제목의 논문에서 환자가 행동을 통해 반복하는 체험을 언어화하고 의식화함으로써 치료가 이루어진다는 도식을 제시했다. '훈습'은 이 과정에 속한다.

　사실 논문에서는 정신분석가의 존재가 중요한 부분을 차지하지만, 알기 쉽게 간추려서 설명하자면 대체로 이런 내용이다. "무의식에 새겨진 과거의 체험이나 경험이 본인도 모르는 사이에 일상의 행동 속에서 반복된다. 그런 반복된 행동을 감지하고 해석을 부여하는 과정을 되풀이하다 보면 무의식에서 일어나는 일이 의식의 표면으로 떠오른다." 내적 체험을 찬찬히 곱씹어서 행동으로 드러나던 무의식적 '반복'을 사고를 통한 의식적 '회상'으로 바꾸는 것을 '훈습'이라 부른다.

　카지 류지의 말도 이와 같은 의미로 이해할 수 있다. 그는

'괴로움'의 양과 질이 중요하다고 생각하지 않았다. 취미가 불러오는 고독을 통해 '괴로움'을 '훈습'하는 것이 자신을 '다정하게' 만들며, 삶에서 몹시 중요한 부분이라고 말하려 했다. 이것이야말로 '괴로움을 안다'는 말의 참뜻이 아닐까?

혹독한 환경에서 유연하게 변화하기를 강요받는 우리

밭에서 수박을 키우는 이야기로부터 아주 많은 의미를 읽어냈다. 지금까지 살펴본 내용을 바탕으로 다시 〈에반게리온〉의 세계로 눈길을 돌려보면 사뭇 인상이 달라질지도 모른다.

먼저 신지는 어떤 상황에 놓여 있을까? 그는 실패를 용납하지 않는 상황에서 싸움을 되풀이하며, 동료와 협력하면서도 동시에 경쟁해야 한다. 게다가 적은 매번 생김새도 공략법도 달라서 앞서 승리했다 해도 안심할 수 없다. 신지는 계속해서 모습을 바꾸는 적에게 맞춰 급격히 성장해야만 하는 처지다.

직장에서는 늘 지위와 권력에 의해 강한 압박을 받고, 아무도 그의 마음을 돌봐주지 않는다. 동료에게 상처를 입히라고 강요받고, 이에 따르지 않자 무책임하다고 매도당하고, 목숨이 왔다 갔다 하는 와중에 평정을 잃었다고 비난당하기도 한다. 그리고 그런 목소리가 날아오는 직장과 사회는 나아질 희망도 보이지 않는다. 아직 10대밖에 되지 않은 어린 소년임에도 신지는 줄곧 그런 상황에서 벗어나지 못한다.

　작품 속에서 정확하게 진단을 내리지는 않지만, 구조적 억압에 끊임없이 노출된 결과, 신지에게 나타나는 우울 증상은 적응장애 그 자체다. 신지는 억지로 기운을 내보기도 하고, 자기계발의 논리에 호소하기도 하고, 카세트테이프를 끝없이 재생하며 소통에서 멀어지기도 하면서, 다양한 방식으로 스트레스에 대처하려 한다. 하지만 어떤 방법도 본질적으로는 도움이 되지 않거나 상황을 오히려 악화시키기도 한다.

　게다가 적응장애를 앓게 된 신지를 아무도 보살펴 주지 않을뿐더러 그에게 책임을 떠넘기고 아주 잠깐의 도피에도 비난과 공격을 가한다. 마음에 문제가 생기지 않을 리 없다.

　신지의 모습은 우리의 초상이다. 타인과 경쟁하며(때로는 협력하며) 끊임없이 성장하기를 강요받고 있으며, 환경이 나아질 희망도 보이지 않으며, 누구도 도와주지 않는다. 결국 정신 건강에 문제가 생겼음에도 모두 개인의 책임으로 돌린다. 그런 환경과 거리를 두려 하면 무책임하게 달아난다며 비난받는다. 힘들다고 외쳐도 아무도 들어주지 않는다. 의욕을 억지로 끌어 올려 헤쳐 나가거나 쾌락적 나른함에 빠지고 싶어지는 것도 이해가 된다.

혹독한 환경에 홀로 내던져진 사람은 물론 신지뿐만이 아니다. 다른 파일럿과 등장인물들도 마찬가지다. 명령에 따라서만 행동하고 그 밖의 문제는 아예 생각하지 않는 삶(아야나미 레이), 몸 둘 곳 없는 처지를 잊으려는 듯 자신의 능력과 성과에 과도한 자부심을 느끼는 삶(아스카). 이러한 인물들의 삶은 단순한 외로움의 발로일 뿐만 아니라, 약함을 용납하지 않고 유연하게 변화하고 성장하길 요구하는 사회가 개인에게 떠미는 무거운 짐의 발로라고 볼 수도 있다.

이렇게 살펴보니 〈에반게리온〉은 프래그머티즘 사회와 정신 건강의 관계를 다룬 피셔의 이론 그 자체와 다름없어 보인다. 이제 수박밭에서 '신지'가 들은 말이 나 자신의 이야기처럼 들리지 않는가.

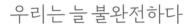

우리는 늘 불완전하다

카지 료지는 자신의 역할을 벗어나 신지에게 손길을 내민 몇 안 되는 인물 중 한 명이다. 그는 자신이 머지않아 죽는다는 사실을 알고 신지에게 희망을 걸기 위해 몇 차례 말을 건다. 그중 하나가 앞서 인용한 대화다. 취미의 중요성을 이야기하며 수박을 키우는 모습을 보여준 카지의 태도가 신지에게 어떤 의미가 있다면, 비슷한 상황에 처한 우리에게도 적지 않은 의미가 있을 것이다.

취미라는 주제도 충분히 흥미로웠지만, 카지가 인간의 유한성, 즉 '우리에게는 한계가 있음'을 거듭 강조했다는 점도 재미있는 부분이다. 마지막으로 이 논점을 들여다보도록 하자.

수박밭에서 카지는 신지에게 '뭔가를 만들고 키우는 취미가 있으면 많은 것을 알 수 있다'고 말했지만, 다른 곳에서는 '사람이 무언가를 아는 데는 한계가 있다'고 말한다. 아는 것이 중요하다면서 뭔가를 아는 것은 제한되어 있다니. 얼핏 모순되어 보이는 카지의 태도는 무엇을 가리킬까?

두 사람은 수박밭에서 못다 나눈 이야기를 하듯 잠 못 드는 밤에 이런 대화를 나눈다(TV애니메이션 18화 '목숨을 건 선택을').

신지: 그런데 얼마 전에 아버지에 대해서 이것저것 알게 됐어요. 일이라든지. 엄마에 관해서라든지. 그러니까……

카지: 그건 달라. 안다고 생각하는 것뿐이지. 사람은 다른 사람을 완벽하게 이해하지는 못해. 자기 자신도 잘 모르지. 서로를 100퍼센트 이해하는 건 불가능해.

사람은 본질적으로 완전히 이해할 수 없는 존재다. 다른 사람뿐 아니라 자기 자신조차 그렇다. 카지는 인간을 완벽하게 아는 것은 불가능하다는 점을 강조했다. 그의 지적은 스마트폰 시대에 감각과 감정을 이해하는 능력이 무뎌진 사람들을 떠올리게도 하지만, 스마트폰 시대뿐 아니라 '본래' 인간의 이야기로 받아들여야 한다.

인간은 본디 자신도 타인도 완벽하게 이해하지 못한다. 카지의 이러한 관점은 철학자 스탠리 카벨과 비슷하다. 카벨은 랄프 왈도 에머슨Ralph Waldo Emerson이라는 시인이 모든 인간이 지닌 '못난unhandsome' 조건을 똑바로 바라보았다는 점을 높이 평가했다. 왜 못났는가. 우리는 결여되고 일그러지고 항상 부족하기 때문이다. 단단히 손에 쥐었다 생각해도 이해의 대상은 어느새 손가락 사이로 빠져나가 버린다. 못난 조건이란 우리가 유한한 존재라는 사실을 보여준다.

우리는 늘 '뭔가 모자라고not whole' '치우쳐partiality' 있다.[15] 어떤 사물이나 사람을 대할 때 항상 고정관념을 안고 바라본다. 카벨은 인간이 그런 불완전성을 버리지 못한다고 지적했다. 우리의 존재론적 불완전성, 뭔가 부족한 상태일 수밖에 없는 불가피성, 그것이 인간이라는 생물의 못난 전제 조건이다.

인간은
완벽하게 알지 못하기에
알고자 한다

그런데 이런 사고방식은 좀 위험해 보이기도 한다. 자신도 타인도 결국은 제대로 알 수 없다고 여기면 "다른 사람이나 스스로와 대화해 봤자 아무 의미 없네"라고 냉소하거나 "뭘 하든 결국 소용없잖아" 하고 무기력해지거나 소통 자체를 꺼리게 될지도 모른다. 그저 흐름에 몸을 맡기는 수동적이고 냉소적인 자세를 부를 수도 있다는 이야기다.

하지만 카지 류지는 적어도 무기력하지도 냉소적이지도 않았으며, 그렇다고 타인에게 의존하지도 않았다. 불안과 외로움에 사로잡히지도 않았다. 카지는 앞에서 인용한 대화에 이어 신지에게 이렇게 말한다.

그건 달라. 안다고 생각하는 것뿐이지. 사람은 다른 사람을 완벽하게 이해하지는 못해. 자기 자신도 잘 모르지. 서로를 100퍼센트 이해하는 건 불가능해. 그렇기에 사람은 자신을, 타인을 알려고 노력하지. 그래서 인생은 참 재미있어.

물론 인간은 완전하게 알지 못한다. '결여not whole'야말로 인간의 특징이니까. 하지만 카지는 그런 유한성이 자신과 타인을 알고자 하는 동기가 된다고 생각한다. 소극적 수용력의 두 번째 방향성처럼 말이다. 우리는 늘 완전하게 이해하지 못하기에 끊임없이 알려고 노력한다. 그것이 인생을 재미있게 만들어준다.

우리는 무언가를 알기 위해 손을 뻗지만, 항상 불완전하고 어딘가 부족하다. 거기에 파스칼이 말한 '비참함'이 있다. 도움이 되려고 한 행동이 사태를 악화시키거나, 상처 줄 생각이 없었음에도 누군가에게 상처 입히기도 한다. 서로 비꼬고 헐뜯는 말을 주고받고, 인정받고 싶었으나 홀로 겉돌고, 누군가의 다정함을 솔직하게 받아들이지 못하고, 다른 사람의 성공과 행복을 시기한다. 나를 대신할 사람은 얼마든지 있을 테니 어떤 명령이든 지시든 그대로 따라서 어떻게든 자신의 존재 가치를 찾으려 한다. 결국은 아무것도 해결되지 않는다는 걸 머리로는 알면서도, 특정 인물의 부재에 대한 괴로움을 다른 사람이나 사물로 메우려다 타인에게 상처를 준다. 동료를 질투하고 찍어 누른다. 그런 친구에게 화가 나서 자기도 모르게 다른 사람 앞에서 친구를 험담한다. 여유가 없다는 이유로 뾰족한 말투로 상관없는 사람에게 화풀이를 하기도 한다. 계산대 줄이 길다고, 아기 울음소리가 시끄럽다고, 어쩔 수 없는 일에 짜증을 낸다.

이처럼 비참하고 못난 모습은 누구에게나 있다. 나도 매한가지다. 그렇다면 결여와 유한성은 우리를 옴짝달싹 못 하게 만들까? 아니, 오히려 우리를 움직이게 하고 분발하게 한다. 지금 서 있는 곳에서 언덕 너머가 보이지 않으면, 사람은 조금 더 앞으로 나아가 보려 한다.

소극적 수용력은 의문에 섣불리 설명이나 해석을 부여하지 않고, 완벽한 설명은 불가능하다는 태도를 유지하며, 한층 깊이 이해해 보려 노력하는 자세다. 그렇다면 소극적 수용력은 아직 손이 닿지 않는 곳으로 팔을 뻗어 미지의 땅으로 나아가는, 모험자의 호기심을 가리키는 또 다른 이름일지도 모른다. 그러니까 인간의 불완전함과 미숙함은 자신의 삶 안을 빙글빙글 맴돌 이유가 아니라, 지금 서 있는 곳에서 한 걸음씩 걸어 나갈 계기인 것이다.

이렇게 정리해 보니 카지의 자세는 문학의 '낭만주의'와도 비슷해 보인다.[16] 낭만주의는 다면적인 운동이므로 쉽게 정의할 수는 없지만, '온전히 파악할 수 없는' 것에 대한 감수성은 낭만주의가 중시하는 태도 중 하나다. 무언가를 손에 넣었다 생각해도 반드시 손가락 사이로 빠져나가는 부분이 있음을 이해하는 것이다. 다시 말해 완벽하게 알았다고 생각한 대상이 사실은 그보다 훨씬 깊고 지성을 끝없이 초월한다는 통찰이다.°

소극적 수용력이라는 말을 만든 존 키츠는 '낭만주의'를 대표하는 시인이다. 카지와 키츠의 만남은 독특해 보이지만, 실제로는 그리 이상하지 않은 조합이다. 이제 여러분도 충분히 공감하지 않을까.

° "느끼다", "감정적 내실이 필요하다"라는 말로 나타내려 한 뜻과 동일하다.

계속해서
알아가는 즐거움,
철학

인간은 불가사의한 사건의 수수께끼를 푸는 탐정처럼 지성의 빛에 의지하여 많은 것을 배우고, 미지의 영역을 앎의 영역으로 바꿔왔다. 하지만 아무리 해석하려 해도 언제나 이치에 맞게 받아들일 수 없는 부분이 생긴다. 인간의 못난 조건 하에 우리는 어딘가 결여된 형태로만 다른 사람과 사물을 이해할 수 있다. 물론 자기 자신도 완벽하게는 헤아리지 못한다, 영원히.

이 문제와 관련해서 〈에반게리온〉TV애니메이션 11화 '정지된 어둠 속에서'의 끝부분에 등장하는 대화가 사뭇 인상 깊게 다가온다.

아스카: 그래도 불빛이 없으면 사람 사는 느낌이 안 들어.

　(마을에 불이 들어온다) 봐, 이게 훨씬 마음 편하지.

레이: 인간은 어둠이 두려워서 불을 이용해 어둠을 지우

　며 살아왔어.

아스카: 오, 철학적이네!

빛이 있는 곳에는 그림자가 드리운다. 이 말은 호기심과 지성(=빛), 수수께끼와 물음(=어둠)이 멋지게 대조를 이루는 메타포다.

인간은 자신을 둘러싼 수수께끼와 의문을 풀기 위해 해석과 설명을 부여해 왔다. 그러나 수수께끼는 완전히 사라지지 않는다. 빛이 그림자를 낳듯, 빛으로 암흑을 지워도 늘 어딘가 어두운 부분이 남는다. 하지만 그렇게 영원히 남는 어둠이야말로 '거기에 뭔가 있을지도 모른다'는 호기심을 부추기고, 다른 어둠에 빛을 비추도록 격려하는 존재가 아닐까?

수수께끼가 존재하며, 모든 것을 손에 넣을 수 없기에 인간에게는 호기심이 싹튼다. 카지의 말을 빌리자면 그것이 바로 삶을 '재미있게' 만들어주는 요소다. 무언가를 만들고 키우는 일을 통해 많은 것을 배우는 행위를 '취미'라는 소박한 말로 표현한

이유는 그런 재미를 담기 위해서가 아니었을까?

물론 아스카가 '철학'을 언급한 것은 갑자기 추상적이고 딱딱한 말을 꺼낸 레이를 놀리려는 의도였을 뿐이다. 깊은 의도는 없었을 것이다. 하지만 끝없는 미지의 세계를 기꺼이 즐기고 수수께끼에 몰두하는 삶을 '철학'이라는 이름으로 묘사하는 것은 나쁘지 않은 방법 같다. 아니, 철학은 philo(사랑)와 sophia(지혜)의 조합이니 어쩌면 아스카는 자기도 모르는 사이에 철학의 핵심을 가리켰는지도 모른다.

실존주의, 대상관계이론, 소비사회이론의 조합

5장에서 신자유주의를 비판했다면, 6장에서는 사람들이 개인화가 불러일으키는 문제에 대처하기 위한 방편으로 쾌락적 나른함에 젖고 있음을 지적했다. 쾌락적 나른함에 젖으려 하는 이유는 자극이 끊어진 순간 느껴지는 따분함과 불안이라는 기분이 우리를 동요하게 만들기 때문이다. 스마트폰 등에서 쏟아지는 감각 자극의 '틈새'에 주목해야 한다는 논리는 존 듀이가 사용한 견해이고, 기분을 통해 드러나는 본질적 특성에 주목해야 한다는 논리는 하이데거와 구키 슈조九鬼周造 같은 실존주의 철학자들의 영향을 받았다.

그러나 이번에 가장 중요하게 다룬 내용은 멜라니 클라

인Melanie Klein 이후 대상관계이론에서 발전되어 온 논리다.° 클라인은 편집 분열 자리(사람이나 사물의 일부만 보고 관계를 구축하고 대상을 이원론적으로 바라보며 좋고 나쁨으로 나누는 상태)와 우울 자리(사람이나 사물에게 좋은 면과 나쁜 면이 공존한다는 사실을 인정하면서도 대상에게 두 가지 상반된 충동이 든다는 데 죄책감과 갈등을 느끼는 상태)를 이야기했다. 여기서 논의를 더 발전시켜 토마스 옥덴이 '자폐 접촉 자리'라는 말을 새로이 도입했다. 피셔가 말하는 '우울증적 쾌락'은 자폐 접촉 자리에 있는 사람이 보이기 쉬운 방어행동으로 이해할 수 있다. 이런 방어행동을 소비사회이론(혹은 미디어이론)의 관점에서 파헤쳤다는 점도 이 책의 또 다른 특징이다.

6장의 내용은 다른 말로 이렇게 정리할 수도 있다. 세상이나 타인과 접촉하려 할 때 우리는 대상을 섣불리 좋고 나쁨으로 나누어 파악하는 편집 분열 자리(오르테가가 비판한 현대인의 모습)에 갇히거나, 그런 이원론에 얽매이지 않고 분위기를 미적지근하게 유지하기 위해서 자폐 접촉 자리(피셔가 우려한 현대인의 모습)를 통해 어떻게든 자신을 지키려 하는 경향이 있다고 말이

°   클라인은 대상관계이론의 '원류'일 뿐 대상관계이론의 입장에 직접 해당되지는 않는다고 생각하는 견해도 있다.

다. 자기계발 문화의 과도한 자기 신뢰는, 말하자면 편집 분열 자리를 뒷받침하여 복잡한 문제를 멋대로 후련하게 배출해 버리는 행동이라고 말할 수 있다.

우리는 흑백을 가릴 수도, 속 시원히 이해할 수도 없는 세상의 복잡한 문제를 싹둑 잘라내지 않고, 불확실함과 적절히 공존하며 차근차근 매듭짓는 방법(=우울 자리)을 찾아야 한다. 또한 취미와 자치라는 관점이 거기에 도움이 된다. 6장의 주제는 바로 이런 내용이었다.

마지막에 다룬 카지와 카벨의 이야기는 '도덕적 완벽주의'라 불리는 입장과 연결되지만, 도덕적 완벽주의는 덕 윤리적인(그리고 다소 엘리트주의적인) 이미지가 있기 때문에 무겁고 너무 진지한 분위기를 띤다. 그래서 '취미'라는 개념처럼 가볍고 산뜻한 느낌을 더하기 위해 이들의 이야기를 덧붙였다.

외로움은 우리를 외톨이로 만든다

지금껏 철학자는 물론 심리학자와 미디어 연구자 그리고 영화와 애니메이션 등 각양각색의 이야기를 둘러보았다. 스스로를 의심하며 미아가 되어 생각하고 길을 찾고 걷는 여정은 어땠을까. 책의 첫머리에 수록한 글을 다시 한번 살펴보자.

삶은 몹시 힘겹고 불안한 일이므로 그대들도 삶에 싫증을 느끼지 않는가? (중략) 그대들은 모두 고된 일을 좋아한다. 빠르고 새로우며 낯선 것을 좋아한다. 그대들은 자신을 제대로 견디지 못한다. 어떻게든 자기 자신을 잊어버리고 자신에게서 도망치려 한다.

이 글을 올바로 받아들이면서도 너무 심각하지 않게, 지나치게 내면을 파고들지 않고, 소통과 연결의 소중함을 무작정 호소하지도 않으면서 전할 수 있는 말은 무엇일까? 그리고 우리가 달아나고 있는 '답답하고', '소화하기 힘들며', '어렵고', '완전히 파악할 수 없는' 문제를 마주하기 위한 구체적인 단서는 무엇일까? 지금껏 우리는 이런 물음을 던져왔다.

　　이 책의 목적은 여러 가지로 정리할 수 있지만, 이를테면 '관심경제가 가속시킨 외로움에 대처하기 위해서'라고 설명할 수도 있다. 다만 우리가 지금껏 맞서온 것은 외로움 자체라기보다는 외로움에 사로잡혀 행동하는 우리 자신이었다. 한 사람 한 사람이 얼마나 빈틈없이 자신을 고된 일로 둘러싸고 있는지, 그리고 스마트폰과 스마트폰이 만들어낸 소비 환경이 여기에 얼마나 기여하고 있는지를 여러 차례에 걸쳐 확인했다(여기에 포스트포디즘이라는 논점도 더해서).

　　외로움, 그러니까 혼자라고 느끼며 누군가를 갈망하는 마음이라고 하면 호의를 가진 채 다른 사람에게 의존하는 모습을 떠올리기 쉽지만, 그건 너무나 단순한 생각이다. 요시노 사쿠미吉野朔實의 『도쿄瞳子』라는 만화에는 "미워함으로써 엄마에게 의존하는 자신을 인정했다"라는 인상적인 말이 나오는데, 아주 적절한 표현이다. 적대심이나 공격성 또한 타인을 향한 강한 의존의 표현이기 때문이다. 인터넷에서 활동하는 소위 '안티'나 음모론

자를 떠올리면 알 수 있듯이, 미워하고 비난하는 행동도 모두 외로움의 발로다. 호의와 적의 모두 외로움에서 비롯된 표현일 수도 있다는 이야기다.

외로움에 휘둘릴 때 우리는 외톨이다. 타인을 갈망하고 의존하는 마음에 사로잡혀 자기 마음속 다양한 목소리를 잃어버리고 단 한 가지 목소리만 내는 평면적인 인간이 된다. 불안을 지워줄 누군가를 원하면서도 얻지 못하기에 외톨이일 뿐만 아니라, 자기 안에 사는 수많은 타인이 더 이상 '없는 존재'가 된다는 의미에서도 외로움은 우리를 외톨이로 만든다. 그렇기에 다른 사람과 함께 있고 싶다는 마음이 한층 더 크게 부풀어 오른다.

이렇게 단조롭고 평면적인 사람은 자기 내면에 자신을 상대화하는 요소가 존재하지 않는다. 따라서 눈에 띄는 목소리 하나가 메아리치고 더욱 증폭되어 자신의 내면만 들여다보게 된다. 또는 타인의 목소리에 잠식되어 그 사람의 목소리를 '내 마음의 소리'처럼 여기는 사태가 벌어진다. 이것이 나쁜 감정 쪽으로 굴러가면 "아무도 날 알아주지 않아", "이놈은 아무것도 모른다", "아무튼 지시만 따르면 돼", "그 사람이 어떻게든 해결해 줄 거야"라는 마음의 소리가 끓어오르게 된다.

외로움에 휘둘리는 사람들의 특징은 자기 자신에 대한 과도한 관심과 자기 완결성이다. 외로움은 타인을 원하는 듯 보이지만, 실제로는 자기가 의존하거나 편리하게 다룰 수 있는 타인을 바랄 뿐이다. 그런 점에서 자신을 향한 강렬한 관심의 연장선 위에 있는 셈이다. 스마트폰을 통한 멀티태스킹과 다양한 사람과의 접속은 이러한 자의식을 자극하고 비대하게 만든다.°

자신의 인생 안에 갇혀 자아의 미궁을 끝없이 맴돌며, 타인의 말과 사회적 조건 등 외부에서 일어나는 모든 일을 내가 지닌 '생각'과 '의견'을 토대로 비판하고 설명하고 평가할 수 있다는 착각에 빠진다. 이것이 자기 완결성이다. 오르테가가 '이기주의', '미궁', '자신의 삶 안에서', '자기중심적으로 걷다', '빙빙 맴돌다'라는 말로 비판한 점이다.

고독과 취미를 만드는 법

지금까지 자신에 대한 과도한 관심과 자기 완결적 사고방

°   표현이 좀 격한 편이라 본편에서는 소개하지 않았지만, SNS가 등장한 이후의 정신분석을 다룬 『나르시시즘과 불만Narcissism and Its Discontents』이라는 책이 있다. 크리스토퍼 래시Christopher Lasch가 1978년 『나르시시즘의 문화The culture of Narcissism』라는 책을 출간한 이래 대중사회와 나르시시즘이라는 논점은 미디어 환경과 시대 상황에 따라 다양하게 변주되어 왔다.

식에 대항하는 다양한 방법들을 살펴보았다. 고독과 고립, 이를 가능케 하는 '뭔가를 만들고 키우는' 취미, 끊임없이 다시 쓰고 읽기, 따분함과 결여된 기분 맛보기, 감정적 내실, 손끝에 시선 빼앗기지 않기, 자치, 자기 머리로 생각하지 않기, 상상력을 풍부하게 만들기, 자기 안에 수많은 타인을 살게 하기, 소극적 수용력, 끝없는 탐구에 나서는 모험적 호기심.

줄줄이 늘어놓았으니 이번에는 '고독'과 '취미'를 바탕으로 다시 정리해 보자. 스마트폰과 SNS라는 미디어가 만들어낸 습관 때문에 우리는 외로움에 속절없이 끌려 다니며 살고 있다. 이런 시대에 사람들은 '고독'을 쉽게 잃어버린다.

고독은 홀로 자기 자신과 대화하는 상태를 가리킨다. 스마트폰은 사람들의 관심을 이리저리 흐트러뜨리고 멀티태스킹에 빠트려 고독을 손에 넣기 어렵게 만든다. 그래서 '고독'은 날이 갈수록 더욱 중요해지고 있다. 그러나 실제로는 아무 때나 아무렇게나 '고독'에 의지할 수 있는 것은 아니다. 아렌트가 지적했듯이 고독은 언제든 외로움으로 돌변할 수 있기 때문이다.[1] 자신을 감당하지 못하고 다른 사람을 갈망하게 되는 외로움은, 강한 자기애를 드러내며 고독의 중요성을 호소하는 모습으로 나타날 수도 있다.

고독해져라, 고독을 두려워하지 마라, 친구는 필요 없다, 하고 주장하는 책이나 기사가 이 세상에는 참 많다. 자신의 미의식을 믿어라, 내면의 목소리를 들어라, 하는 메시지를 전하는 자기계발서도 있다. 모두 타인과 세상을 소음처럼 여겨 이를 피하며 자기 안에 틀어박히기를 종용하는 말이다. 잘 해낼 수 있다는 자부심에 매달리고, 다른 사람은 상관없이 내 마음에만 귀 기울이면 된다며 타인을 일부러 업신여기는 자세는 '외로움'의 또 다른 형태가 아닐까. 타인을 갈구하는 자신을 강하게 부인하려다 타인을 소음처럼 취급하게 된 듯 보인다. 하지만 이런 모습은 이 책에서 말하는 고독과 아무 상관도 없을뿐더러 적대심의 모양을 한 외로움에 지나지 않는다.

여기서 알 수 있는 사실은 고독은 물론 중요하지만 자칫 잘못하면 외로움으로 변할 수도 있으니, '어찌 됐든 혼자가 되면 된다'든지 '아무튼 고독을 강조하면 해결된다'는 뜻은 아니라는 점이다. 그러므로 고독을 가볍고 경쾌한 것으로, 너무 심각하지 않게, 되도록 즐거운 일로 그리고자 했다. 왠지 멀게 느껴지는 이야기가 아니라 친근하고 즐거운 모습으로 다가가길 바라서였다.

그래서 '취미'라는 키워드를 함께 소개했다. 취미란 산뜻하고 경쾌하게 느껴지는 말이니까. 4장의 제목에는 '고독'과 '취미'가 모두 들어갔다. 그렇다면 결국 '고독과 취미를 만드는 법'

이란 무엇이었을까?

　　이 책에서 제안한 '고독을 만드는 법'은 취미를 갖는 것이다. 단, 여기서 취미란 일상적인 말과는 조금 다르게 '뭔가를 만들거나 키우는 활동'으로 한정했다. 더불어 '취미'는 다른 사람에게 보여주기 위해서가 아니라 사회생활과 동떨어진 자치의 영역에서 홀로 시행착오를 거치며 완성하는 일이어야만 한다.

　　취미로 만든 물건을 중고 판매 사이트에서 판매하거나, "이게 내 취미야!"라며 SNS에 올리거나, 유행 따라 세 달쯤 잠깐 하고 마는, 마치 이벤트 같은 일은 '취미'가 아니다. 하지만 업무의 일부가 이 책에서 가리키는 '취미'가 될 수는 있다. 영화 〈드라이브 마이 카〉 속 연극이나 폴 발레리의 시 창작이 구체적인 예다.

　　또 하나. 취미의 시행착오란 비즈니스 서적에서 말하는 '문제 해결' 같은 것과는 다르다. 피아노를 연주할 때 자기가 만족할 때까지 몇 번이나 다시 치며 음악을 완성하듯 시행착오에는 '반복'이라는 요소가 있다. 게다가 한 번 완성했다고 여겨도 1년 뒤에 다시 만들 수도 있고 또 1년 뒤에는 어떻게 될지 모른다. 이처럼 취미에는 끝이 없다. 취미는 놀이이므로 어떤 목표를 달성했다고 해서 그만두지 않는다.

　　"반복 연습이지. 같은 걸 계속 되풀이하는 거야. 스스로 만족할 때까지 계속. 그 방법뿐이야."

카오루의 이 말은 취미의 끝없는 즐거움을 잘 담아냈다.°

무언가를 만드는 일에는 끝이 없듯, 우리가 무언가를 만들 때 마주하는 '무언가'는 종잡을 수 없는 존재다. 우리는 이것을 '수수께끼'라 불렀다.°° 무엇이든 결코 생각한 대로 만들 수 없고 키울 수 없다. 이처럼 예상을 뛰어넘는 수수께끼와 계속해서 놀다 보면 어느새 자기대화를 만날 수 있다. 다시 말해 취미는 종잡을 수 없는 수수께끼와의 대화를 통해 아렌트가 말하는 '하나 속의 둘'을 불러올 가능성이 있다는 이야기다. 이 책이 그려낸 '취미'는 이렇게 '만들어졌다'.

자신의 다양성이 잘 보이지 않을 때

고독은 나 자신과의 대화를 통한 자기 형성의 과정이라고도 말할 수 있다. 이것은 '자신이라는 정원'을 키우려는 도전이기

° 즐거운 일이라고 해서 취미가 힘들거나 귀찮은 부분을 일절 포함하지 않는 것은 아니다. 예를 들어 수박을 키울 때는 물을 주거나 잡초를 뜯어야 하고, 피아노를 매끄럽게 연주하려면 재미없는 반복 연습이 필요하다. 취미가 늘 부단한 작업과 학습 없이 이루어지는 것은 아니라는 뜻이다.

°° '수수께끼'는 『쓰루미 슌스케의 말과 윤리』라는 졸저의 키워드로, 이 책에서 잠시 빌려 왔다.

도 하다. 자신이라는 정원에는 다양한 타인과 작품 그리고 취미를 통해 만든 사물 등의 영향을 받아 각양각색의 초목이 우거진다. 수국이 싱그럽게 피어 있는가 하면 심은 기억도 없는 안개꽃이 피기도 하고, 정성 들여 키운 수박이 시들어갈 수도 있다. 자기란 이런 알록달록한 풀꽃들의 혼합체다.

그러나 누군가의 눈에 노출되면 다양성은 모습을 감춘다. 다른 사람과 함께 있을 때 우리는 '홀로' 존재하기 때문이다. 다시 말해 다양한 자기를 구분해서 쓰지 않고, 그저 나라는 한 인간으로서만 존재한다. 실제로는 온갖 식물이 울창함에도 불구하고 수박밭이 눈에 띈 순간 '열심히 기른 수박이 모두 시들기 직전'이라는 점만 바라보게 된다. 애초에 어설프게 자신을 구분해서 쓰려 하면 한결같은 태도로 소통하기가 어렵다. 그래서 타인의 눈에 노출되었을 때 우리 안의 다양성은 찾기가 힘들어진다.

"그러면 서로 자기의 일부뿐만 아니라 다양한 부분을 드러내 다면적이고 일관되지 않은 관계 속에서 소통하는 것이 중요하겠군." 이런 생각이 들 수도 있지만, 그건 너무 단순한 생각이다. 애초에 우리는 자신의 다면성을 그리 또렷이 인식하지 못하기 때문이다. 우리는 외로움에 사로잡혔을 때(또는 자기계발의 논리에 맞추어 '내 마음에 따라' 행동할 때) 스스로를 평면적인 존재로 인식하기 쉽다. 스마트폰을 들고 다니며 SNS를 통해 거의 매순간 타인에게 노출되어 있으니 자신의 다양성을 스스로 억압하고 있을지도 모른다는 관점으로 보아야 한다.

더불어 사람들이 이미 '이어지는 방법'을 잊어버렸을지도 모른다는 문제도 있다. 현대인들이 "누군가와 연대하자!", "모두와 대화하자!"라는 구호에 따라 행동하면, 틀에 박힌 내용이나 사진을 주고받으며 언제든 쉽게 끊을 수 있는 미지근한 관계를 '연결'이라 부르게 될지도 모른다. 물론 느슨한 커뮤니케이션도 필요하지만, 소셜 미디어나 인터넷 게임 따위를 이용하면 느슨한 소통에는 쉽게 접속할 수 있으니 굳이 강조할 필요는 없다. 반대로 지금 접속하기 어려운 것을 강조해야 한다. 그렇다면 우리가 잊어버린 관계란 무엇일까?

인터넷도 스마트폰도 없던 시대, 미국 남부의 교외 도시를 무대로 한 그래디 헨드릭스Grady Hendrix의 『호러북클럽이 뱀파이어를 처단하는 방식』이라는 소설이 있다. 작품에서는 한 인물이 소중한 친구들과 가족을 비롯한 지역 공동체 전체에서 나쁜 사람으로 낙인을 찍힌다. 바로 주인공 퍼트리샤다. 그녀가 비밀을 간직한 채 북클럽 친구들을 의도대로 움직이려 한 결과, 모두가 너덜너덜하게 상처를 입고, 퍼트리샤 또한 평판이 땅에 떨어지고 신뢰를 잃는다. 하지만 퍼트리샤는 친구들과 관계를 끊지 않는다. 친구들만은 상황을 제대로 이해할 수 있도록 온갖 수단과 방법을 동원해서 대화를 계속하려 한다. 언제든 쉽게 '끊어버릴' 수 있는 관계에 익숙한 현대인들은 이런 관계성과 유대를 상상하기가 날이 갈수록 힘겨워진다.

그래서 이 책에서는 자신의 복수성을 깨닫고 이를 키우는 방법을 알기 쉽게 정리하기 위해 힘썼다. 고독과 취미에 대해 여러 번 설명한 것도 같은 이유에서였다. 이 책의 내용을 한마디로 설명하자면, 많은 사람과 연결되어 있지만 말고 개인적인 즐거움도 추구할 필요가 있다는 말이 되겠다. 스마트폰 시대에는 고독이 있어야만 타인과도 바람직한 관계를 맺을 수 있으니 말이다.

하지만 계속 '내 안의 타자'에게만 관심을 기울일 수는 없다. 신지에게 카지라는 존재가 그랬듯이 자신을 보살펴 주는 타인에 대해서도 생각해 보아야 한다.

동료와 신뢰의 중요성

한나 아렌트는 고독에 대해 이야기하며 동료라는 존재를 언급했다. 동료는 외로움에 사로잡힌 인간이 자칫 의존하기 쉬운 존재이지만, 동시의 우리에게 버팀목이 되는 존재이기도 하다.

자아는 고독 속에서 실감할 수 있지만, 그 정체성을 확인해 주는 것은 오직 나를 신뢰하고 나 또한 신뢰할 수 있는 동료의 존재뿐이다.[2]

참 푸르다, 이 꽃 정말 예쁜걸, 풀이 곧 시들 것 같아. 신뢰할 수 있는 동료들은 이렇게 정원의 식물들을 알아차리고 말을 걸며 존재를 인정해 준다. 동료가 자신을 보거나 말을 걸 때 혹은 내가 동료와 대화할 때 스스로도 정원을 열심히 가꾸게 된다. 믿을 수 있는 동료 덕분에 정원이 울창해지기도 한다. 때로는 씨앗을 나눠주는 사람도 있다.

여기서 나오는 '신뢰'라는 말은 믿을 만한 사람인가 아닌가 하는 개인의 문제보다는 이 세상에서 마음 편히 살아갈 수 있는가 하는 문제와 관련이 있다. 근본적인 의미에서 누군가 자신을 인정해 준다는 안도감은, 고독 속에서 사고하고 취미를 통해 다양한 시행착오를 경험할 때 없어서는 안 될 요소다.

아렌트는 앞에서 소개한 글에 이어 이렇게 말했다.

외로움 속에서 인간은 사유의 파트너인 자기 자신과 세상에 대한 근본적 신뢰를 잃어버린다. 인간이 무언가를 경험하는 데 필요한 것은 바로 이러한 신뢰다.[3]

외로움은 다른 사람뿐 아니라 자신도 세계도 믿지 못하게 만든다. 친구와의 관계가 변질되고 지역 공동체에서 평판이 땅에 떨어져 빈껍데기처럼 변한 퍼트리샤의 상태가 바로 이와 같다. 여기서 초점을 맞추고 싶은 부분은 인용문의 후반부다. 아렌트는 자기를 다양하게 만들어주는 고독이 세계와 타인 그리고 자신에 대한 기본적인 믿음을 바탕으로 성립되며, 믿음은 바로 신뢰할 만한 동료가 키워준다고 말했다.

소설 『호러북클럽이 뱀파이어를 처단하는 방식』에는 퍼트리샤가 정신적으로 물리적으로 상처를 입고 입원했을 때 슬리크라는 친구가 다음 날 아침 찾아와 한 시간 가까이 침대 옆에 가만히 머무는 에피소드가 나온다. 퍼트리샤에 대한 평판이 나빠진 탓에 다른 북클럽 멤버들은 체면을 생각하느라 다가가지 못했지만, 슬리크는 병원을 찾아와 퍼트리샤의 곁에서 함께 시간을 보내준다. 슬리크의 행동은 퍼트리샤에게 몹시 고맙고 든든하게 느껴졌을 것이다. 다만 그것은 슬리크 개인에 대한 믿음뿐만 아니라 '난 아직 이 세상에 존재해도 되는구나' 하는 마음까지 단단하게 만들어주는 행동이었다. 아렌트가 말한 "자기 자신과 세계에 대한 근본적 신뢰"가 바로 이것이다.

아렌트는 인간만 염두에 두고 이야기했겠지만, 인간 이외의 존재도 '동료'가 되지 않을까? 개나 고양이 같은 반려동물, 영화나 만화의 주인공, 내가 만든 것(수박, 시, 음악, 그림) 말이다. 또한 창작물에 등장하는 신비로운 모티프처럼 무언가를 만들다 우연히 만난 존재도 '동료'가 될지도 모른다.

누군가에게 신뢰받고 또 누군가를 신뢰하는 일은 끊임없이 '배우고', '자신과 타인을 알고자 노력하는' 행위의 기반이 된다는 점도 알아두자. 보충 설명은 이 정도면 충분할 듯하다.

자기의 다양성을 작곡하는 일

하지만 타인과의 신뢰 관계는 의존적인 관계로 변하거나, 메신저에서 이모티콘이나 자기들만의 은어로 정해진 신호를 주고받는 소통으로 흘러가기도 한다. 꼭 나쁘다고만은 할 수 없지만, 관계 속에서 '답답하고', '소화하기 힘들고', '어려운' 문제를 포용할 여지가 사라진다는 점은 문제다.

역시 균형이 무엇보다 중요하다. '고독 속에 있는 나'와 '동료와 함께 있는 나'의 긴장 관계. 혼자 있는 것만으로는 문제가 해결되지 않지만, 누군가와 함께한다고 해서 상황이 늘 좋은 쪽으로 굴러가지도 않는다. 어느 한쪽으로 치우치지 않도록 모든 자신에게 다른 나 자신의 질문과 수수께끼를 골고루 던지는 것이 중요하다.

2장에서 제시한 '내 안에 다른 사람을 살게 한다'라는 이야기를 떠올려 보자. 다른 이를 내 안에 살게 할 때, 타자를 자신의 색으로 물들이지 않고 타자가 본래 모습 그대로 존재하게 하는 것이 중요하다고 설명했다. '자신'을 다양한 타자가 사는 공간으로 빚어낸다는 관점에서 보면, '고독 속에 있는 나'와 '동료와 함께 있는 나'의 차이도 자신의 다양성을 키울 계기가 된다. 각양각색의 공동체에 소속됨으로써 '동료와 함께 있는 나'를 늘릴 수도 있으니 결코 나쁘지 않은 생각이다.

어맨다 고먼Amanda Gorman이라는 미국의 젊은 시인은 『우리가 오르는 언덕』에서 "완벽한 공동체를 form한다"와 "다양한 조건과 차이에 헌신하는 나라를 compose한다"라는 표현이 대비를 이루게 했다.[4] 그녀의 말을 빌리자면 우리의 목표는 '완벽한 자기를 형성하는 것(to form)'이 아니라 어떤 수수께끼든 '온 힘을 다해 마주하는 자기를 구축하는 것(to compose)'이다. 구축이라고 번역한 'compose'에는 '작곡하다'라는 의미가 있다. 이 표현의 뉘앙스를 들여다보면 고먼의 단어 선택은 이 책의 흐름 속에서도 유독 반짝여 보인다.

곡은 한 사람의 힘으로 만들어지지 않는다. 주제 선율에 힘을 쏟는 사람이 있는가 하면, 짝을 이루는 선율을 담당하는 사람도 있고, 반대로 어떤 사람들은 리듬을 구성하는 데만 전념한다. 타인을 살게 하는 것은 이처럼 작곡에 참여하는 사람을 더 많이 늘리는 일이라 할 수 있다.

평소 음악을 듣다 보면 서로 어우러지지 않는 음들이 불협화음처럼 튀어나오기도 하는데, 이런 소리가 없으면 매력적인 음악이 되지 않는다. 책 곳곳에 써온 '답답함', '소화하기 힘듦', '어려움' 같은 말은 마치 불협화음과도 같다. 이것이 있어야 음악에 깊이를 더할 수 있다. 메이저 코드만 있으면 심심할 테니 마이너 코드도 적절히 섞어야 하지 않는 것처럼.

각기 다른 날에 태어났듯이 음악이 시작된 시간도 제각각이지만, 우리는 아직 끝나지 않은 노래와 같은 존재다. 다만 처음부터 철저히 설계해서 작곡하는 것은 아니다. 우리는 삶이라는 곡을 늘 즉흥적으로 만들어간다. 재즈의 즉흥 연주처럼 탐색하듯 천천히 시작한 음악에 주변 사람들이 차례차례 참여한다. 언제 끝날지는 아무도 모른다.

콘트라베이스 소리가 다소 많이 들어간 구성, 누군가가 피아노 연탄을 시작한다. 앞에 나온 멜로디를 반복하는 것이 재미있어지는 타이밍도 있고, 새로운 악기로 바꾸어 연주하는 사람도 나온다. 갑자기 누군가 연주에 끼어들면 한층 더 재미있어진다. 가끔 여러 사람이 같은 선율을 연주할 때도 있지만, 그럼에도 악기 소리는 다양하다.

자기 형성의 과정을 이렇게 즉흥곡을 작곡하는 과정처럼 받아들이면 훨씬 가볍고 재미있게 느껴진다. 또한 오르테가가 말했듯 주변에서 일어나는 모든 일을 진지하게 포착하려 하는 경계심은 즉흥 연주에 참여한 사람들이 서로의 소리를 들으려 노력하는 신중함으로도 바꿔 말할 수 있다. 그런 자세면 충분하지 않을까? 그러니 이 책의 여행은 모험과 여행으로 시작해 치료와 정원, 좀비 영화, 숲, 수박밭 등을 거쳐 음악이라는 은유로 끝을 맺어야겠다.

이 책을 통해 독자에게 전하고 싶었던 상상력은 앞에서 인용한 셰리 터클의 글에서 잘 드러난다.

우리는 감정을 더 풍부하게 하고 더욱 나답게 느끼기 위해 접속한다. 그런데 계속 접속할수록 우리는 고독에서 더 멀리 달아난다. 그러는 사이 따로 떨어져 자신에게 집중하는 능력이 점점 쇠퇴한다. (중략) 홀로 생각하는 습관이 없으면 당당하고 자신 있게 자기 생각을 말할 수 없게 된다. 협력하는 힘을 기르지 못하며, 혁신도 일어나지 않는다. 그러려면 상시 접속에 의해 점점 시들어가는 힘, 즉 고독을 맛보는 능력이 필요하기 때문이다.

오르테가, 니체, 파스칼의 말과 카츠라기 미사토의 모습을 통해 확인한 인간의 비참함, 피셔와 자기계발론, 이카리 신지의 처지를 통해 살펴본 현대 문화 경제의 가혹함. 그리고 스마트폰이 사람들의 주의를 흐트러뜨리며 만들어내는 소비 환경. 이들은 우리의 주체성을, 그러니까 나라는 '이야기'를 소유하고 주인공으로 살고자 하는 힘을 빼앗는다.

　그래서 이 책에서는 지금 사람들에게 필요한 '고독'과 이를 손에 넣기 위한 '취미'에 대해 이야기했다. 물론 고독과 취미가 중요하다고 말한다고 해서 모두 결론이 나고 해결되는 것은 아니다. 논의와 탐구는 어디까지 나아가든 늘 부족한 법이니까. "그래서 독서는 참 재미있어." 카지라면 이렇게 말하지 않을까.

　후기를 대신해서 일화 하나를 소개하고 싶다. 소설가 구로이 센지의 에세이에 나온 이야기다. 어떤 작가가 뭐든 다 아는 듯 보이는 사람에게 "당신한테는 아무것도 묻지 않겠소"라고 말했다. 왜 그렇게 말했냐고 묻자 작가는 이렇게 답한다.

　"뭘 묻든 모르는 게 없을 테니 재미없잖아."

　작가는 그가 소극적 수용력이 없는 사람이라고 생각한 것이 아닐까. 모르는 것을 알고자 하는 행위가 얼마나 '재미있는지' 이야기한 카지와도 어딘가 비슷하다.

　하지만 이 책을 읽은 독자에게는 구로이 센지의 다음 말이 더 흥미롭게 느껴질지도 모른다.

작가는 그저 답이 궁금했던 것만은 아닐지도 모르겠다. 그게 아니라 자신이 안고 있는 의문에 끼어들어 함께 생각하는 자세를 원한 게 아닐까. 그렇게 멋대로 상상했다.[5]

상대방으로부터 답을 얻는 것도, 나 혼자 생각하는 것도 아니라 누군가와 함께 미지의 무언가를 생각하는 모험의 기쁨을 이야기한 것이 아닐까 싶다.

어떤 의미에서 이 책을 읽는 일은 '내가 가진 의문에 뛰어들어 함께 생각해 보는' 과정이었을지도 모른다. 실제로 타인의 상상력을 배우고 타인을 내 안에 살게 하는 것은 자신의 의문에 대한 답을 찾는 것이 아니다. '다른 사람이 가진 의문에 뛰어들어 함께 생각해 보는' 일이다. 그렇게 익힌(아마도 익혔을) 몇 가지 상상력이 이번에는 독자 한 사람 한 사람의 '의문'을 헤매는 데 도움이 될 것이다.

이 책의 상상력이 여러분 안에 사는 사람 중 하나가 된다면 저자로서 몹시 만족스러울 것이다. 하지만 그보다 더 기쁜 일은 이 책이 다른 여러 책과 대화에 손을 뻗어 다양한 상상력을 얻는 계기가 되는 것이다. 욕심 가득한 지적 모험의 여정 어딘가에서 다시 여러분을 안내할 수 있기를 바란다.

초고 단계에서 원고를 검토해 준 고다마 마이코 씨와 도리이 나오키 씨, 논의를 통해 이 책에 대해 다양한 힌트를 준 오가와 기미요 씨와 다카다 리코 씨. 마침 다른 책을 함께 만드느라 많은 대화를 통해 자기도 모르는 사이 이 책의 모양을 만드는 데 힘을 실어준 스기타니 가즈야 씨와 주희철 씨. 편집을 맡은 하시모토 리나 씨와 지바 마사유키 씨, 일러스트를 그려준 모리 유 씨, 디자인을 맡은 사토 아사미 씨. 모든 분께 감사드린다. 그리고 야옹야옹 울기 담당인 고양이 시온도.

조금 쌀쌀해진 교토에서

다니가와 요시히로

미주

프롤로그

1. 프리드리히 니체, 『차라투스트라는 이렇게 말했다ツァラトゥストラ 上巻』, 光文社古典新訳文庫, 2010, 90. 읽기 쉽게 일부 표기를 수정하여 인용했다.

2. 2년 후〈Less is More.〉에서 「프래그머티즘과 비합리적인 열정. 배움 끝의 충동プラグマティズムと非合理な情熱。学びの果ての衝動」이라는 인터뷰를 했다. 두 인터뷰 기사 모두 웹사이트에서 확인 가능하다.

3. 이러한 여행의 특징은 다음 두 논문에서 다루었다.
다니가와 요시히로, 「콘텐츠 투어리즘부터 '성지 순례 같은 것'에 이르기까지コンテンツ・ツーリズムから《聖地巡礼的なもの》へ：コンテンツの二次的消費のための新しいカテゴリ」, 『フィルカル』3(2), 2018, 140-174.
다니가와 요시히로, 「디지털 게임을 통해 바라보는 콘텐츠 투어리즘의 교육성デジタルゲームから考えるコンテンツツーリズムの教育性：記憶の参照、積層する記憶、確認とズレ」, 『コンテンツ文化史研究』13巻, 2022, 26-47.

4. 에픽테토스(國方栄二訳), 『에픽테토스 강의 1·2, 3·4人生談義 下巻』, 岩波文庫, 2021, 145-146. 인용문에 나오는 '누공'이란 농양으로 인해 체내 조직에 구멍이 생기는 질환을 가리킨다. 참고로 철학과 의술·의학의 관계에 대해서는 후쿠시마 료타의 저서 『감염증으로서의 문학과 철학感染症としての文学と哲学』(2022)에서 흥미롭게 다루었다.

5. 에픽테토스의 『강의dissertationes』에서 발췌한 글을 정리한 내용이다. 제논은 소크라테스와 마찬가지로 고대 그리스의 철학자다. 여기서 'dissertationes'는 '담화록'이라고 번역하기도 한다.

6. 야마시타 토모코, 『위국일기 6違国日記 6巻』, 祥伝社.

7. 2021년 10월 12일과 19일 일본 TBS 라디오〈오기우에 치키·Session〉에 출연했다. 방송은 스포티파이 등에서 들을 수 있다.

1장

1. 오르테가 이 가세트(佐々木孝訳), 『대중의 반역大衆の反逆』, 岩波文庫, 2022, 64.

번역문은 영문판을 토대로 변경한 내용이며 이후에 나오는 인용문 또한 마찬가지다.

2. 같은 책, 148.
'현대인'이라고 쓴 부분은 본래 '평균인'이지만, 평균인은 곧 현대인이라는 뜻이므로 바꿔 썼다.

3. 같은 책, 112.

4. 같은 책, 249.

5. 같은 책, 271.

6. 같은 책, 146.

7. 같은 책, 112.

8. Amber Case, *Calm Technology*, O'Reilly Media, 2016.

9. 멀티태스킹화하는 콘텐츠 소비에 대해서는 『추오코론中央公論』 2022년 8월호 「소비자가 원하는 '체험' 다시 보기消費者が求める「体験」の再編集」에서 자세히 설명했다. 인터넷에서 일부를 확인할 수 있다.

10. Mark Fisher, *Capitalist Realism*, Zero Books, 2009, 24. 원문에 따라 일부 수정했다.

11. 토마스 옥덴(和田秀樹訳), 『'틈새'의 공간「あいだ」の空間 : 精神分析の第三主体』, 新評論, 1996, 194-196(Thomas H. Ogden, *Subjects of Analysis*, Jason Aronson, 1977).

12. Mark Fisher, *Capitalist Realism*, 24. 원문에 따라 일부 표현을 수정했다.

13. 이와 관련된 내용은 『추오코론』 2022년 2월호 〈콘텐츠의 안과 밖은 불가분의 관계コンテンツの内と外は不可分に〉에서도 다루었다.

14. 「아즈마 히로키와 우에다 요코에게 듣는 교양이란 무엇인가 ②」, 웹사이트 〈미래의 아이디어〉에 소개된 인터뷰. https://www.mirai-idea.jp/post/genron05

15. 구로이 센지, 「수상: 너무 많이 안 사람随想 : 知り過ぎた人」, 『學士會会報』, no.912, 2015, 65.

16. 도하타 가이토, 『모든 걸 비추는 밤, 마음만은 보이지 않아なんでも見つかる夜に、こころだけが見つからない』, 新潮社, 2022, 207-208.

17. 프리드리히 니체, 『차라투스트라는 이렇게 말했다』, 90.

2장

1. 사회학자 쓰쓰이 준야가 『사회를 알려면社会を知るためには』이라는 저서에서 사회를 이해하기 어려운 이유를 설명하며 음모론에 대해 흥미로운 이야기를 했다. 그리고 내가 주희철, 스기타니 가즈야와 함께 쓴 『네거티브 케이퍼빌리티로 살다ネガティヴ・ケイパビリティで生きる』라는 책에서도 음모론을 다루었다.

2. 에픽테토스, 『에픽테토스 강의 1·2, 3·4人生談義 下巻』, 岩波文庫, 2021, 393.

3. 팀 잉골드의 이동에 관한 이론은 다음 글에서 자세히 정리했다.

   다니가와 요시히로,「게임은 어떤 이동을 부여하는가 ゲームはどのような移動を与え
   てくれるのか：マノヴィッチとインゴルドによる移動の感性論」,『Replaying Japan』2巻, 2020,
   165-175.

4. 자크 랑시에르(梶田裕・堀容子 訳),『무지한 스승 無知な教師：知性の解放について 新装
   版』, 法政大学出版局, 2019.

5. 이케요시 다쿠마 池吉琢磨・나카야마 야스오 中山康雄,「knowing-that과 know-
   ing-how의 구별 knowing-thatとknowing-howの区別」,『科学基礎論研究』37巻, 1号, 1-8,
   2009.

   이 논문은 "만화『위국일기』는 잡지『FEEL YOUNG』에서 연재된다"; "크롤은
   수영법을 가리키는 말이다" 같은 명제적 지식과 '자전거 타는 법'이나 '크롤 영
   법으로 수영하는 법' 같은 방법적 지식의 개념적 구별과 두 유형의 관계를 다룬
   다. 참고로 오픈액세스로 인터넷상에 공개되어 있으므로 누구든 읽을 수 있다.
   이 책은 철학에 초점을 맞추고 있어 길버트 라일의 논의와는 문맥이 많이 다르
   다. 라일의 논문은『마음의 개념』이라는 책에 실려 있다.

6. 다니가와 요시히로,「철학자 개인의 기술에 근거한 비즈니스와 협동 哲学者の個
   人技に基づくビジネスとの協働：クリスチャン・マスビアウ,『センスメイキング』を読む」,『フィ
   ルカル』5(3), 2020, 144-147.

   센스메이킹에 관한 이야기는 위 글을 바탕으로 썼다. 센스메이킹 이론의 기초
   가 된 칼 와익의『Sensemaking in Organizations』는 철학 등 여러 학문을 바탕으로
   구축한 이론을 담고 있어 간단명료한 비즈니스서나 자기계발서에 익숙한 독자
   들에게는 몹시 어렵게 느껴진다. 용어가 익숙지 않아 말의 의미를 제대로 포착
   하기가 어려운 탓이리라.

7. 지식과 지각의 관계는 겐카 도루의『'맛있다'란 무엇인가: 음식으로 풀어보는
   미학 입문 「美味しい」とは何か』이라는 책에서 식사라는 예시를 통해 알기 쉬우면
   서도 설득력 있게 풀어냈으니 참고해도 좋다.

8. 에픽테토스(國方栄二 訳),『에픽테토스 강의 1·2, 3·4 人生談義 上巻』, 岩波文庫,
   2020, 85.

9. 같은 책, 100.

10. 로버트 브랜덤(加藤隆文ほか 訳),『프래그머티즘 어디서 오고 어디로 가는가 プ
    ラグマティズムはどこから来て、どこへ行くのか 上巻』, 勁草書房, 2020, 165(Robert Bran-
    dom, *Perspectives on Pragmatism*, Harvard University Press, 2011).

11. 같은 책, 189.

12. 「철학책은 어떻게 읽으면 좋을까?」, 일본의 인문 포털 사이트 'web Genron'에
    수록된 기사 중에서. https://www.genron-alpha.com/voice20181012_01/

3장

1. 셰리 터클(渡会圭子訳), 『외로워지는 사람들つながっているのに孤独：人生を豊かにするはずのインターネットの正体』, ダイヤモンド社, 2018, 288-289. 인용문은 읽기 쉽도록 원문에 맞춰 일부 수정했다. 참고로 2011년은 원서의 출간 연도다.

2. 같은 책, 460.

3. 같은 책, 509.

4. Andrew Przybylski and Netta Weinstein, "Can you connect with me now?: How the presence of mobile communication technology influences face-to-face conversation quality," Journal of Social and Personal Relationships, 30(2), July 19, 2012, 237-46, doi: 10.1177/0265407512453827
   Shalini Misra, Lulu Cheng, Jamie Genevie, and Miao Yuan, "The iPhone Effect: The Quality of In-Person Social Interactions in the Presence of Mobile Devices," Environment and Behavior, 48(2), July 1, 2014, 275-98, doi: 10.1177/0013916514 539755

5. 셰리 터클, 『외로워지는 사람들』, 509-510.

6. 한나 아렌트(ジェローム・コーン編, 中山元訳), 『책임과 판단責任と判断』, ちくま学芸文庫, 2016, 164.

7. 같은 책, 162.

8. 한나 아렌트(大久保和郎・大島かおり訳), 『전체주의의 기원 2全体主義の起原3；全体主義 新版』, みすず書房, 2017, 349.

9. 같은 책, 348.

10. 폴 틸리히(茂洋訳), 『영원한 지금永遠の今』, 新教出版社, 1986, 11-15 등.

11. 무라카미 하루키, 『여자 없는 남자들女のいない男たち』, 文藝春秋, 2014, 256-257.

12. 셰리 터클(日暮雅通訳), 『대화를 잃어버린 사람들一緒にいてもスマホ：SNSとFTF』, 青土社, 2017, 89.

13. 같은 책, 110-112.

14. 같은 책, 65. 일부 표기는 읽기 쉽게 수정했다.

15. Elizabeth Cohen, "Does life online give you 'popcorn brain'?", CNN, June 23, 2011
    http://edition.cnn.com/2011/HEALTH/06/23/tech.popcorn. brain.ep/index.html
    Clifford Nass, "Is Facebook Stunting Your Child's Growth?", Pacific Stanford, June 14, 2017
    https://psmag.com/social-justice/is-facebook-stunting-your-childs-growth-40577

16. 셰리 터클, 『대화를 잃어버린 사람들』, 37.

4장

1. 안데르스 한센(久山葉子訳),『인스타 브레인스マホ脳』, 新潮新書, 2020, 136-152.
2. 셰리 터클,『대화를 잃어버린 사람들』, 110.
3. 마쓰오카 마사히로松岡真宏,『시간 자본주의의 시대時間資本主義の時代』, 日本経済新聞出版.
    스즈키 겐스케,『모두가 시간을 산다誰もが時間を買っている』, セブン＆アイ出版.
4. 안데르스 한센,『인스타 브레인』, 137
5. 기타다 아키히로,『광고 도시 도쿄: 그 탄생과 죽음増補 広告都市・東京：その誕生と死』, ちくま学芸文庫, 2011.
6. 셰리 터클,『대화를 잃어버린 사람들』, 51.
7. Mary Helen Immordino-Yang, Andrea McColl, Hanna Damasio, & Antonio Damasio, "Neural Correlates of Admiration and Compassion," Proceedings of the National Academy of Sciences, 106(19), 2009, 8024, doi:10.1073/pnas.0810363106
8. 야마시타 토모코,『위국일기 5』, 21화.
9. Yang, McColl, Damasio & Damasio, "Neural Correlates of Admiration and Compassion"
10. 한나 아렌트,『전체주의의 기원 2』, 349-350.
11. Yoshihiro Tanigawa, "Loneliness and Watermelons," in Christian Cotton, and Andrew Winters, eds., Neon Genesis Evangelion and Philosophy: That Syncing Feeling, Open University, 2022, 113-27
12. 한나 아렌트,『전체주의의 기원 2』, 349-350.
13. 이토 아사伊藤亜紗,『발레리: 예술과 신체의 철학ヴァレリー　芸術と身体の哲学』, 講談社学術文庫, 2021, 58.
14. 같은 책.
15. 요코치 사와코,『창조하는 전문가들創造するエキスパートたち：アーティストと創作ビジョン(越境する認知科学6)』, 共立出版, 2020, 168.
16. 같은 책, 167.
17. 이토 아사,『발레리: 예술과 신체의 철학』, 25.
18. 가와카미 미에코川上未映子, 무라카미 하루키,『수리부엉이는 황혼에 날아오른다みみずくは黄昏に飛びたつ 川上未映子 訊く/村上春樹 語る』, 新潮文庫, 2019, 144-145.
19. Wilfred Bion, Four Discussions with W.R. Bion, Clunie Press, 1978, 8-9 등
20. Lawrence Brown, "Bion's discovery of alpha function: Thinking under fire on the battlefield and in the consulting room," The International Journal of Psychoanalysis, 93(5), 2012, 1191-214 doi:10.1111/j.1745-8315.2012.00644.x
21. cf. Nicky Glover, Psychoanalytic Aesthetics: An Introduction to the British School, Phoenix Publishing House, 2018, 105

22. 하하키기 호세이, 『답이 보이지 않는 상황을 견디는 힘ネガティブ・ケイパビリティ：答えの出ない事態に耐える力』, 朝日新聞出版, 2017, 5-6. 참고로 하하키기 호세이는 비온의 책을 통해서가 아니라 비온의 개념을 받아들인 인물을 통해 소극적 수용력을 배웠다고 한다.

23. 오가와 기미요, 『돌봄 윤리와 자율성ケアの倫理とエンパワメント』, 講談社, 2021, 11-15. '문학을 돌봄의 관점에서 읽기', '문학 속 타자의 경험을 이해하려면 소극적 수용력이 필요하다', '돌봄에는 소극적 수용력이 필요하다' 등 다양한 입장이 얽혀 있어 실제로는 좀 더 심오하니 자세한 내용이 알고 싶다면 책을 읽어보자.

24. 오가와 기미요, 『돌봄 윤리와 자율성』, 18.

5장

1. 블레즈 파스칼(前田陽一・由木康訳), 『팡세パンセ 改版』, 中公文庫, 2018, 103(断章番号139).

2. 같은 책, 108-109.(단편번호 139)

3. 같은 책, 109.

4. 같은 책, 111.

5. 같은 책, 103.(단편 번호 138)

6. 스즈키 겐스케, 「카니발화하는 사회カーニヴァル化する社会」 http://www.glocom.ac.jp/column/2005/08/post_443.html (2019년 8월 25일 최종 열람). 일부 표기는 수정했다.

7. 스즈키 겐스케, 『카니발화하는 사회』, 講談社現代新書, 2005.

8. "Depression," World Health Organization, 13 September 2021 https://www.who.int/news-room/fact-sheets/detail/depression#:~:text=Depression%20is%20a%20common%20mental,affected%20by%20depression%20than%20men

9. 기타나카 준코北中淳子, 『우울의 의료 인류학うつの医療人類学』, 日本評論社, 2014, 210-212.

10. 기자와 사토시, 『잃어버린 미래를 찾아서失われた未来を求めて』, 大和書房, 2022, 216.

11. Fisher, *Capitalist Realism*, 37.

12. 기자와 사토시, 『잃어버린 미래를 찾아서』, 219.

13. Fisher, *Capitalist Realism*, 35-37.

14. 같은 책, 34.

15. 같은 책, 22.

16. 같은 책, 32.

17. 마키노 도모카즈, 『자기계발의 시대 自己啓発の時代：「自己」の文化社会学的探究』, 勁草書房, 2012, 11.

18. Steve Jobs' 2005 Stanford Commencement Address https://www.youtube.com/watch?v=/UF8uR6Z6KLc

19. 스벤 브링크만(田村洋一訳), 『불안한 날들을 위한 철학 地に足をつけて生きろ！：加速文化の重圧に対抗する7つの方法』, Evolving, 2022.

20. 안톤 체호프(浦雅春訳), 『바냐 아저씨 ワーニャ伯父さん/三人姉妹……』, 光文社古典新訳文庫, 2009, 100.

21. 야쿠 유우키, 『약캐 도모자키 군 3 弱キャラ友崎くん 3巻』, ガガガ文庫, 2017.

22. 윌리엄 맥어스킬(千葉敏生訳), 『냉정한 이타주의자〈効果的な利他主義〉宣言！：慈善活動への科学的アプローチ』, みすず書房, 2018, 160.
    윤리학자 윌리엄 맥어스킬은 위의 저서에서 스티브 잡스의 실제 경험과 이야기의 차이를 언급했다.

23. 마키노 도모카즈, 『자기계발의 시대』, 225.

24. 기자와 사토시, 『잃어버린 미래를 찾아서』, 227.

25. 앨리슨 고프닉, 『정원사 부모와 목수 부모 The Gardener and the Carpenter』, Picador, 2017.

6장

1. Fisher, *Capitalist Realism*, 21.

2. 같은 책, 23.

3. 같은 책, 21-23.

4. 같은 책, 24.

5. 토마스 옥덴, 『'틈새'의 공간』, 194-196.

6. 도널드 멜처 외(平井正三監訳), 『자폐증 세계의 탐구 自閉症世界の探求：精神分析的研究より』, 金剛出版, 2014, 16-17(Donald Meltzer, *Explorations in Autism*, Phoenix Publishing House, 2018).

7. O. F. 볼노프 O. F. Bollnow(藤縄千艸訳), 『기분의 본질 気分の本質』, 筑摩書房, 1979(Otto Friedrich Bollnow, *Das Wesen der Stimmungen*, Königshausen und Neumann Verlag, 2009).

8. 도하타 가이토, 『모든 걸 비추는 밤, 마음만은 보이지 않아』, 208.

9. John Dewey, *Reconstruction in Philosophy*, Dover, 1948, 50-1.

10. 오르테가 이 가세트, 『대중의 반역』, 112.

11. 카트린 말라부(西山雄三訳), 「격리에서 격리로 隔離から隔離ヘーールソー、ロビンソン・

クルーソー、『私』」, 西山雄三編著, 『지금 언어로 숨 쉬기 위해 いま言葉で息をするために ウイルス時代の人文知』, 勁草書房, 2021, 3-13.

12. 장 자크 루소(桑原武夫訳), 『고백 告白(中)』, 岩波文庫, 1965, 38-39.
    여기서 참고한 카트린 말라부의 의도에 따르기 위해 표기는 『지금 언어로 숨
    쉬기 위해』라는 책 속 번역을 따랐다.

13. 〈자치의 영역 만들기. 그것이 삶을 즐겁게 한다−이토 아사 #1〉 POLA, We/Meet
    Up https://www.pola.co.jp/we/meetup/ito-asa01/

14. 저서 『쓰루미 슌스케의 말과 윤리』의 3부 「일상과 취약성」에서 소화(훈습)의
    과정을 전혀 다른 도구를 사용해서 다루었다. 함께 읽어보아도 좋은 내용이니
    참고하자.

15. Stanley Cavell, *Conditions Handsome and Unhandsome*, 2nd edition, University of Chicago Press, 41.
    카벨의 이론에 대해서는 도다 다케후미의 『지금부터 시작하는 철학 입문 今から
    はじめる哲学入門』에 수록한 필자의 글에서도 다루었다.

16. 졸저 『신앙과 상상력의 철학』 제5장에 낭만주의와 낭만주의가 중요하게 여긴
    '상상력'의 개념을 정리해 두었다. 존 듀이도 등장한다. 이 책이 시도한 것은 어
    떤 의미에서 낭만주의의 복권이라고도 할 수 있다.

에필로그−후기

1. 한나 아렌트, 『전체주의의 기원 2』, 350.
2. 같은 책, 351.
3. 같은 책, 351.
4. 어맨다 고먼(鴻巣友季子訳), 『우리가 오르는 언덕 わたしたちの登る丘』, 文春文庫,
   2022, viii-xi.
5. 구로이 센지, 「수상: 너무 많이 안 사람」, 64.

연결되었지만 외로운 사람들

1판 1쇄 인쇄 2025년 2월 11일
1판 1쇄 발행 2025년 2월 24일

지은이 다니가와 요시히로
옮긴이 지소연

발행인 양원석 **편집장** 차선화 **책임편집** 이슬기
디자인 최자윤 **영업마케팅** 윤송, 김지현, 백승원, 이현주, 유민경
해외저작권 임이안, 이은지, 안효주

펴낸 곳 ㈜알에이치코리아
주소 서울시 금천구 가산디지털2로 53, 20층 (가산동, 한라시그마밸리)
편집문의 02-6443-8916 **도서문의** 02-6443-8800
홈페이지 http://rhk.co.kr
등록 2004년 1월 15일 제2-3726호

ISBN 978-89-255-7397-7 (03100)